Michael Jäckel (Hrsg.)

Die umworbene Gesellschaft

Michael Jäckel (Hrsg.)

Die umworbene Gesellschaft

*Analysen zur Entwicklung
der Werbekommunikation*

Westdeutscher Verlag

Alle Rechte vorbehalten
© Westdeutscher Verlag GmbH, Opladen/Wiesbaden, 1998

Der Westdeutsche Verlag ist ein Unternehmen der Bertelsmann Fachinformation GmbH.

Das Werk einschließlich aller seiner Teile ist urheberrechtlich geschützt. Jede Verwertung außerhalb der engen Grenzen des Urheberrechtsgesetzes ist ohne Zustimmung des Verlags unzulässig und strafbar. Das gilt insbesondere für Vervielfältigungen, Übersetzungen, Mikroverfilmungen und die Einspeicherung und Verarbeitung in elektronischen Systemen.

http://www.westdeutschervlg.de

Höchste inhaltliche und technische Qualität unserer Produkte ist unser Ziel. Bei der Produktion und Verbreitung unserer Bücher wollen wir die Umwelt schonen: Dieses Buch ist auf säurefreiem und chlorfrei gebleichtem Papier gedruckt. Die Einschweißfolie besteht aus Polyäthylen und damit aus organischen Grundstoffen, die weder bei der Herstellung noch bei der Verbrennung Schadstoffe freisetzen.

Umschlaggestaltung: Horst Dieter Bürkle, Darmstadt
Druck und buchbinderische Verarbeitung: Rosch-Buch, Scheßlitz
Printed in Germany

ISBN 3-531-13102-8

Inhalt

Danksagung. 7

Die umworbene Gesellschaft. Eine Einführung. 9
Michael Jäckel

Fernsehwerbung auf dem medienpsychologischen Prüfstand. 17
Roland Mangold

Fernsehwerbung im Programmkontext. Psychologische Modelle und empirische Befunde. 37
Axel Mattenklott

Werbekommunikation und gewandelte Kindheit – eine aktuelle Bestandsaufnahme auf der Basis der Studie „Fernsehwerbung und Kinder". 63
Klaus Neumann-Braun

Techno: Design als Sein. Ein Forschungsbeitrag zur Ästhetisierung und Instrumentalisierung von Werbung in Jugendszenen. 81
Waldemar Vogelgesang, Marco Höhn, Birgit Cicchelli-Rößler, Frank Schmitz

Sprachliche Symbolisierungen des Alters in der Werbung. 113
Caja Thimm

Humor in der Werbung. Chancen und Risiken. 141
Harald Erbeldinger, Christoph Kochhan

Daily Soaps als Umfeld von Marken, Moden und Trends: Von
Seifenopern zu Lifestyle-Inszenierungen. 179
Udo Göttlich, Jörg-Uwe Nieland

Inszenierungsaspekte der Werbung. Empirische Ergebnisse der
Erforschung von Glaubwürdigkeitsgenerierungen. 209
Herbert Willems, Martin Jurga

Virtual Reality: Kommunikations- und Werbemedium von morgen? 231
Ralph Anweiler

Warum Erlebnisgesellschaft? Erlebnisvermittlung als Werbeziel. 245
Michael Jäckel

Werbung als moralische Unternehmung. 273
Jo Reichertz

Autorenverzeichnis. 301

Danksagung

Am 9. und 10. April 1997 fand an der Universität Trier die Tagung »Die umworbene Gesellschaft« statt. Mitglieder der Sektion Medien- und Kommunikationssoziologie der Deutschen Gesellschaft für Soziologie sowie Psychologen und Kommunikationswissenschaftler trafen sich, um über aktuelle Entwicklungen im Bereich der Werbung zu referieren und zu diskutieren. Die Veranstaltung wurde finanziell unterstützt durch die Deutsche Forschungsgemeinschaft, das Ministerium für Wissenschaft, Bildung und Weiterbildung des Landes Rheinland-Pfalz und den Verein »Vereinigung der Freunde der Universität Trier e.V.« An dieser Stelle sei dafür noch einmal herzlich gedankt.

Der Disziplin der Autoren und dem Redaktionsteam ist es zu verdanken, daß die aktualisierten Beiträge der Tagung rasch einer interessierten Öffentlichkeit zugänglich gemacht werden konnten. Mein besonderer Dank gilt Heike Hechler, Jan Reinhardt, Christoph Kochhan, Natalie Rick und Jörg Holdenried.

Trier, im November 1997   Michael Jäckel

Die umworbene Gesellschaft. Eine Einführung

Michael Jäckel

Nach Auffassung von Siegfried J. Schmidt und Brigitte Spieß ist Unübersichtlichkeit die einzige verbindende Klammer für Phänomene, die der Begriff »Werbung« zusammenzufassen versucht: „Die Zeit der stimmigen Gesamtportraits ist angesichts unübersehbarer Pluralitäten und Proliferationen auch für die Werbung endgültig vorüber." (1997, S. 9) Wie auch immer man zu solchen Einschätzungen stehen mag - die Werbung selbst muß zunehmend erkennen, daß Aufmerksamkeit ein knappes Gut ist. Selbst Publikationen, die sich aus wissenschaftlicher Perspektive mit diesem Sachverhalt auseinandersetzen, antizipieren diese Situation. So lautet der Titel eines im Routledge-Verlag erschienenen Buches: „Buy this Book. Studies in Advertising and Consumption." (Nava et al. 1997)

Die Öffnung des Fernsehmarktes für die Werbung hat sicherlich mit zu dem entstandenen Eindruck der Unübersichtlichkeit beigetragen. Aber trotz der Vermehrung der Angebote und Werbeformen gibt es weiterhin Versuche der Bestimmung des gemeinsamen Nenners: „Nach der Wahrheit die Werbung." (Luhmann 1996, S. 85) ist dafür ein Beispiel. Das Mißtrauen gegenüber den Massenmedien fände in der Werbung seinen Höhepunkt. Die „Todsünde der Massenmedien" - die Manipulation - werde in einem Programmgenre gebündelt: „Die Werbung sucht zu manipulieren, sie arbeitet unaufrichtig und setzt voraus, daß das vorausgesetzt wird." (Luhmann 1996, S. 85) Diese Offenheit mag manchen vielleicht erstaunen, aber die regelmäßige Veröffentlichung von Techniken subtiler Verbraucherbeeinflussung durch „versteckte Verführer"[1] könnte auch die Schlußfolgerung gestatten: Die Geheimwissenschaft Werbung spielt mit offenen Karten.

Die Motivforschung, die in den 50er Jahren durch die Publikationen des amerikanischen Publizisten und Sozialkritikers Vance Packard einer

---

[1] Diese Formulierung verwandte die „Bild am Sonntag" in ihrer Ausgabe vom 6. April 1997.

breiteren Öffentlichkeit bekannt wurde, dürfe - so heißt es im Nachwort zur deutschen Ausgabe von „The hidden Persuaders" - „bald den Charakter des Sensationellen verlieren und zu einem Alltagswerkzeug der Marktforschung werden. Das Buch von Vance Packard aber würde [...] seinen wesentlichen Zweck erfüllt haben, wenn es dem Praktiker der deutschen Werbung und Marktforschung dazu verhülfe, die Motivforschung ebenso als selbstverständliches und zunehmend unentbehrliches Werkzeug anzusehen wie die Statistik oder die Meinungsbefragung." (Gross 1957, S. 196) Eigentlich wollte Packard die amerikanische Öffentlichkeit vor den „Tiefen-Heinis" warnen - so bezeichnete man jene Werbefachleute, die mit einer Vulgärversion der Psychoanalyse Konsumenten zu beeinflussen versuchten. Und diese neuen Experten wurden vor allem dann um Hilfe gebeten, wenn das scheinbar überzeugendste Verkaufsargument den Verkauf hemmte. Ein Beispiel: „Ein Hersteller von Vulkanfiber-Koffern entdeckte bei Materialprüfungen, daß seine Koffer praktisch unzerstörbar waren. Mit ungezügelter Erfindungskraft ausgestattet, überredeten ihn seine Werbefachleute, die Firma könne sich brüsten, ihr Gepäck sei so robust, daß es auch einen Sturz aus dem Flugzeug aushalte. Man ließ den Koffer stürzen, und der Absatz stürzte ebenfalls. Die hinzugezogenen Motivanalytiker stellten fest, daß die Anzeige von den Leuten fassungslos und ablehnend betrachtet wurde. Unerfreuliche Vorstellungen von Flugzeugkatastrophen bestürmten ihre Gedanken, und sie sahen nicht viel Trost darin, Gepäck zu haben, das einen Absturz überstehen würde, während sie selber dabei draufgingen!" (Packard 1957, S. 111) Zahlreiche weitere Beispiele belegen, daß man die Phantasie des Verbrauchers nicht unterschätzen darf.

Aber um das Ansehen der Werbung und der Meinungsbefragung ist es heute - gemessen an ihrem Leumund - nicht gut bestellt. In beiden Fällen liegt es an der Inflation. Mit Blick auf die heutige Situation kann man die Behauptung wagen, daß gerade die Ablehnung der in der Tradition der Motivforschung stehenden Werbung, die mit unzähligen Varianten der sekundären Verstärkung gearbeitet hat, die Werbung zu neuen Ideen und Konzepten inspiriert hat. Damit ist weniger das Sponsoring als Reaktion auf die zunehmende Verdrossenheit gegenüber der Unterbrecherwerbung gemeint - 1994 ermittelte man 3427 Sponsortrailer im deutschen Fernsehen,

1996 7560 (vgl. Arbeitsgemeinschaft der Landesmedienanstalten in der Bundesrepublik Deutschland 1996, S. 288) -, sondern neue Konzepte, die die Werbung selbst zu einem Genre werden lassen. Sie findet ihren Platz nicht mehr nur im Werbefernsehen, sondern wird Teil des Programms: die schönsten Werbespots, Werbepartys etc. Hinzu kommen Werbemaßnahmen, die sich in, mit und außerhalb der Medien neuen Marketing-Ideen anvertrauen: Szene-Marketing, Erlebnis- und Eventmarketing oder Kultmarketing.

Doch während ein Vertreter einer großen europäischen Werbeagentur noch behauptet, daß es „Aufgabe der Werbung ist [...], den Konsumenten zu seinen verborgenen Erwartungen hinzuführen" (Jacques Séguéla, zit. nach Toscani 1997, S. 25), fordert der für die Werbekampagnen verantwortliche Mailänder Fotograf Oliviero Toscani: Nach der Werbung die Wahrheit. So lassen sich seine Ausführungen zumindest interpretieren. In der Rechtfertigungsschrift »Die Werbung ist ein lächelndes Aas« rechnet er mit der idyllischen Welt der Werbung und ihren hypnotisierenden Glücksmodellen ab: Die Befindlichkeit der Menschen sei zwar nicht vom Konsum zu trennen, aber warum müsse die Kommunikation darüber so oberflächlich sein? Der Automobilhersteller Fiat habe trotz Hunderten von Millionen Dollar, die in die Werbung geflossen seien, in Europa noch immer das Image einer zweitklassigen Klapperkiste mit röchelndem Motor (vgl. Toscani 1997, S. 20). Man solle sich statt dessen einmal vorstellen, daß Fiat eine soziale Kommunikation über Drogenabhängige und deren Familien startet. Werbung solle nicht länger sozial nutzlos sein.

Toscani selbst müßte aus eigener Erfahrung wissen, daß solche Kampagnen nicht in der Erwartung ungeteilter Zustimmung durchgeführt werden dürfen. Warum sollte Werbung in Bereiche vordringen, die mit ihr nicht in Verbindung gebracht werden? Das führt zu neuen Irritationen[2].

Zu den neuen Techniken der Werbung gehört auch eine neue Form von Aufdringlichkeit: Man arbeitet mit Unterbrechungen, um die Erinnerung zu

---

[2] Siehe hierzu auch den Beitrag von Jo Reichertz im vorliegenden Band.

aktivieren. Man setzt auf Tandem- bzw. Reminderspots[3], um über die dadurch ausgelöste Provokation die Marke bewußt zu machen. Aber auch andere Wege der Aufmerksamkeitserzeugung werden beschritten: Erinnert sei an die Werbung eines Sportschuhherstellers, die zwei Bungee-Springer in Vorbereitung eines Sprungs von einer hohen Brücke zeigt. Der eine trägt ein Nike-, der andere ein Reebok-Modell. Beide springen los, die Kamera folgt in Zeitlupe, Windgeräusche sind zu hören, das Flappen der elastischen Seile. „Nach wenigen Augenblicken schnellt einer der Springer wieder hoch. Neben ihm baumelt ein herrenloses Seil in der Luft, an dem lediglich ein Paar Turnschuhe hängen." (Bachem 1995, S. 301) Der Kommentar zu diesem im März 1990 ausgestrahlten Spot auf CBS lautete: „Reebok shoes fit a little better than the competitor's." (Bachem 1995, S. 301) Zahlreiche Proteste folgten, der Spot wurde abgesetzt, aber die Berichterstattung in Fernsehnachrichten und anderen Sendungen verhalf der Kampagne wohl zu einem hohen Bekanntheitsgrad.

Schließlich stellt sich die Frage nach den Grenzen der Werbung noch in ganz anderer Hinsicht. Im Jahr 1993 wurde von Plänen in den Vereinigten Staaten berichtet, die eine Positionierung einer 1,6 km langen Anzeigentafel im Weltraum vorsahen (vgl. Wischermann 1995, S. 8). Man bezweifelte jedoch, ob man auf diese Entfernung die Anzeigen überhaupt werde lesen können. Schon das Nachdenken über diese Frage ist ungewöhnlich: Man sieht nichts, aber die Aufmerksamkeit wird geweckt.

Was Werbung will und was Werbung ist, kann diese knappe Einleitung nicht erschöpfend darstellen. Es gehört zu den Regeln dieses Marktes, das Neue nicht mit alten Ideen zu präsentieren, aber konturenlos wird er dadurch nicht. Die Beiträge, die mit dem vorliegenden Buch präsentiert werden, analysieren Teilbereiche des Werbemarktes unter besonderer Berücksichtigung neuer Entwicklungen. Das Themenspektrum spiegelt in diesem Zusammenhang das Interesse an Werbung in zahlreichen wissenschaftlichen Disziplinen wider:

---

[3] Gemeint ist die Kombination von Werbespots innerhalb eines Werbeblocks, die identisch oder verkürzt sind, aber auch aufeinander aufbauen können (vgl. Brosius/Fahr 1996, S. 108).

Die umworbene Gesellschaft. Eine Einführung

Roland Mangold beschäftigt sich mit der Frage, inwieweit mit psychologischen Meßverfahren Aussagen über die Effekte bestimmter Product-Placement-Strategien getroffen werden können. Axel Mattenklott stellt experimentelle Untersuchungen zur Beurteilung von Unterbrecherwerbung im Fernsehen dar. Dabei interessiert vor allem, welche Bedeutung der Attraktivität des Programmumfelds für die Bewertung von Werbespots zukommt.

Während sich diese Ausführungen auf die unmittelbare Wirkung bestimmter Stimuli konzentrieren, thematisiert ein zweiter Bereich von Beiträgen, ob es der Werbung gelingt, bestimmte Zielgruppen anzusprechen, welche Strategien sie anwendet, und inwiefern man von einem Erfolg dieser Maßnahmen sprechen kann. Klaus Neumann-Braun beschreibt den Werbemarkt für Kinder und illustriert das Problem der Grenzauflösung zwischen Programm und Werbung. Am Beispiel des sogenannten Szene-Marketing legt eine Forschungsgruppe unter der Leitung von Waldemar Vogelgesang dar, welche Stilmittel für die Ansprache von Jugendgruppen, hier der Techno-Szene, verwandt werden. Es geht sowohl um die Frage, ob sich diese Szene für Werbezwecke instrumentalisieren läßt als auch um eine Einordnung und Interpretation der dort dominanten Symbolik.

Vor wenigen Jahren noch bestand die Zielgruppe der Werbung selten aus Personen, die das 50. Lebensjahr überschritten hatten. Vor dem Hintergrund eines stetigen Wachstums dieses Bevölkerungssegments aber beginnt die Werbung zu reagieren und versucht, auch ältere Menschen anzusprechen. Mit dieser Thematik beschäftigt sich Caja Thimm unter Bezugnahme auf ausgewählte Werbeanzeigen.

Eine weitere Gruppe von Beiträgen analysiert, wie Werbung, unerkannt oder wenig aufdringlich zu bleiben versucht. In diesem Kontext ist der Beitrag von Harald Erbeldinger und Christoph Kochhan zu sehen, der eine Aufarbeitung des Themas Humor in der Werbung leistet. Udo Göttlich und Jörg-Uwe Nieland untersuchen am Beispiel von Daily Soaps die Einbettung der Werbung in Alltagsgeschichten. Herbert Willems und Martin Jurga fragen, welche Mittel zur Erhöhung der Seriosität bzw. Glaubwürdigkeit des Werbeinhalts eingesetzt werden, z.B.: die Inszenierung eines wissenschaftlichen Umfelds oder das Vorher-Nachher-Schema. Ralph

Anweiler skizziert, welche Möglichkeiten der Einsatz der Virtual Reality-Technologie im Bereich der Werbung eröffnet.

Die Beiträge von Michael Jäckel und Jo Reichertz gehen über den klassischen Bereich der Werbung hinaus. Der Beitrag des Herausgebers faßt verschiedene Erklärungen einer wachsenden Erlebnisorientierung zusammen und diskutiert die darin unterstellten Handlungsmotive. Auf neue Formen des unternehmerischen Engagements weist Jo Reichertz hin. Nach seiner Auffassung werden die Legitimationsdefizite moralischer Institutionen von der Werbebranche und den dort tätigen Unternehmen zunehmend als Einladung empfunden, sinnstiftende Funktionen zu übernehmen.

Dieser kurze Überblick soll verdeutlichen, warum das Buch den Titel »Die umworbene Gesellschaft« trägt. Die Werbung wählt zwar mit Vorliebe die individuelle Ansprache, möchte aber viele gewinnen bzw. überzeugen. Einige der hierzu beschrittenen Wege sind Gegenstand der Beiträge dieses Sammelbands.

Literatur:

Arbeitsgemeinschaft der Landesmedienanstalten in der Bundesrepublik Deutschland (ALM) (Hrsg.): Jahrbuch der Landesmedienanstalten 1995/96. Privater Rundfunk in Deutschland. München 1996.

Bachem, Christian: Fernsehen in den USA. Neuere Entwicklungen von Fernsehmarkt und Fernsehwerbung. Opladen 1995. (Studien zur Kommunikationswissenschaft, Band 9).

Brosius, Hans-Bernd; Fahr, Andreas: Werbewirkung im Fernsehen. Aktuelle Befunde der Medienforschung. München 1996. (Angewandte Medienforschung, Band 1).

Gross, Heiner: Ein Nachwort, in: Packard, Vance: Die geheimen Verführer. Der Griff nach dem Unbewußten in jedermann. [Aus d. Amerik.]. Frankfurt am Main usw. 1957.

Luhmann, Niklas: Die Realität der Massenmedien. 2., erweiterte Aufl. Opladen 1996.

Nava, Mica et al. (eds.): Buy this book. Studies in advertising and consumption. London 1997.

Packard, Vance: Die geheimen Verführer. Der Griff nach dem Unbewußten in jedermann. [Aus d. Amerik.]. Frankfurt am Main usw. 1957.
Schmidt, Siegfried J.; Spieß, Brigitte: Die Kommerzialisierung der Kommunikation. Fernsehwerbung und sozialer Wandel 1956 - 1989. Frankfurt am Main 1997.
Toscani, Oliviero: Die Werbung ist ein lächelndes Aas. [Aus d. Franz.]. Frankfurt am Main 1997.
Wischermann, Clemens: Einleitung: Der kulturgeschichtliche Ort der Werbung, in: Borscheid, Peter; Wischermann, Clemens (Hrsg.): Bilderwelt des Alltags. Werbung in der Konsumgesellschaft des 19. und 20. Jahrhunderts. Festschrift für Hans Jürgen Teuteberg. (Studien zur Geschichte des Alltags, Band 13). Stuttgart 1995, S. 8-19.

Fernsehwerbung auf dem medienpsychologischen Prüfstand

Roland Mangold

1. Einleitung

Fernsehwerbung zielt darauf ab, bei den Zuschauern spezifische Veränderungen im kognitiven, emotionalen oder verhaltensbezogenen Bereich hervorzurufen, die beispielsweise darin bestehen, daß der Konsument nähere Informationen über das Produkt besitzt, daß er eine positivere Einstellung zur Marke gewinnt oder daß eine Kaufintention aufkommt. Im Hinblick auf solche Veränderungen wird es allgemein als notwendige Voraussetzung angesehen, daß sich der Konsument an die Produktmarke erinnert. Konsequenterweise sollte Fernsehwerbung so beschaffen sein, daß sie - neben anderem - beim Konsumenten eine Gedächtnisspur des Produktes bzw. der Produktmarke hinterläßt.

Gegenwärtig sind in der Bundesrepublik Deutschland per Kabel oder Satellit ungefähr dreißig Fernsehprogramme zu empfangen. Die öffentlich-rechtlichen Sender finanzieren ihr Programmangebot zum Teil, die privaten Sender fast vollständig über den Verkauf von Werbezeiten. So lagen die Umsätze durch Werbung bei der ARD 1995 bei 301,7 Mio. DM und beim ZDF bei 345,1 Mio. DM; RTL hatte 1995 einen Werbeumsatz in Höhe von 1960,1 Mio. DM, SAT.1 von 1623,8 Mio. DM und PRO SIEBEN von 1333,9 Mio. DM (Media Perspektiven Basisdaten 1996). Dies bedeutet, daß Werbesendungen auch einen beträchtlichen Anteil an den Programmsendezeiten einnehmen; so bestand 1995 bei ARD und ZDF 2% der Sendezeit aus Werbung, bei RTL lag dieser zeitbezogene Anteil bei etwa 14 %, bei SAT.1 bei 19% und bei PRO SIEBEN bei 13% (Media Perspektiven Basisdaten 1996). Möglicherweise auch im Zusammenhang mit der Zunahme der Dauer und Menge ausgestrahlter Werbebotschaften ist gleichzeitig eine ungünstiger werdende Einstellung Werbung gegenüber - insbesondere im Falle von Dauerwerbesendungen und Werbeunterbrechungen - zu beobachten, und es wird eine starke Tendenz zum Umschalten während der Werbepausen auf andere Kanäle berichtet. Allerdings geht Ottler (1997) in einer aktuellen Arbeit aufgrund von GfK-Auswertungen davon aus, daß die Raten der Werbevermeidung geringer sind, als man aufgrund früherer Studien angenommen hat. Die Umschalttendenz wird zudem durch die Vielzahl wählbarer Programmkanäle gefördert, die möglicherweise interessante und aufmerksamkeitserregende Inhalte bieten. Grundsätzlich stellt somit die (wachsende) Tendenz der Zuschauer, sich mit (als solche erkennbaren) Werbeeinblendungen entweder nur beiläufig oder gar nicht zu befassen, ein Problem dar, da bei einer nur gering oder gar nicht vorhandenen Aufmerksamkeit für die Inhalte der Werbebotschaft ein Einprägen im Gedächtnis nicht erfolgen wird und erfolgen kann.

Da man die zuvor beschriebenen ungünstigen Effekte in bezug auf die Behaltensleistung von in Filme oder Fernsehsendungen eingeschobenen Werbeblöcken vermeiden will, werden in zunehmenden Maße andere Werbeformen favorisiert. Hierzu werden beispielsweise die Plazierung von Produkten im Rahmen von Filmhandlungen oder Fernsehspielen als Alternative zum Werbespot in Betracht gezogen. Da der Zuschauer die Fernsehsendung sehen möchte, wird er seine Aufmerksamkeit vom Bildschirm auch dann nicht abwenden, wenn eine Produktmarke (als Requisit) zu sehen ist. Da er sich zudem bei Product-Placements häufig nicht einmal bewußt ist, daß neben der Filmhandlung (auch) eine Werbebotschaft gesendet wird, dürfte damit sichergestellt sein, daß ungünstige Einstellungen zur Werbung nicht zum Tragen kommen. Andererseits ist jedoch aufgrund der Randstellung des Product-Placements bei der Filmhandlung die Wahrscheinlichkeit (im Vergleich zum Werbespot) größer, daß der Zuschauer zwar die Handlung verfolgt, die Produktmarke jedoch übersieht, sie nicht aufmerksam wahrnimmt und sie daher auch nicht behalten kann.

Für eine Beurteilung der Frage, welche Werbeform - Product-Placements oder Werbespot - im Hinblick auf die angestrebten Ziele effektiver ist, dienen empirische Werbewirkungsuntersuchungen. Beispielsweise finden sich Arbeiten (vgl. Harbrücker/Wiedmann 1987; Stoertz 1987; Auer u. a. 1989), in denen die Behaltensleistungen nach der Darbietung von Product-Placements erfaßt wurden. Allerdings sind mit einer Vorgehensweise, bei der lediglich am Ende einer ganzen Kette von Informationsverarbeitungsschritten stehende Resultate wie die Behaltensleistung als Effektmaße zur Beurteilung der Werbewirkung herangezogen werden, einige Nachteile verbunden:

- Zur Beurteilung der Wirkung der untersuchten Werbemaßnahme muß ein Effektmaß ausgewählt werden; ein solches Maß beruht in der Regel auf der Messung bzw. Erhebung einer spezifischen Indikatorvariable. (Es wurde bereits darauf hingewiesen, daß die Behaltensleistung für die Produktmarke eine bevorzugte Indikatorvariable der Werbewirkungsforschung darstellt.) Jedoch besteht die Gefahr, daß eine auf eine (oder wenige) Wirkungsvariablen eingegrenzte Effektbeurteilung nur ein eingeschränktes Bild der tatsächlichen Wirkungen der Werbung widerspiegelt. Das Problem, das bei der Wahl geeigneter Wirkungsindikatoren besteht, wird insbesondere dann deutlich, wenn sich die Ausprägungen von Variablen, die vergleichbare Wirkungsaspekte messen, nicht entsprechen oder sogar widersprechen. Beispielsweise wurde und wird in der Werbeforschung intensiv die Frage diskutiert, ob zur Beurteilung von Gedächtniseffekten die ungestützte (Erinnern) oder die gestützte Behaltensprüfung (Wiedererkennen) vorzuziehen sei (vgl. zur Übersicht DuPlessis 1994). So werden immer wieder charakteristische Unterschiede zwischen beiden Arten der Gedächtnismessung beobachtet. Wiedererkennenswerte fallen höher aus, sie nehmen nach der Werbedarbietung weniger rasch in der Zeit ab und sind durch andere unabhängige Faktoren beeinflußt als Erinnerungswerte. Somit bleibt festzuhalten, daß es im Hinblick auf ein umfassendes Bild der Zusammenhänge bei der Rezeption von Fernsehwerbung nach allem erforderlich ist, ein breiteres Spektrum von Wirkvariablen im Auge zu behalten.
- Nicht selten unterscheiden sich die Ergebnisse werbepsychologischer Untersuchungen selbst dann, wenn die Fragestellungen und die Methoden vergleichbar sind. Diese Unterschiede können darin begründet sein, daß die Werbewirkung (als abhängige Variable) nicht nur von der Beschaffenheit der Werbedarbietung, sondern darüber hinaus auch von situativen und personalen Randbedingungen (wie der Umgebung der Fernsehrezeption oder den Einstellungen und Fernsehnutzungsmotiven der Zuschauer) abhängig

ist. Dies bedeutet, daß es eine exakte und umfassende empirische Beurteilung der Zusammenhänge bei der Rezeption von Werbung erforderlich macht, auch solche Randbedingungen in die Betrachtung einzuschließen.

- Wirkungsvariablen wie die Gedächtnisleistung stellen Resultate von Verarbeitungsvorgängen beim Zuschauer dar und liefern keine Information darüber, welche Prozesse der Zuschauer vor dem Zustandekommen des gemessenen Effektes durchlaufen hat. Jedoch kann es im Hinblick auf anwendungsbezogene Fragestellungen - z.B. zur Gestaltung von Product-Placements in einem zeitlich dynamischen Medium wie dem Fernsehen - von Bedeutung sein, die ablaufenden kognitiven und emotionalen Vorgänge während des gesamten Verlaufs der Darbietung der Werbebotschaft (und möglicherweise sogar während des zeitlichen Kontextes davor und danach) zu beobachten.

Die zuvor diskutierten Überlegungen machen deutlich, daß für einen Erkenntnisfortschritt in der psychologischen Wirkungsforschung zur Fernsehwerbung breitbandige, kontextbezogene und verlaufsorientierte empirische Untersuchungen anzustreben sind (vgl. auch Bente u. a. 1992). Breitbandig angelegte Studien (mit einem breiten Spektrum erfaßter Wirkvariablen) bieten eine bessere Chance, Wirkungsaspekte unterschiedlicher Art gemeinsam erfassen und aufeinander beziehen zu können. Kontextbezogene Arbeiten schließen in die Erhebung und Analyse - neben den gestaltungsrelevanten und vom Experimentator systematisch manipulierten Aspekten der Werbebotschaft - auch weitere situations- und personenspezifische Determinanten der Wirkung in die Analyse ein. Schließlich bieten verlaufsbezogen angelegte Studien die Möglichkeit, Zuammenhänge zwischen Bedingungen und Wirkungen während der gesamten Dauer der Werbedarbietung zu erfassen und auszuwerten.

Empirische Studien, die den hier aufgestellten Anforderungen genügen, sind nur mit einem entsprechend hohen (und zumeist apparativen) Aufwand im Labor durchführbar. An der Universität Saarbrücken wurde ein Labor für die medienpsychologische Verlaufsforschung eingerichtet, das auch zur Durchführung breitbandiger und kontextbezogener werbepsychologischer

Verlaufsstudien eingesetzt wird. Diese Laboranordnung wird im nächsten Abschnitt beschrieben.

2. Das medienpsychologische Labor als werbepsychologischer Prüfstand

Beim Aufbau eines Labors für die verlaufsorientierte medienpsychologische Wirkungsforschung sind gewisse Vorgaben zu beachten, um zu reliablen und validen Meßwerten zu kommen:

Abbildung 1: Das medienpsychologische Forschungslabor

- Es sollten Meß- bzw. Erhebungsmöglichkeiten für eine Bandbreite unterschiedlicher Variablen gegeben sein. Zu diesen Variablen zählen die Wirkungsvariablen (Gedächtnis, Einstellungen), Gestaltungsaspekte der Werbebotschaft, situationale und personale Einflußfaktoren (Kontext der

Werberezeption, Nutzungsmotive und Einstellungen des Zuschauers zur Werbung und zu den Produkten) sowie vermittelnde Variablen (z.B. die Aufmerksamkeit für spezifische Aspekte der Werbebotschaft).
- Die Messung der Variablen muß mit hinreichender Präzision durchführbar sein, und die Messung einer Variablen sollte deren Ausprägung sowie die Messungen anderer Variablen möglichst wenig beeinflussen.
- Die Messung sollte während der gesamten Versuchsdauer kontinuierlich oder mit einer hohen Taktrate erfolgen können. Die Meßwerte der unterschiedlichen Variablen sollten mit einer hohen Präzision auf der Zeitdimension einander zuordenbar sein.

Das in Saarbrücken in der „Organisations- und Medienpsychologie" betriebene Labor vereinigt die im folgenden beschriebenen Meß- und Erhebungskomponenten (vgl. Abbildung 1):

- Komponente zur Botschaftsanalyse: Um audiovisuelles (dynamisches) Filmmaterial detailliert und objektiv beschreiben zu können, steht eine Computeranlage zur Verfügung, mit der Videofilme digitalisiert und die digitalen Videos dann (erforderlichenfalls auf der Ebene von Einzelbildern) mit Hilfe eines adaptierbaren Kategorienschemas nach ihrer formalen und inhaltlichen Beschaffenheit beschrieben und eingeordnet werden können.
- Komponente zur Messung der Aufmerksamkeit bei der Filmrezeption: Schätzungen zufolge (vgl. Winterhoff-Spurk 1994) wird beim Fernsehen etwa 90% der Information über das visuelle Wahrnehmungssystem aufgenommen. Die Informationsaufnahme ist ein höchst selektiver Vorgang, und von dem Informationsangebot im Medium wird nur ein geringer Teil aufgenommen, verarbeitet und gespeichert. Um die Informationsauswahl bei der Rezeption von Fernsehwerbung verfolgen zu können, bietet sich die Registrierung von Augenbewegungen an. Zwar kann jedes Auge in einem Gesichtsfeld von etwa 70 bis 80° beiderseits der optischen Achse das Auftreten optischer Reize erkennen, jedoch steht für die detaillierte Analyse und Identifikation von Reizelementen nur ein Bereich von 1 bis 2° im Zentrum der Netzhaut zur Verfügung (fovea centralis; vgl. Leven 1991), da nur an dieser Stelle aufgrund der Rezeptordichte und der Verschaltung der

Nervenzellen die Reizinformation hinreichend scharf gesehen werden kann. Folglich muß der Blick bei der Wahrnehmung fortwährend auf die jeweils aufzunehmenden Reizaspekte neu ausgerichtet werden. Die Augenbewegungen werden im Labor mit Hilfe einer Infrarotkamera und eines auf die Auswertung von Augenbildern spezialisierten Graphikprozessors erfaßt; das (störende) Tragen einer Brille ist nicht erforderlich. Mit der Anlage können zu jedem Zeitpunkt die vom Zuschauer jeweils fixierten Ausschnitte (Reizelemente) der dargebotenen Szene festgehalten werden; außerdem kann die Dauer der Orientierung des Blickes auf einen Reizaspekt festgestellt werden (visuelle Kontaktzeit). Da das Auge dazu tendiert, bei der Reizaufnahme Informationselemente solange zu fixieren, wie die innere Verarbeitung dauert, ergibt sich über die Bestimmung der visuellen Kontaktzeit die Möglichkeit, rezeptionsbegleitend die der Verarbeitung von Reizaspekten zugeteilte Verarbeitungskapazität abzuschätzen.

- Aktivierungszustände und Emotionen: Zur kontinuierlichen Erregungsmessung bei der Fernsehrezeption kommt im Labor ein physiologisches Gerät mit Kanälen für Herzfrequenz, Hautleitfähigkeit und Atemfrequenz zum Einsatz. Außerdem wird zur Erfassung subjektiv empfundener Emotionen ein Affektfragebogen mit zehn Skalen (Differentielle-Affekt-Skala; vgl. Merten/Krause 1993) eingesetzt.

- Nachwirkungen der Filmrezeption: Wie bereits angedeutet ist die Güte der Einspeicherung medial dargebotener Reizinformationen ein bevorzugtes Maß zur Beurteilung von (Nach-)Effekten der Werbung. Gedächtnisleistungen werden im Labor mit den bekannten (ungestützten und gestützten) Behaltensprüfungen der Werbepsychologie durchgeführt. Weiterhin wurden Fragebögen entwickelt, mit denen Angaben zu differentiellen Komponenten von Einstellungen (zur Werbung oder zu Produktmarken) erfaßt werden können. Durch Vorher-Nachher-Befragungen sind auf diese Weise Einstellungsänderungen abschätzbar.

- Motivation, Involvement und Einstellungen als Rezeptionsdeterminanten: Motivationale Faktoren stellen bedeutsame Voraussetzungen der Informationsverarbeitung bei der Film- und Werberezeption dar. Auch für diese Determinanten kommen spezifische Fragebögen zum Einsatz.

- Weitere personenspezifische Voraussetzungen: Weitere Einflußfaktoren, die als Voraussetzung für die Verarbeitung medialer Information bedeutsam sein können - z.B. demographische Daten oder Mediennutzungsgewohnheiten - werden mit Hilfe von Fragebögen erfaßt.

3. Verarbeitung der Produktinformation bei der Rezeption von Product-Placements und Werbespots

In den folgenden Abschnitten wird am Beispiel von Untersuchungen zu den Informationsverarbeitungsvorgängen bei der Rezeption von Product-Placements und Werbespots dargestellt, in welcher Weise die im medienpsychologischen Labor bereitstehenden Verfahren und Methoden bei der Untersuchung einer werbepsychologischen Fragestellung zum Einsatz kommen. Bei der Formulierung von Hypothesen und der Festlegung zu messender Variablen orientieren wir uns an einem Modell von MacInnis und Jaworski (1989), das zunächst beschrieben wird.

3.1 Das Modell der Verarbeitung von Werbeinformation (nach MacInnis/Jaworski 1989)

Das von MacInnis und Jaworski (1989) in ihrer Arbeit beschriebene Modell zur Informationsverarbeitung bei der Rezeption von Werbung wurde zwar zunächst von den Autoren lediglich für Erklärung von Einstellungsänderungen durch die Rezeption von Werbung formuliert, dieses Modell (vgl. Abbildung 2) stellt aber auch eine brauchbare allgemeine theoretische Grundlage für die Einordnung werbepsychologischer Fragestellungen und für die Beschreibung der bei der Rezeption ablaufenden Vorgänge dar.

Dem Modell zufolge ist das Vorliegen einer Motivation zur Aufnahme und Verarbeitung von in der Werbebotschaft enthaltenen Informationen eine notwendige Voraussetzung für den Beginn der weiteren Abläufe. Dabei steht der von den Autoren vertretene Motivationsbegriff inhaltlich dem Begriff des Involvements nahe. Motivationale Ursachen für eine Informationsverarbeitung können sich aus Bedürfnissen der Zuschauer ergeben.

Abbildung 2: Verarbeitung von Fernsehwerbung (nach MacInnis/Jaworski 1989)

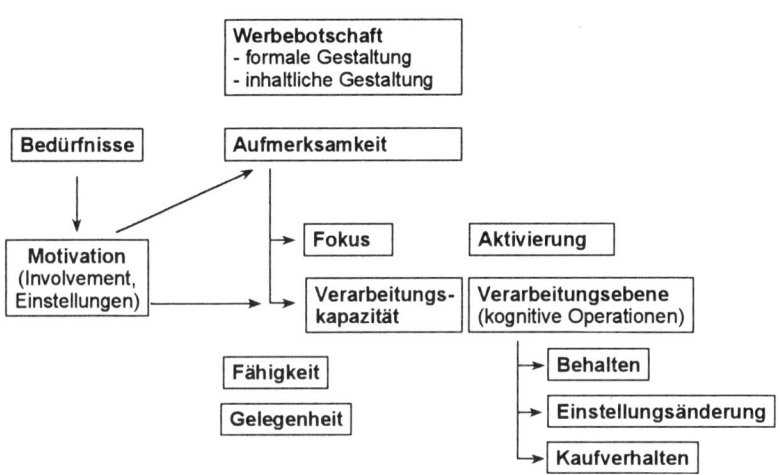

Sie stehen aber auch mit den Einstellungen der Konsumenten gegenüber Werbung oder den beworbenen Produkten in Verbindung. Beim Vorliegen einer entsprechenden Motivation richtet sich die Aufmerksamkeit des Rezipienten auf spezifische Aspekte der Werbebotschaft, die fokussiert werden. Je nach aufgebrachter Aufmerksamkeit wird der Verarbeitung von Reizelementen eine unterschiedlich große Kapazität des Arbeitsspeichers zugeteilt, und der Umfang dieser Kapazität entscheidet wiederum darüber, welche Art von Verarbeitungsschritten mit der aufgenommenen Reizinformation ausgeführt werden. So geht mit einer zunehmenden Verarbeitungskapazität eine größere Verarbeitungstiefe einher, und auf jeder Verarbeitungsebene laufen anders beschaffene kognitive Operationen ab. Die ausgeführten kognitiven Operationen schließlich sind entscheidend dafür, ob als Ergebnis der Verarbeitung die Reizinformation im Gedächtnis gespeichert wird bzw. ob Einstellungsänderungen hervorgerufen werden.

Für die Verarbeitung von Informationen aus der Werbebotschaft gibt es eine Reihe von Randbedingungen, die deren Ablauf und deren Resultate beeinflussen. Als personale Randbedingungen ist die Fähigkeit des Zuschauers von Bedeutung, aufgenommene Informationen in geeigneter Weise erarbeiten zu können. Beispielsweise kann der Rezipient nur dann die Reizinformation adäquat dekodieren, wenn er über die hierfür erforderlichen kognitiven Strukturen verfügt. Zum anderen muß dem Zuschauer (als situationale Determinante) Gelegenheit zur Verarbeitung der Werbe- und Produktinformation gegeben werden. Beispielsweise kann durch eine zu rasche Folge von Reizdarbietungen oder durch Beeinträchtigungen, wie sie von zu lauter Musikbegleitung ausgehen, ein Mangel an Gelegenheit begründet sein. Sowohl eingeschränkte Fähigkeiten als auch mangelnde Gelegenheiten zur Informationsverarbeitung können ungünstige Auswirkungen auf die angestrebten Effekte der Werbebotschaft haben.

3.2 Hypothesen zur Verarbeitung von Werbeinformation bei Werbespots und Product-Placements

Bereits eingangs wurde darauf hingewiesen, daß Zuschauer in zunehmendem Maße - zum Teil bedingt durch die Zunahme der Werbeanteile am gesendeten Programm - Werbung und insbesondere Werbeunterbrechungen gegenüber eine negative Haltung einnehmen, sich von der Werbebotschaft abwenden und die dargebotene Produktinformation nur am Rande oder gar nicht mehr aufnehmen, verarbeiten und speichern. Dagegen weisen die Product-Placements als mögliche Alternative zum Werbespot den Vorzug auf, daß die Zuschauer der dargebotenen Filmhandlung folgen und somit der Werbebotschaft nicht ausweichen. Jedoch ist nicht auszuschließen, daß dabei ihre Aufmerksamkeit von der Filmhandlung vollständig in Anspruch genommen wird. Wenn dies der Fall ist, werden die Inhalte der Werbebotschaft nicht wahrgenommen und die Produktinformationen können daher nicht enkodiert und gespeichert werden. Aus diesen Überlegungen geht hervor, daß sowohl die Aufmerksamkeit für Aspekte der Werbebotschaft als auch diverse Einstellungsfacetten Werbung und Produktmarken gegenüber vermutlich zwei wichtige Determinanten der Behaltensleistung für die Produktmarkeninformation in Werbespots und in Product-Placements darstellen:

- Aufmerksamkeit: Nach dem Modell von MacInnis und Jaworski (1989; vgl. auch Schneider/Detweiler 1987) wird nur aufmerksam aufgenommene Information im Gedächtnis gespeichert (kontrollierte Verarbeitung; vgl. Schneider/Detweiler 1987). Daneben kann die Gedächtnisleistung für die Produktinformation auch durch die Wiederholung von Werbebotschaften verbessert werden, denn in diesem Fall wird dem Zuschauer mehrfach Gelegenheit zum Enkodieren und Speichern der Information im Gedächtnis geboten, und es werden für nachfolgende Darbietungen verarbeitungsrelevante Vorwissensstrukturen aufgebaut. In Werbespots wird Produktmarkeninformation in vielfältiger Weise dem Zuschauer präsentiert; so wird sie in visueller (Markennamen und -symbole) und auditiver Form (Nennung der Produktmarke, charakteristische musikalische Themen) vermittelt, und die Markendarbietung wird zumeist wiederholt. Folglich dürfte es für die Behaltensleistung des Zuschauers nicht so sehr entscheidend sein, wie aufmerksam bzw. kapazitätsintensiv die Werbeinformation verarbeitet wird, und es wird ihm nur selten entgehen, welche Produktmarke im Werbespot beworben wird. (Allerdings muß selbstverständlich vorausgesetzt werden, daß der Zuschauer dem Werbeprogramm überhaupt folgt.) Das Product-Placement dagegen ist in den Kontext einer Filmhandlung eingebettet, und die Filmhandlung stellt einen starken Konkurrenten um die Aufmerksamkeit des Zuschauers dar. Insbesondere bei spannenden und aufmerksamkeitserregenden Filmszenen nimmt die Wahrscheinlichkeit zu, daß die Aufmerksamkeit des Zuschauers von den Inhalten des Films gebunden wird und ihm daher keine Gelegenheit gegeben ist, die Produktmarkeninformation mit der für das Behalten erforderlichen Kapazität zu verarbeiten. Folglich dürfte es bei dieser Werbeform für das Behalten entscheidend sein, ob der Zuschauer eine hinreichende Menge von Aufmerksamkeit für die präsentierte Produktmarke aufbringt oder nicht. Zudem ist das Product-Placement nur für solche Marken als Werbeform geeignet, die der Konsument bereits kennt und - als Requisit der Filmhandlung - wiedererkennen kann. Wegen der beschränkten Aufmerksamkeitsmenge dürfte es dagegen nicht angezeigt sein, neue Marken mit Hilfe von Product-Placements auf dem Markt einzuführen.

- Einstellung: In dem Modell von MacInnis und Jaworski (1989) werden Bedürfnisse und Motive als (notwendige) Determinante der Verarbeitung von Werbeinformation aufgefaßt. Auch Einstellungen (zur Werbung und/oder zu den beworbenen Produktmarken) schließen neben kognitiven und konativen (handlungsbezogenen; vgl. Mayer 1993) auch motivationale Komponenten ein. Somit ist anzunehmen, daß werbebezogene Einstellungen - als motivationsbezogene personale Voraussetzung - ebenfalls einen Einfluß auf das Behalten von Produktinformationen haben. Dabei dürfte insbesondere beim Werbespot die Einstellung eine für die Verarbeitung bedeutsame Größe sein, da bei dieser Werbeform für den Zuschauer die Werbeabsicht und das beworbene Produkt eindeutig erkennbar sind und er bei einer vorhandenen negativen Einstellung die dargebotene Werbebotschaft verstärkt blockieren und weniger tief verarbeiten wird[1]. Dagegen ist bezüglich des Product-Placements kaum zu erwarten, daß es einen Einfluß der Einstellung auf die Behaltensleistung gibt, weil für die Zuschauer die Werbeintention weniger gut oder gar nicht erkennbar ist.

Zusammenfassend können folgende Hypothesen zum Zusammenhang zwischen der Aufmerksamkeit für die Werbebotschaft, der Einstellung zur Werbung und zu den Produktmarken und dem Gedächtnis für die Produktmarkeninformation festgehalten werden (vgl. Abbildung 3):

- Beim Product-Placement gibt es einen Zusammenhang zwischen der Aufmerksamkeit und der Behaltensleistung für die Produktmarkeninformation. Die Produktmarke wird besser und länger behalten, wenn die Markeninformation mit größerer Aufmerksamkeit aufgenommen wird. Dagegen gibt es keinen Zusammenhang zwischen werbe- und produktbezogenen Einstellungen und der Behaltensleistung.

---

[1] In diesem Zusammenhang kann zunächst nicht vorhergesagt werden, ob zu erwartende geringere Gedächtnisleistungen dadurch zustande kommen, daß bei einer vorhandenen negativen Einstellung eine geringere Aufmerksamkeit für die Werbeinformation aufgebracht wird oder daß sich die Einstellung unmittelbar auf die anschließende Verarbeitung der aufgenommenen Informationen auswirkt.

Abbildung 3: Hypothesen zum Zusammenhang von Aufmerksamkeit, Einstellung und Gedächtnis bezüglich der Rezeption von Product-Placements und Werbespots

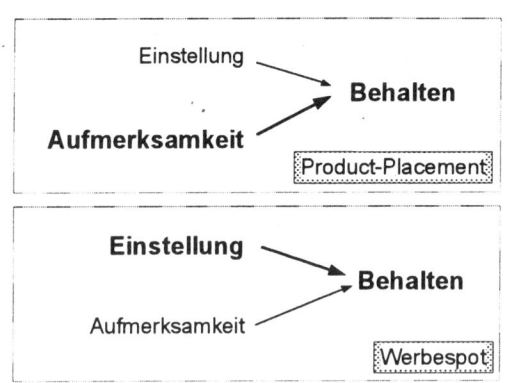

- Beim Werbespot wird ein Zusammenhang zwischen der Einstellung zur Werbung und zum Produkt und der Behaltensleistung für die Produktmarke erwartet. Bei einer positiven Einstellung sollte eine höhere Behaltensleistung zu erwarten sein als bei einer negativen. Dagegen wird kein Zusammenhang zwischen der Aufmerksamkeit und der Behaltensleistung erwartet.

3.3 Empirische Untersuchungen

Mit Hilfe zweier empirischer Untersuchungen wurden die zuvor beschriebenen Hypothesen überprüft. Insbesondere sollten mit Hilfe der erhobenen Daten folgende Fragen beantwortet werden: (i) Wie hoch ist die Behaltensleistung für Produktmarken bei Werbespots und bei Product-Placements? (ii) Wie hoch ist die (visuelle) Aufmerksamkeit für Markensymbole bei Werbespots und bei Product-Placements? Von welchen Gestaltungsfaktoren der Werbebotschaft hängt das Ausmaß der für die Markensymbole aufgebrachten Aufmerksamkeit ab? (iii) Gibt es bei Product-Placements einen Zusammenhang zwischen der Markensymbolaufmerksamkeit und der

Behaltensleistung für die Produktmarke? Fehlt ein solcher Zusammenhang bei Werbespots? (iv) Wie ist die Einstellung der Zuschauer zur Werbung und zu den Produktmarken? Gibt es bei Werbespots einen Zusammenhang zwischen der Beschaffenheit dieser Einstellungen und der Behaltensleistung für die Produktmarke? Fehlt ein solcher Zusammenhang bei Product-Placements? (v) Gibt es bei Werbespots einen Zusammenhang zwischen der Einstellung und der Markensymbolaufmerksamkeit, oder wirkt sich die Einstellung unabhängig von der Aufmerksamkeit auf die Verarbeitung und Einspeicherung der Produktinformation aus?

In einer im Auftrag der Media Gruppe München (MGM) durchgeführten Studie sahen insgesamt 100 Versuchspersonen im medienpsychologischen Labor der Universität Saarbrücken einen Ausschnitt aus einem Spielfilm oder eine Folge einer Fernsehserie, in dem bzw. in der jeweils eine Produktmarke in Form eines Product-Placements beworben wurde (vgl. Winterhoff-Spurk/Mangold 1995). Außerdem wurde der Filmausschnitt bzw. die Serienfolge durch einen Werbeblock, bestehend aus sieben Werbespots, unterbrochen. Die Werbespots wurden so gewählt, daß jede Produktmarke sowohl in einem Product-Placement als auch in einem Werbespot vorkam; dabei war sichergestellt, daß die Zuschauer die im Product-Placement dargestellte Produktmarke nicht im Werbeblock zu sehen bekamen. Daten zur Ausprägung der Einstellung der Zuschauer zur Werbung sowie zu den beworbenen Produktsparten und Produktmarken wurden (im Anschluß an die Versuchssitzung) mit einem Fragebogen erhoben. Die Aufmerksamkeit (visuelle Kontaktzeit) für die im Product-Placement und in den Werbespots dargestellten Markennamen und -symbole wurde mit Hilfe der Blickregistrierungsanlage während der Filmrezeption gemessen. Die Gedächtnisleistung für die Produktmarken wurde ungefähr 30 Minuten nach der Darbietung im Labor mit Hilfe der ungestützten und der gestützten Behaltensprüfung festgestellt.

Die Auswertung der Datensätze zeigte, daß diejenigen Zuschauer, die bei den Product-Placements eine stärkere Markensymbolaufmerksamkeit aufbringen, auch im Anschluß an die Untersuchung die Produktmarken signifikant besser erinnern und wiedererkennen können. Einen solchen Zusammenhang gibt es bei den Werbespots erwartungsgemäß nicht. Bei Product-

Placements variiert die Aufmerksamkeit für Markendarstellungen beträchtlich und ist dabei deutlich erkennbar von filmischen Gestaltungsmerkmalen abhängig. So erhält eine Markendarstellung, die auf einer größeren Fläche abgebildet ist, erwartungsgemäß mehr Aufmerksamkeit (und wird folglich auch besser erinnert) als eine kleinflächige Markendarstellung (Flächeneffekt). Das Ausmaß der aufgewendeten Aufmerksamkeit ist aber auch von der Art der filmischen Handlung beeinflußt (Handlungseffekt). Die ablaufende Handlung kann die Ursache dafür sein, daß entweder die Aufmerksamkeit der Zuschauer auf das plazierte Markensymbol gelenkt oder aber von ihm abgelenkt wird. Wenn beispielsweise ein Darsteller an der abgebildeten Produktmarke vorbeigeht, folgt die Aufmerksamkeit der Zuschauer seinem Weg und richtet sich dabei auch auf die Markensymbole. Wenn jedoch zwei Darsteller miteinander sprechen, richtet sich die Aufmerksamkeit auf die Kommunikationspartner und es wird keine Aufmerksamkeit für die an der entgegengesetzten Seite des Raumes angebrachten Markensymbole aufgebracht.

Im Rahmen einer Diskriminanzanalyse wurde versucht, mit Hilfe von Aufmerksamkeit und Einstellungskomponenten als Prädiktorvariablen die Behaltensleistung für die Produktmarken vorherzusagen. Dabei erweist sich im Product-Placement die Aufmerksamkeit als der einzige Faktor mit einer für die Vorhersage bedeutsamen Gewichtung. Im Werbespot dagegen spielt erwartungsgemäß die Markensymbolaufmerksamkeit für die Vorhersage des Behaltens keine Rolle; vielmehr sind hier spezifische Einstellungsfacetten zur Werbung und zu den Produkten eher kritisch für die Vorhersage. Die abgeleiteten Hypothesen konnten somit im wesentlichen bestätigt werden.

In einer weiteren Untersuchung von Rieth (1997) sollten diese Zusammenhänge bezüglich der Rezeption von Product-Placements intensiver studiert werden. Hierzu zeigte die Versuchsleiterin insgesamt 40 Versuchspersonen in Einzelsitzungen einen Ausschnitt aus dem James-Bond-Film „Im Angesichts des Todes" von 1985, in dem eine Reihe von Product-Placements enthalten ist. Von den Versuchspersonen wurden Angaben zu ihrer Einstellung gegenüber Werbung sowie Angaben zur kognitiven („Wie groß ist Ihr Interesse für die Marke X?"), zur affektiven („Wie sympathisch ist Ihnen Marke X?") und zur konativen („Wie sehr möchten Sie das Produkt der Marke X haben?") Komponente der Einstellung zu den Produktmarken erhoben. Die (visuelle) Aufmerksamkeit für Markensymbole wurde mit Hilfe der Blickregistrierungsapparatur des medienpsychologischen Labors bestimmt; als Indikator für die Aufmerksamkeit wurde die Dauer des visuellen Kontaktes (Ansehen der abgebildeten Markensymbole) erfaßt. Die Qualität der Speicherung im Gedächtnis wurde mit Hilfe der ungestützten und gestützten Behaltensprüfung beurteilt. Folgende Zusammenhänge konnten bei der Analyse beobachtet werden:

Abbildung 4: Verteilung der Aufmerksamkeit über drei Zeitpunkte der Darbietung des Product-Placements der Marke „Michelin"

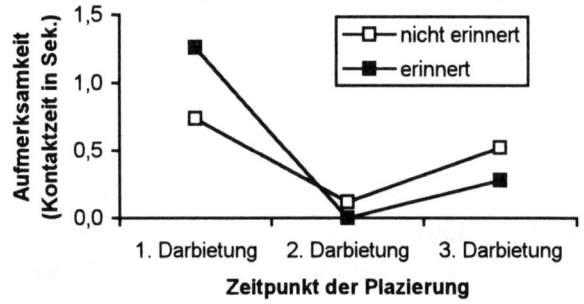

- Wie in der ersten Untersuchung bereits beobachtet werden konnte, gehen beim Product-Placement bessere Behaltensleistungen für die Produktmarke mit einer höheren Markensymbolaufmerksamkeit einher. Interessanterweise zeigt sich für Personen, die die Produktmarke im Nachhinein erinnern oder wiedererkennen können, im Falle der mehrfachen Darstellung einer Produktmarke im Film eine andere Verteilung der Aufmerksamkeit als für solche Zuschauer, die sich an die plazierte Marke nicht erinnern können (vgl. Abbildung 4): Personen mit einem guten Gedächtnis für die Marke konzentrieren ihre Aufmerksamkeit insbesondere bei der ersten (und partiell bei der dritten) Darbietung des Produktes auf die Markensymbole. Dagegen sind bei den Zuschauern, die die Marke nicht behalten hatten, die Unterschiede in der Markensymbolaufmerksamkeit zwischen den verschiedenen

Zeitpunkten der Darbietung des Product-Placements weniger deutlich ausgeprägt.

- Die Beurteilung der Glaubwürdigkeit des Product-Placements und die Markensymbolaufmerksamkeit zeigen einen signifikanten Zusammenhang: Mit einer höheren Aufmerksamkeit wahrgenommene Produktplazierungen werden auch als glaubwürdiger eingeschätzt.
- Für die Einstellung zum Product-Placement gibt es einen Zusammenhang mit der Behaltensleistung: Versuchspersonen, die die Produktmarke erinnern konnten, schätzen das Product-Placement auch als beeinflussender und emotional ansprechender ein.
- Es gibt erwartungsgemäß keinen Zusammenhang zwischen der Einstellung zu den Produktmarken und der Behaltensleistung.

4. Abschließende Bemerkungen

Wirkungen von Fernsehwerbung schlagen sich in ganz unterschiedlichen Aspekten nieder; und es sind bisweilen sehr heterogene Befundmuster zu beobachten. Die Komplexität der Ergebnisse resultiert unter anderem daraus, daß neben der Werbebotschaft mit ihren diversen Gestaltungsaspekten eine Reihe weiterer Faktoren am Zustandekommen dieser Wirkungsmuster beteiligt ist und daß von der Darbietung der Werbebotschaft über die Aufnahme und Verarbeitung der Produktinformation bis zur Speicherung mehrere Durchgangsstadien (mit jeweils spezifischen Auswirkungen auf die verarbeiteten Informationen) durchlaufen werden. Eine brauchbare Veranschaulichung der bei der Rezeption von Fernsehwerbung ablaufenden (kognitiven) Vorgänge bietet das Modell von MacInnis und Jaworski (1989).

Um die Wirkungen von Fernsehwerbung mit hinreichender Präzision breitbandig, kontextbezogen und verlaufsorientiert erfassen und erklären zu können, ist die Durchführung empirischer Untersuchungen in einem medienpsychologischen Labor erforderlich, das mit entsprechenden apparativen Meßvorrichtungen ausgestattet ist. In einem solchen Labor sollten Methoden zur detaillierten Beschreibung audiovisuell gesendeter Werbebotschaften, zur Messung der Aufmerksamkeit für festgelegte Elemente der

Werbebotschaft (z.B. für Markensymbole), zur Bestimmung von Werbewirkungen (Gedächtniseffekte, Einstellungsänderungen) und zur Erhebung zusätzlicher situativer und personaler Randbedingungen der Werberezeption vereint sein.

Die beiden vorgestellten Untersuchungen zur Verarbeitung von Werbebotschaften in Werbespots und Product-Placements zeigen, daß sich mit einem solchen Labor differenzierte Fragestellungen überprüfen lassen. Die Ergebnismuster solcher laborgestützter Studien erweisen sich im Vergleich zu einfachen Werbewirkungstheorien zumeist als komplexer. Das mit solchen Untersuchungen gewonnene verfeinerte Bild der Vorgänge während der Rezeption von Fernsehwerbung stellt einen Erkenntnisfortschritt für die Werbewirkungspsychologie und die Medienpsychologie dar.

5. Literatur

Auer, M.; Kalweit, U.; Nüßler, P.: Product Placement. Die Kunst der geheimen Verführung. Düsseldorf 1988.
Bente, G.; Stephan, E.; Jain, A.; Mutz, G.: Fernsehen und Emotion. Neue Perspektiven der psychophysiologischen Wirkungsforschung. In: Medienpsychologie 4 (1992), S. 186-204.
DuPlessis, E.: Recognition versus recall. In: Journal of Advertising Research 34 (1994), S. 75-91.
Harbrücker, U.; Wiedmann, K. P.: Product-Placement. Rahmenbedingungen und Gestaltungsperspektiven. Mannheim 1987. (Arbeitspapier Nr. 58 des Instituts für Marketing der Universität Mannheim).
Leven, W.: Blickverhalten von Konsumenten. Heidelberg 1991.
MacInnis, D. J.; Jaworski, B. J.: Information processing from advertisements: Toward an integrative framework. In: Journal of Marketing 53 (1989), S. 1-23.
Mayer, H.: Werbepsychologie. Stuttgart 1993.
Media Perspektiven: Basisdaten. Daten zur Mediensituation in Deutschland. 1996, Frankfurt am Main 1996.
Merten, J.; Krause, R.: D A S (Differentielle-Affekt-Skala). Saarbrücken 1993. (Arbeiten der Fachrichtung Psychologie der Universität des Saarlandes, Nr. 173).

Ottler, S.: Das Märchen von der Zapp-Manie. In: Tele Images 1 (1997), S. 18-21.
Rieth, St.: Einstellung, Aufmerksamkeit und Behaltensleistung bei der Rezeption von Product-Placement. Saarbrücken 1997. (Unveröff. Diplomarbeit).
Schneider, W.; Detweiler, M. A.: Connectionist/control architecture for working memory. In: G. H. Bower (ed.), The Psychology of learning and motivation. Advances in research and theory. New York 1987, p. 54-119.
Stoertz, E. M.: The cost efficiency and communication effects associated with brand name exposure within motion pictures. West Virgina 1987, (unpubl. thesis).
Winterhoff-Spurk, P.: Land unter? Medienpsychologische Anmerkungen zur Informationsflut. In: H. Hoffmann (Hrsg.), Gestern begann die Zukunft. Entwicklung und gesellschaftliche Bedeutung der Medienvielfalt. Darmstadt 1994, S. 198-216.
Winterhoff-Spurk, P.; Mangold, R.: Product-Placement vs. Werbespot - Aufmerksamkeit und Behalten beim Zuschauer. Frankfurt 1995. (Vortrag auf dem 2. Forschungstag der MediaGruppe München).

Fernsehwerbung im Programmkontext: Psychologische Modelle und empirische Befunde

Axel Mattenklott

1. Programmgefallen und Hypothesen zur Werbewirkung

Bei RTL kostete ein 30-Sekunden-Spot in der Sendung „Schreinemakers TV" an einem Donnerstag im Januar 1997 in der Zeit zwischen 21.15 und 21.45 Uhr im Mittel DM 66.000,-. Dieser und andere Preise für Einblendungen von Werbespots in Fernsehprogrammen richten sich zur Zeit grob danach, wieviele Zuschauer bestimmte Programme sehen. Tageszeiten, jahreszeitliche Verläufe, geschätzte Attraktivitäten der Fernsehprogramme und Alterskategorien der Zuschauer differenzieren die Preise. Dieser Art Kalkulation liegt die Annahme zugrunde, daß Werbespots um so wirksamer sind, je besser die Programme gefallen, in denen sie gezeigt werden. Und der naheliegende Indikator für Gefallen eines Programms ist seine Reichweite, also die Anzahl der Zuschauer, die es eingeschaltet haben.

Bewährt sich diese einfache Beziehung zwischen Programmkontext und Wirkung von Werbespots auch bei einer detaillierten Betrachtung? Meinungsumfragen zufolge wird Werbung als ärgerlich empfunden, wenn sie Fernsehprogramme unterbricht. Zum Beispiel äußerten in einer vom SPIEGEL in Auftrag gegebenen Umfrage 51% der Befragten, sie würden Werbung ärgerlich finden (SPIEGEL, 35/95, S. 120). Hiernach müßte Werbung gerade dann schlecht bewertet werden, wenn sie im Kontext attraktiver Programme gezeigt wird. Als attraktiv gelten Programme, die spannend sind und positive Gefühle erzeugen. Sie können - wie es in der Kommunikationswissenschaft und Psychologie als Hypothese formuliert wird - die Motivation nach einer anregenden und angenehmen Umgebung erfüllen (Zillmann 1988). Nach dieser Hypothese ist alles, was die Motivation nach spannender und emotional angenehmer Unterhaltung stört, also zum Beispiel Programme, die gleichförmig sind und auch Unterbrechungen von

Programmen durch Werbespots, für Fernsehzuschauer aversiv. Die Folge ist, daß Zuschauer entweder andere Sendungen wählen oder die Werbespots schlechter bewerten, als wenn sie Programme nicht unterbrechen würden, es sei denn, die Werbespots wären anregender und angenehmer als die Programme selbst (Schumann/Thorson 1990).

Die beiden Eigenschaften attraktiver Fernsehprogramme, nämlich „spannend" und „emotional positiv", sind - vor allem in privatrechtlichen Fernsehanstalten - nach dem Verständnis von Programmplanern und Programmgestaltern ganz offensichtlich günstige Bedingungen für die Wirkung der Werbung, denn die privaten Fernsehsender finanzieren sich ausschließlich aus Werbeeinnahmen. Dieses allgemeine Verständnis von günstigen Bedingungen für die Werbung findet in der Forschung zum Programmkontext in zwei Hypothesen Ausdruck.

Eine Hypothese bezieht sich auf Aktivierung. Aktivierung steht als allgemeiner Begriff für empfundene Spannung, die - im Kontext der Forschung zur Wirkung von Fernsehspots im Programmumfeld - bei der Rezeption eines Fernsehprogramms entsteht, etwa durch eine dramatische Szene eines Films. Als verwandte Begriffe werden Spannung, Involviertheit und „program arousal" benutzt. Gemeinsam kennzeichnen diese Begriffe, daß der Organismus bei stärkerer Aktivierung durch das gerade rezipierte Programm mehr Ressourcen mobilisiert (vgl. Singh/Churchill 1987), die sich für Informationsverarbeitung und Verhalten günstig auswirken (Kroeber-Riel 1979). Die Hypothese formuliert günstige Wirkungen von programmvermittelter Aktivierung auf Erinnerungen und Bewertungen von Werbung.

Die zweite Hypothese bezieht sich auf programmvermittelte Stimmungen. Stimmung wird als ein Zustand bezeichnet, der im Unterschied zu einer Emotion, wie zum Beispiel Freude oder Ärger, schwächer und weniger variabel ist, länger andauert und dem ein klarer Bezug zu einem Auslöser fehlt (Schmidt-Atzert 1996, S. 24). Unter Programmplanern und Werbungtreibenden lautet die vorherrschende Annahme, daß ein redaktioneller Kontext auf die darin erscheinende Werbung „abfärbt". Zum Beispiel zitierte die Zeitschrift Advertising Age in ihrer Ausgabe vom 28. Januar 1980 die Stellungnahme des Marketing-Chefs von Coca Cola: „It's a Coca Cola corporate policy not to advertise on TV news because there's going to be some bad news in there and Coke is an upbeat, fun product." (S. 39)

In der Forschung zur Wirkung programmvermittelter Stimmungen ist vor allem die Hypothese geprüft worden, daß Stimmungen auf die Bewertungen von Werbespots übertragen werden. Neben Bewertungen sind auch Wirkungen auf Erinnerungen von Werbespots untersucht worden.

2. Kommunikative Wirkung von Programmen auf Werbespots in Umfragen und Experimenten

Wenn von kommunikativer Werbewirkung die Rede ist, sind vor allem Erinnerungen und Bewertungen von Werbung gemeint. Anstelle des Begriffs Bewertung wird in der Psychologie auch „Einstellung" verwendet. Beide Begriffe stehen für das Ausmaß des Gefallens gegenüber dem zu bewertenden Gegenstand oder Ereignis. In der Kommunikationswissenschaft wird auch der Begriff Meinung verwendet, dessen Bedeutung aber weiter ist als der Begriff Bewertung. Neben diesen beiden Indikatoren für Werbewirkung wird die Handlungsintention erfragt, das Produkt der beworbenen Marke zu kaufen oder die beworbene Dienstleistung zu nutzen.

Die Forschung zur Wirkung redaktioneller Umfelder auf Werbebotschaften stützt sich auf Umfragen und experimentelle Studien. Das übereinstimmende Ergebnis der in den USA durchgeführten Umfragen waren bessere Erinnerungen der Fernsehwerbespots in Programmen, die gut gefielen. Eine Studie fand auch eine positive Korrelation von Programm- und Werbespotgefallen (vgl. Schumann/Thorson 1990). In der deutschsprachigen Umfrageforschung ist die Wirkung redaktioneller Umfelder bislang noch nicht systematisch behandelt worden (z.B. Wild 1995).

Die mit Hilfe von Umfragen ermittelten besseren Erinnerungen der Werbespots in Programmen, die gut gefielen, könnten zum Teil dadurch bedingt sein, daß Programme, die weniger gut gefallen, mit geringerer Aufmerksamkeit gesehen und dadurch Werbespots verpaßt wurden. In experimentellen Studien haben die Probanden weniger Gelegenheit, sich den dargebotenen Sendungen zu entziehen. Schlechte Erinnerungen und uneindeutige

Einstellungen in Experimenten können kaum aufgrund der Abwesenheit der Zuschauer während der Sendungen entstehen. In Experimenten können die interessierenden Ursachen für mögliche Wirkungsunterschiede von Programmen kontrolliert werden - in der Forschung zur Wirkung des Programmkontexts Aktivierung, Stimmung und Programmgefallen.

Der vorliegende Beitrag beschränkt sich auf experimentelle Studien. Von wenigen Ausnahmen abgesehen, untersuchten die mir vorliegenden Experimente zur Umfeldwirkung Fernsehwerbung (Anzeigen in Zeitschriften: z.B. Kirchler/Kapfer 1987; Hörfunkspots: Anand/Sternthal 1992). Die Experimente lassen sich nach ihren Zielsetzungen zwei Kategorien zuordnen, in die erste Kategorie Experimente, die als pragmatisch und in die zweite Kategorie Experimente, die als hypothesentestend bezeichnet werden können.

2.1 Pragmatische Experimente

Experimente der ersten Kategorie werden vor allem von Medienvermarktern durchgeführt. Das allgemeine Ziel dieser Experimente ist es, Kennwerte darüber zu gewinnen, wie Werbespots in unterschiedlichen, für die Sender repräsentativen Programmen erinnert und bewertet werden. Merkmale dieser Experimente sind große und repräsentative Stichproben (N zwischen 600 und 1800, Quotierung nach soziodemographischen Merkmalen und nach Fernsehgewohnheiten). Die Versuchspläne dieser Experimente variieren Programmgenres, z.B. gibt es die Genres Krimi, Unterhaltsame Familienserie oder TV-Magazin. Ausschnitte bestimmter Programme, etwa ein Ausschnitt aus der Krimiserie „Columbo", haben hierbei die Funktion von Repräsentanten für die Programmgenres. Alle Programmausschnitte werden von einer Werbeinsel aus zehn bis zwölf Spots unterbrochen. Die Werbespots werden zuvor entweder nach Kriterien ausgewählt, die für die Kunden, also die Werbungtreibenden, interessant sind oder nach ihren Gestaltungsmerkmalen klassifiziert (in der Werbebranche spricht man von Kreation). Im letzteren Fall repräsentieren sie bestimmte Spot-Typen, die z.B. als Action, Innovation oder Mainstream bezeichnet werden. Die Versuchspersonen sehen die gleiche Werbeinsel in einem Programmausschnitt. Gemessen werden Erinnerungen der Spots, Bewertungen der Programme und Spots sowie Kaufintentionen. Die Ergebnisse der beiden von IP Deutschland (Mattenklott 1997) und der zwei von MGM (MediaGruppe München) durchgeführten Experimente (Habermeier 1997) zeigen eine Tendenz, daß die TV-Spots besser erinnert werden, wenn sie sich von ihrem Programmumfeld unterscheiden. Eine Wirkung auf Einstellungen gegenüber den Spots läßt sich aus den Ergebnissen nicht ableiten.

2.2 Hypothesentestende Experimente

Mit ihrem Ziel, die Wirkung des Programmkontexts zu erklären, stehen die Experimente der zweiten Kategorie in der Tradition universitärer Forschung.

Im folgenden werden die Ergebnisse der Hypothesenprüfungen zu programmvermittelter Aktivierung und Stimmung sowie zum Programmgefallen berichtet. Die oben beschriebene Motivationshypothese ist seltener geprüft worden. Ein Ergebnis ihrer Prüfung soll in der exemplarischen Darstellung eines Experiments berichtet werden.

a) Aktivierung
Über die Wirkung von Aktivierung infolge eines Fernsehprogramms auf die Erinnerung von Werbespots ist im Einklang mit dem vorherrschenden Verständnis von Programmplanern die Hypothese formuliert worden, nach der eine höhere Aktivierung durch ein spannendes Programm - oder einen Programmteil - die Erinnerung der Werbespots fördert. Diese Hypothese ist in einem Literaturüberblick von Singh/Hitchon (1989) nahegelegt worden: „Much basic research indicates that material associated with increased arousal levels results in better performance on recall and recognition tasks. As a consequence, commercials embedded in exciting program segments can be expected to demonstrate increased learning relative to commercials embedded in bland program segments" (S. 24).

Allerdings stammt diese Schlußfolgerung nicht aus den Ergebnissen der von ihnen analysierten Studien zu Erinnerungen von Werbespots im Programmumfeld. Keine unter ihnen ergab bessere Erinnerungen unter stärkerer Aktivierung, vielmehr ist sie aus Befunden der Forschung zum Gedächtnis abgeleitet worden. Eine Variante dieser Intensivierungshypothese ist die Anwendung der Erregungstransfertheorie von Zillmann (1971). Hiernach wird die Erinnerung an Werbespots dann gesteigert, wenn ein Rest von Aktivierung (Erregung des autonomen Nervensystems ist eine spezifische Form von Aktivierung) aus der Rezeption des Fernsehprogramms noch wirkt, aber nicht mehr als erhöhte Aktivierung empfunden wird. Das geschieht nach Zillmanns Theorie in der Phase zwischen 2,5 und 4 Minuten nach dem aktivierenden Ereignis. Diese Vermutung ist von Mattes und Cantor (1982) geprüft worden.

Eine entgegengesetzte Hypothese, die vorhersagt, daß sich eine stärkere Aktivierung ungünstig auf das Erinnern der eingeblendeten Werbespots auswirkt, ist ebenfalls vorgeschlagen worden. Diese Kontrasthypothese ist von Kennedy (1971) damit begründet worden, daß Werbespots, die ein Programm unterbrechen, ein Bedürfnis nach Wahrnehmung geschlossener Ganzheiten („drive for closure") stören würden. Die Ergebnisse seines Experiments zeigten, daß Werbespots, die einen spannenden Thriller unterbrachen, tendenziell schlechter erinnert wurden als Werbespots in einer Situationskomödie (Sitcom). Eine allgemeinere Begründung bezieht sich auf die Einschränkung kognitiver Ressourcen für Ereignisse, die nicht unmittelbar mit der Quelle der Aktivierung zu tun haben (Soldow/Principe 1981). Zum Beispiel richten intensive emotional negative Erlebnisse, die gleichzeitig immer auch stark aktivierend sind, die Aufmerksamkeit auf deren auslösende Bedingungen und hemmen die kognitive Verarbeitung von Ereignissen außerhalb des Fokus der Aufmerksamkeit (Mundorf u. a. 1991).

Eine Integration beider Hypothesen ergibt die Vorhersage einer umgekehrt u-förmigen Beziehung zwischen programmvermittelter Aktivierung und Erinnerung der Werbespots. Diese Hypothese ist von Tavassoli, Shultz und Fitzsimons (1995) vorgeschlagen und geprüft worden. Ihre Prüfung verlangt, daß mindestens drei Stärken von Aktivierung induziert werden.

Tabelle 1 gibt eine komprimierte Übersicht über die Ergebnisse der Experimente zur Wirkung aktivierender Programme auf die Erinnerung von Fernsehwerbespots, die in den Programmen ausgestrahlt worden sind. Kriterium für die Aufnahme von Experimenten in diese und die folgende Tabelle ist, daß sie die Wirkung von Aktivierung oder Stimmung (oder beides) auf einen oder beide Werbewirksamkeitsindikatoren Erinnerung und Einstellung explizit untersuchen. Dieses Kriterium führte zum Beispiel zum Ausschluß des Experiments von Bello, Pitts und Etzel (1983) zur Wirkung sexueller Programminhalte auf sexuelle Werbung.

Tabelle 1: Ergebnisse der Experimente zur Wirkung der Aktivierung durch Fernsehprogramme auf die Erinnerung der darin eingeblendeten Werbespots

	Messung	Ergebnis
Bryant & Comisky (1978)	Selbstbericht	Kontrast: Schlechtere Erinnerungen in stärker aktivierenden Phasen des Programms
Keber (1997)	Selbstbericht	Kontrast: Schlechtere Erinnerungen, wenn Aktivierung anstieg, als wenn sie sank
Kennedy (1971)	keine	Kontrast: Tendenziell schlechtere Erinnerung in einem stärker aktivierenden Film
Lord & Burnkrant (1988)	Während Rezeption auf akust. Signalknopf drücken (Längere Reaktionszeiten bei stärker aktiviertem Filmteil)	Kontrast: Schlechtere Erinnerungen im Filmabschnitt, der stärker aktivierte
Mattenklott, Bretz & Wolf (1997)	Selbstbericht	Kontrast: Schlechtere Erinnerungen in stärker aktivierendem Serienkrimi als in wenig aktivierendem Landschaftsfilm
Mattes & Cantor (1982)	Selbstbericht und systolischer Blutdruck	Keine Erinnerungsunterschiede zwischen stark und schwach aktivierendem Film im Zeitintervall von 0 bis 4,45 min nach Rezeption der Filme
Mundorf, Zillmann & Drew (1991)	Selbstbericht und physiolog. Maße: systol. und diastol. Blutdruck, Fingertemp.	Kontrast: Schlechtere Erinnerungen im Zeitintervall von 0 bis 2,5 min nach Rezeption eines stark aktivierenden, emotional negativen Ereignisses
Norris & Colman (1993)	Selbstbericht	Kontrast: Negative Korrelationen von beurteilter Aktivierung und Erinnerung
Soldow & Principe (1981)	Selbstbericht	Kontrast: Schlechtere Erinnerungen in stärker aktivierendem Programm
Tavassoli, Schultz & Fitzsimons (1995)	Selbstbericht	Umgekehrt u-förmige Beziehung zwischen Aktivierung und Erinnerung

Die Ergebnisse zeigen bis auf eine Ausnahme, daß stärker aktivierende Fernsehprogramme für die Erinnerung der diese Programme unterbrechenden Werbespots ungünstig sind. Sie stützen die Annahme, daß Aktivierung durch ein wahrgenommenes Ereignis kognitive Ressourcen für die Verarbeitung dieses Ereignisses bindet und somit andere Informationen, die keine unmittelbare Beziehung zu dem aktivierenden Ereignis haben, schlechter verarbeitet werden. Für die konkurrierende Hypothese, daß infolge einer Aktivierung des Organismus Erinnerungsleistungen allgemein oder, wie in der Theorie des Erregungstransfers formuliert, in einem bestimmten Zeitintervall gesteigert werden, gibt es ein stützendes Ergebnis (Tavassoli u.a. 1995). Es zeigt, daß Erinnerungen der Werbespots bei moderaten Aktivierungen besser sind als bei sehr schwachen und bei starken Aktivierungen. Die Aktivierungskontrasthypothese scheint für starke Intensitäten von Aktivierung zu gelten, obschon die in den verschiedenen experimentellen Studien erzeugten Intensitäten von Aktivierung nicht unmittelbar miteinander verglichen werden können. Bis auf die Ausnahme des sehr stark aktivierenden Ereignisses im Experiment von Mundorf, Zillmann und Drew (1991), das zeigte, wie der amerikanische Politiker Ed Dwyer während einer Pressekonferenz im Jahr 1986 einen Revolver aus einem Umschlag nahm, den Lauf in den Mund schob und abdrückte, sind die in den anderen Experimenten verwendeten aktivierenden Szenen in Filmen der Genres Krimi und Action im Fernsehen üblich. Die beiden Experimente von Mattes und Cantor (1982) und Mundorf, Zillmann und Drew (1991) bilden eine Ausnahme, weil dort Erinnerungen unmittelbar nach der Rezeption gemessen wurden. Der kurzzeitige Abfall der Erinnerungen der Spots im Experiment von Mundorf, Zillmann und Drew (1991) war vier Minuten nach der Rezeption der Selbstmordszene behoben. Man weiß nicht, ob die Informationen über die Werbespots unter der Bedingung der Rezeption des stark aktivierenden Ereignisses auch dann im Gedächtnis so gut verfügbar wären wie unter der Bedingung des schwächer aktivierenden Ereignisses, wenn die Versuchspersonen das Fernsehprogramm nach dem Werbeblock weiter gesehen hätten. Für die Werbewirkungsforschung ist diese Frage naheliegender als die Frage nach sehr kurzfristigen Erinnerungssteigerungen oder -einschränkungen.

Wie sich programminduzierte Aktivierungen auf Bewertungen von Werbespots auswirken, ist schwer zu beantworten. Die wenigen Experimente, die diese Frage untersuchten, ergaben keine einheitliche Tendenz.

b) Stimmung

Die Wirkung programmvermittelter Stimmungen auf Bewertungen ist mit drei Hypothesen erklärt worden.

Die erste Hypothese, die von Programmplanern und Werbungtreibenden favorisiert wird, sagt eine Stimmungsübertragung von Programmen auf Spots vorher. Spots werden besser bewertet, wenn die Programme angenehme Stimmungen induzieren, als wenn die induzierten Stimmungen unangenehm sind. Die Hypothese stützt sich auf die Konzeption des „affectpriming" (Bower 1981), nach der Informationen leichter erinnert werden, wenn sie mit dem aktuellen Stimmungszustand kongruent sind. In einer heiteren Stimmung, zum Beispiel, werden die heiteren Aspekte von Ereignissen leichter erinnert. Die erinnerten Informationen „färben" die Bewertung der Ereignisse.

Die zweite Hypothese (Celuch/Slama 1993) sagt bessere Bewertungen emotionaler Spots in affektiv getönten Programmen und bessere Bewertungen informativer (emotional neutraler) Spots in Programmen ohne affektive Tönung vorher als in Fällen von affektiver Inkongruenz zwischen Programm und Spots. Begründet wird die Hypothese mit einer affektiven Verarbeitung der Spots, wenn die Rezipienten affektiv involviert sind. Ob die bessere Bewertung von Werbespots in affektiv getönten Programmen unabhängig davon ist, ob die Programme positive oder negative Stimmungen erzeugen, wird in der Hypothese nicht gesagt.

Die dritte Hypothese bezieht sich auf traurige Stimmungen, die bei der Wahrnehmung des Leids hilfsbedürftiger Menschen ausgelöst werden. Vermitteln Programme solche Stimmungen, werden nach dieser Hypothese traurige Spots besser bewertet als fröhliche (Kamins/Marks/Skinner 1991). Die Begründung der Hypothese läßt sich in vier Schritten darstellen. Im ersten Schritt wird eine allgemein wirkende Tendenz angenommen, unangenehme Gefühlszustände in angenehme zu ändern. Der zweite Schritt beschreibt die Situation einer traurigen Stimmung, die durch einen Film erzeugt wird, der in Not geratene, leidende Menschen zeigt. Der traurige Spot zeigt einen verzweifelten Appell an Menschen mit Drogen- und Alkoholproblemen, sich an hierauf spezialisierte professionelle Einrichtungen zu wenden. Der Spot, so die weitere Annahme, löst Empathie aus und aktiviert den Wunsch zu helfen. Im letzten Schritt wird angenommen, daß der Wunsch zu helfen das Selbst belohnt und infolge dieser positiven Bewertung des Selbst eine angenehme Stimmung entsteht. Ob eine traurige Stimmung infolge eines traurigen Films auch durch angenehme Werbespots in eine angenehme Stimmung überführt werden kann, wie von Schumann und Thorson (1990) angenommen, wird nicht diskutiert. Kamins, Marks und Skinner (1991) nehmen an, daß programmvermittelte positive Stimmungen auf Werbespots übertragen werden. Die unterschiedlichen Wirkungsweisen fröhlicher und trauriger Stimmungen fassen sie unter der Bezeichnung Stimmungskonsistenzhypothese zusammen.

Tabelle 2 zeigt die Ergebnisse der Hypothesenprüfungen zu programmvermittelten Stimmungen und Programmbewertungen auf die Bewertungen der Werbespots, die in den Programmen ausgestrahlt wurden.

Die Ergebnisse zeigen, daß die Stimmungsübertragungshypothese in Fällen positiver programmvermittelter Stimmungen in fünf der sieben Experimente zumindest zum Teil gestützt wird. Die von Celuch und Slama (1993) vorgeschlagene Hypothese konnte nicht gestützt werden. In ihrem Experiment profitierten die Bewertungen emotional positiver und neutraler Spots von angenehmen Programmen. Ein ähnliches Ergebnis berichten Goldberg und Gorn (1987), in deren Experiment emotionale und informative Spots besser in fröhlichen als in traurigen Programmen bewertet wurden. Das von Kamins, Marks und Skinner (1991) vorhergesagte Teilergebnis der besseren Bewertung eines bedrückenden Spots in einem traurigen Kontext scheint zunächst für die spezifische Situation eines Appells an die Hilfsbereitschaft der Rezipienten zu gelten. Das in ihrem Experiment verwendete affektiv positive Programm hatte nicht etwa die positiven Folgen hilfreicher Taten zum Inhalt, sondern zeigte, wie eine Frau und ein Mann aufgrund ihrer Vorführungen exotischer Tänze Bekanntheit erlangt hatten. In der experimentellen Situation von Mattenklott, Bretz und Wolf (1997) wirkte sich die positive Stimmung des Films nur auf emotional neutrale Spots aus. Im Experiment von Murry, Lastovicka und Singh (1992), die ihre Ergebnisse mit Hilfe hierarchischer Regressionen analysierten, zeigte sich zwischen programmvermittelten Stimmungen und Einstellungen nur eine schwache Beziehung.

Tabelle 2: Ergebnisse der Experimente zur Wirkung der durch Fernsehprogramme vermittelten Stimmung (oben) und Programmbewertung (unten) auf die Bewertung der darin eingeblendeten Werbespots

	Messung	Ergebnis
Celuch & Slama (1993)	4 Items zur Befindlichkeit	Günstigere Bewertungen der emotional positiven und neutralen Spots im angenehmen (pleasant) als im unangenehmen Programm
Goldberg & Gorn (1987)	Kritisches Item „happy - sad"	Günstigere Bewertungen der 4 emotionalen und 4 informativen Spots im fröhlichen als im traurigen Programm
Kamins, Marks & Skinner (1991)	5 Items zur Befindlichkeit	Bewertung eines heiteren Spots günstiger in fröhlichem Programm und umgekehrt Bewertung eines traurigen Spots günstiger in traurigem Programm
Mathur & Chattopadhyay (1991)	24 item mood scale von Izard	Mehr affektiv positive Gedanken zu Spots im fröhlichen als im traurigen Programm
Mattenklott, Bretz & Wolf (1997)	2 Items zur Befindlichkeit	Günstigere Bewertungen emotional neutraler Spots im humorvollen Film als im affektiv neutralen Landschaftsfilm
Murry, Latovicka & Singh (1992)	64 Items der 8 Emotionsdimensionen (Plutchik) und Programmgefallen	Keine günstigeren Bewertungen der Spots und Marken im Programm mit positiveren Stimmungen. Günstigere Bewertungen der stärker involvierenden Spots, wenn Programm besser gefiel
Norris & Colman (1994)	Bewertung der Programme als unterhaltsam, amüsant, humorvoll, lustig und spaßig	Keine konsistenten Korrelationen von Programm und Spotbewertungen

Dagegen war die Beziehung von Programmgefallen und Spotbewertung stärker, allerdings nur bei Spots, für die sich die Versuchspersonen stärker interessierten. Die Autoren schreiben, daß die Muster der programminduzierten Gefühle und des Programmgefallens vor allem im Kontext der affektiv positiven und negativen Programme ähnlich gewesen seien, sie berichten aber leider weder Korrelationen der beiden Maße noch Vergleiche der Einstellungen gegenüber den Spots als Funktion von programminduzierten Stimmungen und Programmgefallen. Schließlich ergab das Experiment von Norris und Colman (1994) inkonsistente Korrelationen zwischen Programm- und Spotbewertungen. Über diese deskriptiven Ergebnisse haben die beiden Autoren hinaus anscheinend keine statistischen Analysen durchgeführt. Eine Reihe verwendeter Zielgrößen, die nicht in ein Wirkungsmaß integriert worden sind, erschwert die Interpretation dieser experimentellen Studie.

Die Wirkung programminduzierter Stimmungen auf Erinnerungen der Werbespots ist uneinheitlich. Die Ursache hierfür könnte die Art der verwendeten Spots sein - in welchem Maß sie selbst erheiternd sind. Um diese Vermutung zu bewerten, sind weitere Studien notwendig.

c) Motivationen

Eine Hypothese über die Wirkung von Programmen auf Werbespots stützt sich auf die Motivation, selbst zu bestimmen, ob ein Programm ohne Unterbrechung angeschaut wird (Schumann/Thorson 1990). Wird man an der Erfüllung dieser Art Motivation gehindert, entsteht Reaktanz. Stören Werbespots die Motivation, selbst zu entscheiden, indem sie ein Programm ungebeten unterbrechen, werden sie ungünstig bewertet. Erzeugt auf der anderen Seite ein Programm eine unangenehme Stimmung oder eine sehr starke Aktivierung - was als unangenehm empfunden wird - , wird die Unterbrechung durch Werbespots als Erleichterung des unangenehmen Zustands empfunden, sofern diese Werbespots nicht auch unangenehme Stimmungen hervorrufen. Werden über die Rezeption von Werbespots transformierte Gefühle als Erleichterung erlebt, wirkt sich das günstig auf die Bewertung solcher Werbespots aus. Ein Ergebnis der Prüfung dieser Motivationshypothese wird im folgenden beschrieben.

3. Ein Experiment zur Wirkung von Filmgenres und Filmunterbrechung auf Fernsehwerbespots[1]

3.1 Methoden

Für die experimentelle Studie wurden Filme gewählt, mit denen die Aktivierungshypothese und die Hypothese zur Stimmungsübertragung geprüft werden konnten. Die Wahl fiel auf einen Serienkrimi, eine Situationskomödie und einen Landschaftsfilm. Der Serienkrimi sollte stärker aktivieren (spannender sein) als der Landschaftsfilm, und die Situationskomödie stärker erheitern als der Landschaftsfilm.

Um der Fernsehrealität möglichst nahezukommen, wurden Filme gewählt, die ca. 45 Minuten dauerten, eine Länge, die in der Zeit zwischen 18 und 20 Uhr üblich ist. Kriterien für den Serienkrimi waren eine hohe Handlungsdichte, schnelle Schnitte und ein gewisses Maß an Härte und Gewalt, die nicht als brutal empfunden wurden. Hierfür bot sich aus der Serie „Tropical Heat" der Film „Herr Doktor gibt sich die Ehre" an, der am 26.3.1995 in RTL gesendet wurde. Vertreter des Genres Situationskomik, das die Kriterien Humor und Witz ohne hohe intellektuelle Ansprüche erfüllen sollte, war der Film „Mr. Bean in Room 426", der im Programm der ARD am 24.3.1995 zu sehen war. Für das Landschaftsgenre, das weder spannende noch komische Elemente enthalten sollte, fungierte der Dokumentarfilm „Bilder einer Landschaft - gesehen in den Abruzzen", am 8.3.1995 im SWF gesendet.

Aus insgesamt 320 aufgezeichneten Werbespots wurden 27 ausgewählt, die als Vertreter der Eigenschaften spannend, lustig und neutral stehen sollten. Kriterien für die Eigenschaft spannend waren schnelle Schnitte, häufige Perspektivenwechsel, eine starke Betonung von Licht und Farbe, stark rhythmische Musik und eine lebhafte Dramaturgie. Werbespots mit der Eigenschaft lustig zeichneten sich durch eine Erzählstruktur aus, die auf eine Pointe zielt, auf eine Darstellung von Personen als Karikaturen oder auf witzige und skurrile Elemente. Werbespots mit der Eigenschaft neutral

---

[1] Für eine ausführliche Beschreibung des Experiments siehe Mattenklott, Bretz und Wolf 1997, S. 41-56.

sollten weder spannende noch lustige Elemente enthalten. Für die Hauptuntersuchung wurden die drei höchst-plazierten Werbespots auf den Faktoren Lustigkeit (Spots der Marken Telekom, Wick und Parker) und Spannung (Spots der Marken Nintendo, Sony und Jade) ausgewählt. Drei Werbeblocks (Sequenzen von Werbespots) wurden zusammengestellt. Ein Werbeblock bestand jeweils aus neun Spots, deren Dauer zwischen 20 und 40 Sekunden variierte. Die drei spannenden und drei lustigen Spots nahmen in ihrer Sequenz jeweils die Positionen 1, 5 und 9 ein, die übrigen Positionen waren mit neutralen Spots besetzt. Somit enthielt die Bedingung „spannende Spots" drei spannende und sechs neutrale, und die Bedingung „lustige Spots" drei lustige und sechs neutrale Spots. Die Bedingung „neutrale Spots" enthielt als Kontrollbedingung neun neutrale Spots.

Die Hauptuntersuchung realisierte ein 2 (Unterbrechung durch Werbung: ja vs. nein) x 3 (Filmgenre: Serienkrimi vs. Komik vs. Landschaftsfilm) x 3 (Werbesequenz: spannende vs. lustige vs. neutrale Spots) faktorielles Design. 180 Probanden (100 weiblich und 80 männlich) im Alter von 17 bis 62 Jahren wurden den Versuchsbedingungen zufällig zugeteilt. Die Versuche fanden in Gruppen bis zu vier Personen entweder in der häuslichen Umgebung der Probanden oder im Videoraum des Psychologischen Instituts der Universität Mainz statt. Es wurde darauf geachtet, daß diese unterschiedlichen Durchführungsbedingungen in den einzelnen Versuchsbedingungen gleichmäßig vertreten waren. Als Ziel der Untersuchung wurde die Beurteilung gängiger TV-Programme vorgegeben. Die Teilnahme war unentgeltlich. Die Filme dauerten etwa 45 Minuten. Wenn ein Film durch Werbung unterbrochen wurde, geschah das nach 40 Minuten. Nach Einblendung der Werbeinsel sahen die Probanden den Rest des Films. Wurde ein Film nicht unterbrochen, folgte nach dessen Ende die Werbung und anschließend ein vierminütiger Film aus der ARD-Folge „Zuschauen, Entspannen, Nachdenken". Mit diesem Zeitpunkt der Filmunterbrechung sollten die Zeiten zwischen dem Werbeblock und der Befragung für alle Probanden gleichlang werden. Unterschiedlich lange Zeiten hätten sich auf die Erinnerungen auswirken können. Nach Ende der Sendung wurden die Probanden gebeten, einen Fragebogen zu bearbeiten. Abhängige Variablen waren die drei Arten von Reaktanz: Desinteresse, Ärger und intendiertes Verhalten, Gefallen der

Filme, Wiedererkennen der Werbespots, Gefallen des gesamten Werbeblocks und Sympathie der kritischen Spots (Position 1, 5 und 9). Um die intendierte Wirkung der Filme zu messen, enthielt der Fragebogen zusätzlich Items zur Lustigkeit und Spannung der Filme.

3.2 Ergebnisse

a) Prüfungen des Filmerlebens

Ob die Probanden die Filme wie intendiert empfanden, wurde mit Bewertungen auf den Eigenschaften „spannend" (aus den beiden Items „anspannend" und „aggressiv") und „humorvoll" (aus den beiden Items „erheiternd" und „belustigend") geprüft. Auf der Eigenschaft „spannend" ergaben sich die folgenden Mittelwerte: Serienkrimi M=2.44, Komik M=1.78 und Landschaft M=1.35, $F(2,177) = 30.65$; $p<.000+$ und auf der Eigenschaft „humorvoll": Serienkrimi M=2.15, Komik M=4.53 und Landschaft M=1.50, $F(2,177) = 248.50$; $p<.000+$ (siehe Tabelle 3). Die Ergebnisse zeigen, daß die programminduzierte Aktivierung bzw. Stimmung wie intendiert wirkte, der Krimi spannender als der Landschaftsfilm und der komische Film erheiternder als der Landschaftsfilm.

Tabelle 3: Mittelwerte der Bewertungen der drei Filme

	Krimi	Sitcom	Landschaft
humorvoll	2,15	4,53	1,50
spannend	2,44	1,78	1,35
hat mir gefallen	1,78	4,13	2,33

Anmerkung: Die Bewertungen wurden auf Skalen mit Zahlenwerten zwischen minimal 1 und maximal 5 abgegeben.

b) Motivationshypothese

Die Motivationshypothese lautet als Frage formuliert, ob Filmunterbrechungen durch Werbung Reaktanz provozieren. Drei Indikatoren für Reaktanz, nämlich Desinteresse, Ärger und intendiertes Verhalten, wurden für diese

Frage konstruiert. Desinteresse bestand aus den 4 Items „angeregt sein", „aufmerksam sein", „interessiert sein" und „gelangweilt sein" und Ärger aus den beiden Items „gestört sein" und „verärgert sein" mit jeweils 5 Ausprägungen von 1: „ganz wenig oder gar nicht" bis 5: „äußerst". Eine Faktorenanalyse gruppierte diese 6 Items zu einem Faktor Desinteresse, der 45.5% und einen Faktor Ärger, der 20.9% der Varianz aufklärte. In die Analyse der Indikatoren Desinteresse und Ärger gingen ihre Faktorenwerte ein. Intendiertes Verhalten wurde mit den beiden Items „Ich hätte etwas anderes getan" und „Ich hätte mir die Werbung weiter angesehen" (jeweils 5 Ausprägungen von 1: „bestimmt" bis 5: „bestimmt nicht") operationalisiert. Für die drei Indikatoren der Reaktanz zeigten die Ergebnisse:

Abbildung 1: Mittelwerte der Items des Faktors Ärger als Funktion der Filmunterbrechung

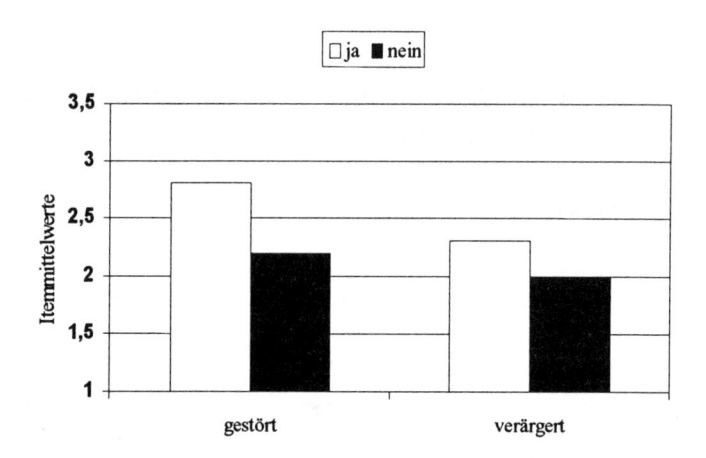

1. Zuschauer mit Filmunterbrechung durch Werbung waren tendenziell interessierter als Zuschauer ohne Filmunterbrechung, $t(178) = 1.48$; $p<.07$. Eine Analyse dieser Tendenz ergibt, daß die Interessensunterschiede allein durch den Serienkrimi erklärt werden können, $F(2,173) = 4.25$, $p<.016$. Wurde den Probanden der Werbeblock nach dem Serienkrimi gezeigt, sank das Interesse deutlich. Dagegen zeigte sich das geäußerte Interesse von der

Filmunterbrechung unbeeinflußt, wenn der komische Film oder der Landschaftsfilm den Kontext bildeten. Diese Interaktion von Filmgenre und Filmunterbrechung ist tendenziell signifikant, F(2,173) = 2.42, p<.09.

2. Unter der Bedingung der Filmunterbrechung gaben die Zuschauer an, ärgerlicher zu sein als ohne Filmunterbrechung, t(178) = 3.12, p<.001 (Abbildung 1). Der empfundene Ärger hing neben der Unterbrechung des Films vom Filmgefallen ab. Für die Probanden, denen die Filme gefielen, war er intensiver als für die Probanden, denen die Filme weniger gefielen, t(178) = 4.191, p<.000+.

3. Beide Gruppen unterschieden sich nicht signifikant in ihrer Intention, bei der Einblendung von Werbung etwas anderes zu machen (M bei Unterbrechung = 4.02, M ohne Unterbrechung = 3.99, F(1,176) = 0.005). Das intendierte Verhalten zeigte sich jedoch von der gemeinsamen Wirkung der Werbeunterbrechung und des Filmgefallens (in der statistischen Analyse als Kovariate) abhängig, wie die Abbildung 2 zeigt.

Abbildung 2: Intendiertes Verhalten als Funktion von Filmunterbrechung und Filmgefallen

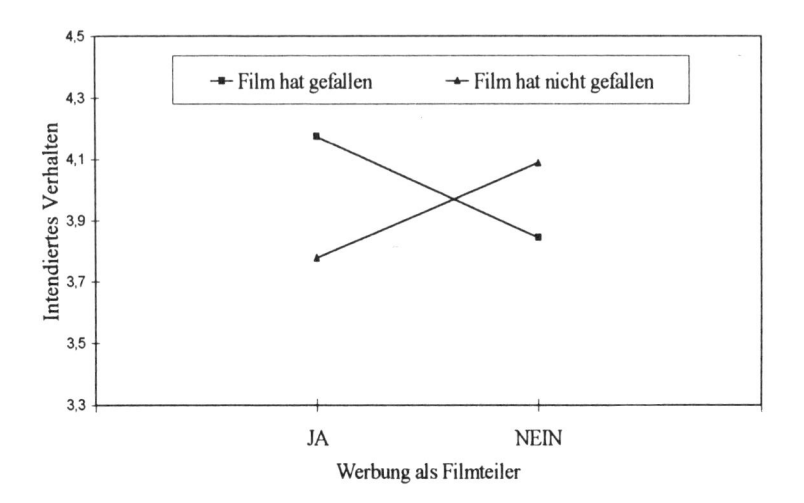

Die geäußerte Intention, etwas anderes zu machen als weiter Werbung anzuschauen, war ausgeprägter, wenn ein Film unterbrochen wurde, der gut gefiel, und sie war auch stark, wenn Werbung nach einem Film gesendet wurde, der nicht gefiel, $F(1,176) = 4.965$, $p<.027$.

c) Aktivierung und Erinnern der Spots
Die Werbespots wurden im Kontext des wenig aktivierenden Landschaftsfilms am besten wiedererkannt (Landschaftsfilm: M=2.58, Komik: M=2.23, Serienkrimi: M=2.20, $F(2,170) = 4.52$, $p<.012$ (s. Abbildung 3). Anschlußtests ergaben einen signifikanten Unterschied zwischen Landschaftsfilm und Serienkrimi. Filmgefallen wirkte sich auf das Wiedererkennen der Werbespots nicht aus. Dieses Ergebnis stützt die Kontrasthypothese, nach der die Werbespots in einem wenig aktivierenden Kontext so verarbeitet werden, daß sie im Gedächtnis besser verfügbar sind.

Abbildung 3: Wiedererkennen der drei kritischen Spots als Funktion des Filmgenres

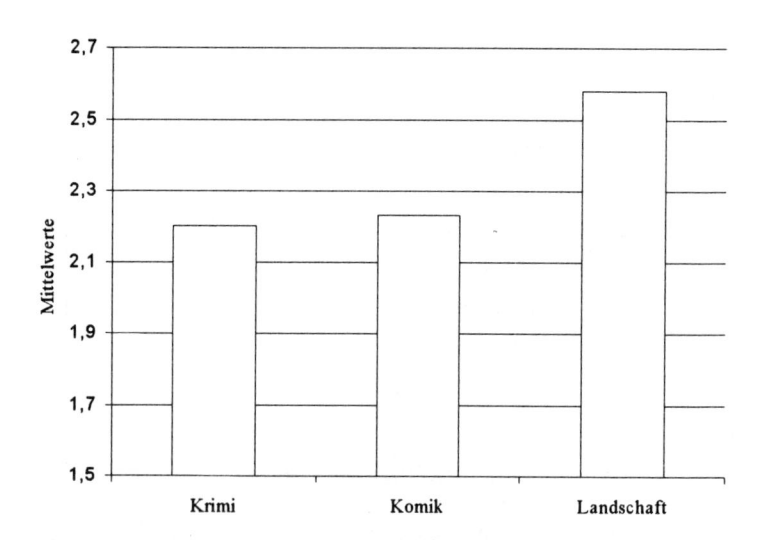

d) Stimmung und Spotbewertung

Die emotional neutralen Werbespots wurden im Kontext der Situationskomödie als am sympathischsten empfunden (Komik: M=2.88, Serienkrimi: M=2.39, Landschaft: M=2.36, $F(2,57) = 5.51$, $p<.007$). Die Kovariate Filmgefallen hatte auch auf diese Bewertungen keinen Einfluß. Dieses Ergebnis läßt sich mit der Übertragung der durch den Film vermittelten Stimmung erklären, nach der eine positive Stimmung auf die Bewertung der in dem Film ausgestrahlten Werbespots abfärbt. Allerdings gilt die Hypothese in diesem Experiment nicht für alle, sondern nur für die emotional neutralen Spots. Über alle drei Filme betrachtet werden die lustigen Spots am besten erinnert (siehe Abbildung 4).

Abbildung 4: Bewertung der drei kritischen Spots als Funktion ihrer Art und des Filmgenres

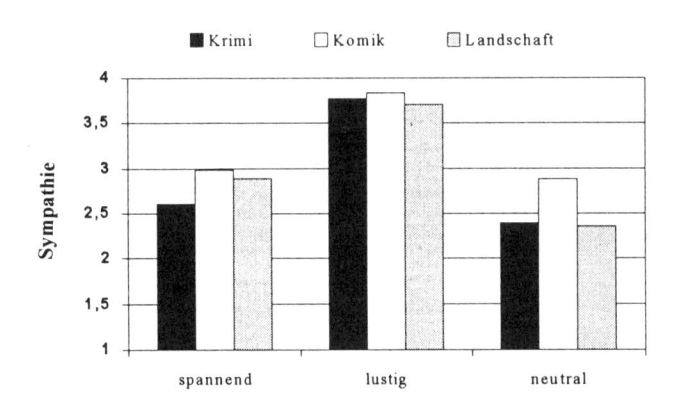

4. Diskussion

Die Ergebnisse des dargestellten Experiments zeigen, daß erstens die Motivationshypothese gestützt (Schumann/Thorson 1990) wird. Die Zuschauer ärgerten sich, wenn Fernsehprogramme von Werbung unterbrochen wurden, und das besonders, wenn das Programm gefiel. Die Intention, bei einer Programmunterbrechung durch Werbung etwas anderes zu machen als sich die Werbung anzuschauen, war ebenfalls stärker, wenn das Programm gefiel. Wenn Werbespots nach einem Film gezeigt wurden, der nicht gefiel, konnten sie anscheinend wenig Interesse wecken. Die Intention, sich die Werbung nicht anzusehen, war größer, als wenn der Film gefiel.

Das zweite Ergebnis, daß Werbespots in einem wenig aktivierenden Programmumfeld besser erinnert wurden, steht mit der Mehrzahl der Ergebnisse anderer Experimente im Einklang. Die Ergebnisse stützen die Hypothese, daß stärker aktivierende Programme kognitive Ressourcen für die Verarbeitung der Programmszenen binden und somit für die Verarbeitung der Werbespots, also für ihre Speicherung im Gedächtnis, weniger kognitive Kapazität verbleibt, als wenn das Programm schwächer aktivierend ist.

Ob die Hypothese allgemein gilt, ob also Programme die Erinnerungen der Werbespots um so mehr fördern, je schwächer sie aktivieren, oder ob Programme nur dann die Erinnerungen der Werbespots fördern, wenn sie moderat aktivieren, ist noch nicht entschieden. Integriert man die Mehrzahl der Ergebnisse, die die allgemeine Hypothese stützen, mit dem Ergebnis des Experiments von Tavassoli, Shultz und Fitzsimons (1995), das für eine umgekehrt u-förmige Beziehung von Aktivierung und Erinnerung spricht, würde die Hypothese lauten, daß Erinnerungen von Werbespots in moderat aktivierenden Programmen besser und in stark aktivierenden Programmen schlechter sind.

Bewährt sich diese Hypothese, werden Programmplaner mit einem Dilemma konfrontiert. Fernsehprogramme, die stark aktivieren, wie zum Beispiel Übertragungen von Sportveranstaltungen, erzielen die größten Reichweiten. Die darin eingeblendeten Werbespots werden vermutlich schlechter erinnert als Spots in weniger spannenden Programmen, die jedoch kleinere Reichweiten erzielen. Daraus lassen sich zwei Strategien für die Einblendung von Werbespots ableiten: Erstens sollten Werbespots nicht in Programmphasen gezeigt werden, in denen die Spannung sehr groß ist. Zweitens sollten in solchen Programmen keine Spots gezeigt werden, die bislang nicht bekannte Produktvorteile demonstrieren. Derartige Spots so zu verarbeiten, daß sie gut im Gedächtnis gespeichert werden, verlangt mehr kognitive Ressourcen, als wenn vertraute Spots eingeblendet werden, über die bereits Eindrücke vorhanden sind.

Das dritte Ergebnis des dargestellten Experiments zeigt übereinstimmend mit anderen Experimenten, daß programminduzierte positive Stimmungen günstig für die Bewertungen der Werbespots sind. Ob das für alle Arten von Werbespots gilt oder eher für emotional neutrale Spots, ist in den berichteten Ergebnissen nicht ganz eindeutig. Somit stützen die Forschungsergebnisse die Strategien der Programmplaner in bezug auf positive Stimmungen.

Die Ergebnisse stützen die Stimmungsübertragungshypothese - in den berichteten Experimenten für Situationen mit positiven Stimmungen -, die vorhersagt, daß bei der Bewertung von zuvor wahrgenommenen angenehmen Ereignissen stimmungskongruente Informationen am leichtesten im Gedächtnis verfügbar sind, und daß diese Erinnerungen die Bewertung der Ereignisse „färben". Die Konzeption der Stimmungskongruenz (Bower 1981) beschreibt einen indirekten Weg der Wirkung von Stimmungen auf die Bewertungen, der über das Gedächtnis geht. Daneben gibt es eine Konzeption, die einen direkten Weg des Einflusses von Stimmungen auf Bewertungen annimmt. In dieser Konzeption fungiert Stimmung als Information für Bewertungen, so, als würden sich die um Bewertungen eines Ereignisses gebetenen Rezipienten fragen, „Wie fühle ich mich, wenn ich an das Ereignis denke?", und die Antworten auf ihre Bewertungen übertragen (Schwarz 1990). Diese Art von Heuristik wird nach der Stimmung-als-Information-Konzeption vor allem dann praktiziert, wenn die Motivation zu einer gründlichen Verarbeitung der vermittelten Botschaften gering ist. Das trifft besonders unter positiver Stimmung zu. Auf der anderen Seite signalisiert traurige Stimmung eine potentielle Bedrohung und fördert die gründliche Verarbeitung von Botschaften, um Kontrolle über die potentiell bedrohliche Situation zurückzugewinnen (Bohner u. a. 1994).

Stellt man die beiden Hypothesen gegenüber, so lassen sich die berichteten Ergebnisse zur Wirkung programmvermittelter Stimmung auf Bewertungen der Werbespots eher mit der Stimmung-als-Information-Hypothese erklären als mit der Stimmungskongruenzhypothese. Einmal erklärt die Stimmungskongruenzhypothese mit ihrem indirekten Weg über das Gedächtnis den Prozeß der Bewertung am ehesten dann, wenn die zu bewertenden Ereignisse uneindeutig sind. In solchen Situationen wird die Bewertung mit Hilfe von Informationen aus dem Gedächtnis konstruiert (Forgas 1995). Wenn es um Werbespots geht, sind die Bewertungssituationen wahrscheinlich anders. Die Botschaften von Werbespots sind eher eindeutig und ihre Bewertung verlangt keine Gedächtnissuche. In 30 Sekunden läßt sich keine komplexe Botschaft vermitteln. Zweitens wird die Motivation zu einer detaillierten kognitiven Verarbeitung von Werbespots gering sein. Für die Bewertung von Werbespots sein Gedächtnis zu bemühen, verlangt etwas mehr Anstrengung als sich von einer Heuristik leiten zu lassen, die sich grob mit „ich bewerte die Spots so, daß sie meiner Stimmung entsprechen" beschreiben läßt. Diese Art von Heuristik geschieht unreflektiert und anstrengungslos.

5. Resümee

Die Forschung zur Wirkung von Aktivierung und Stimmung, die durch Fernsehprogramme vermittelt werden, auf Erinnerungen und Bewertungen von Werbespots besitzt eine kurze Forschungstradition. In den Ergebnissen der eher kleinen Zahl von Experimenten zeichnet sich ab, daß stärker aktivierende Programme oder Programmabschnitte Erinnerungen der Werbespots beeinträchtigen und daß programmvermittelte positive Stimmungen die Bewertungen von Werbespots begünstigen. Weitere mögliche Faktoren, wie das Thema von Programmen, wie Produkt, Marke und Gestaltungsmerkmal der Spots sowie Zuschauermerkmale, sind im Zusammenhang mit dem Programmumfeld bislang nicht systematisch untersucht worden. Ansätze hierzu gibt es in den pragmatischen Experimenten der Medienvermarkter, denen noch die theoretischen Konzepte zur Erklärung der Wirkung fehlen. Die in diesem Beitrag getrennte Analyse der Wirkung von Aktivierung und Stimmung mag künstlich erscheinen. Aktivierungen durch Programme wirken nicht unabhängig von Stimmungen und umgekehrt programmvermittelte Stimmungen nicht unabhängig von Aktivierungen. Die berichteten Experimente haben bislang aber entweder nur die Wirkung von Aktivierung oder nur die Wirkung von programminduzierter Stimmung untersucht. Die künftige Forschung zur Wirkung des Programmumfelds wird das Zusammenwirken von Aktivierung und Stimmung durch Programm und Werbespot untersuchen müssen.

6. Literatur

Anand, Punam; Sternthal, Brian: The effects of program involvement and ease of message counterarguing on advertising persuasiveness. Journal of Consumer Psychology 1 (1992), S. 225-238.

Bello, Daniel C.; Pitts, Robert E.; Etzel, Michael J.: The communication effects of controversial sexual content in television programs and commercials. Journal of Advertising 12 (1983), S. 32-42.

Bohner, Gerd; Chaiken, Shelly; Hunyadi, Piroska: The role of mood and message ambiguity in the interplay of heuristic and systematic processing. European Journal of Social Psychology 24 (1994), S. 207-221.

Bower, Gordon H.: Mood and memory. American Psychologist 36 (1981), S. 129-148.

Bryant, Jennings; Comisky, Paul W.: The effect of positioning a message within differentially cognitively involving portions of a television segment on recall of the message. Human Communication Research, 5 (1978), S. 63-75.

Celuch, Kevin G.; Slama, Mark: Program content and advertising effectiveness: A test of the congruity hypothesis for cognitive and affective sources of involvement. Psychology and Marketing 10 (1993), S. 285-299.

Forgas, Joseph P.: Mood and judgment: The affect infusion model (AIM). Psychological Bulletin 117 (1995), S. 39-66.

Goldberg, Marvin E.; Gorn, Gerald J.: Happy and sad TV-programs. How they affect reactions to commercials. Journal of Consumer Research 14 (1987), S. 387-403.

Habermeier, Johanna: Umfeldqualitäten systematisch messen. Media Spectrum (1997), Nr. 5, S. 6-9.

Kamins, Michael A.; Marks, Lawrence J.; Skinner, Deborah: Television commercial evaluation in the context of program induced mood: Congruency versus consistency effects. Journal of Advertising 20 (1991), S. 1-14.

Keber, Eva-Maria: Der Einfluß programminduzierter Aktivierung und Stimmung auf die Erinnerung von TV-Spots. (Unveröffentlichte Diplomarbeit). Mainz 1997: Psychologisches Institut der Universität Mainz.

Kennedy, John R.: How program environment affects TV commercials. Journal of Advertising Research 11 (1971), S. 33-38.

Kirchler, Erich; Kapfer, Josef: Emotionen in der Werbung. Zum Einfluß des redaktionellen Umfelds auf die Werbewirkung in Print-Medien. Jahrbuch der Absatz- und Verbraucherforschung 4 (1987), S. 379-395.

Kroeber-Riel, Werner: Activation research: Psychobiological approaches in consumer research. Journal of Consumer Research 5 (1979), S. 240-250.

Lord, Kenneth R.; Burnkrant, Robert E.: Television program elaboration effects on commercial processing. Advances in Consumer Research 15 (1988), S. 213-218.

Mathur, Mahima; Chattopadhyay, Amitava: The impact of moods generated by television programs on responses to advertising. Psychology & Marketing 8 (1991), S. 59-77.

Mattenklott, Axel: Gute Umfelder, schlechte Umfelder? Tele Images (1997), Nr. 2, S. 17-21.

Mattenklott, Axel; Bretz, Johannes; Wolf, Doris: Fernsehwerbespots im Kontext von Filmen: Die kommunikative Wirkung von Filmunterbrechung, Art der Werbespots und Filmgenre. Medienpsychologie 9 (1997), S. 41-56.

Mattes, John; Cantor, Joanne: Enhancing responses to television advertisements via the transfer of residual arousal from prior programming. Journal of Broadcasting 26 (1982), S. 553-566.

Mundorf, Norbert; Zillmann, Dolf; Drew, Dan: Effects of disturbing televised events on the acquisition of information from subsequently presented commercials. Journal of Advertising 20 (1991), S. 46-53.

Murry, John P. Jr.; Lastovicka, John L.; Singh, Surendra. N.: Feeling and liking responses to television programs: An examination of two explanations for media-context effects. Journal of Consumer Research 18 (1992), S. 441-451.

Norris, Claire E.; Colman, Andrew M.: Context effects on memory for television advertisements. Social Behavior and Personality 21 (1993), S. 279-296.

Norris, Claire E.; Colman, Andrew M.: Effects of entertainement and enjoyment of television programs on perception and memory of advertisements. Social Behavior and Personality 22 (1994), S. 365-376.

Schmidt-Atzert, Lothar: Lehrbuch der Emotionspsychologie. Stuttgart 1996.

Schumann, David W.; Thorson, Esther: The influence of viewing context on commercial effectiveness: A selection processing model. Current Issues and Research in Advertising 12 (1990), S. 1-24.

Schwarz, Norbert: Feelings as information: Informational and motivational functions of affective states. In: Higgins, Tory; Sorrentino, Robert (Hrsg.): Handbook of motivation and cognition: Foundations of social behavior, Vol. 2. New York 1990, S. 527-561.

Singh, Surendra. N.; Churchill, Gilbert A. Jr.: Arousal and advertising effectiveness. Journal of Advertising 16 (1987), S. 4-10 u. 40.

Singh, Surendra. N.; Hitchon, Jacqueline C.: The intensifying effects of exciting television programs on the reception of subsequent commercials. Psychology and Marketing 6 (1989), S. 1-31.

Soldow, Gary F.; Principe, Victor: Response of commercials as a function of program content. Journal of Advertising Research 21 (1981), S. 59-65.

Tavassoli, Nader T.; Shultz, Clifford J.; Fitzsimons, Gavan J.: Program involvement: Are moderate levels best for ad memory and attitude toward the ad? Journal of Advertising Research 35 (1995), S. 61-72.

Wild, Christoph: Wie Fernsehkampagnen wirken. Media Perspektiven (1996), Nr. 1, S. 41-54.

Zillmann, Dolf: Excitation transfer in communication-mediated aggressive behavior. Journal of Experimental Social Psychology 7 (1971), S. 419-434.

Zillmann, Dolf; Bryant, Jennings: Entertainment as media effect. In: Bryant, Jennings; Zillmann, Dolf (Hrsg.): Media effects. Advances in theory and research. Hillsdale 1994, S. 437-461.

Werbekommunikation und gewandelte Kindheit. Eine aktuelle Bestandsaufnahme auf der Basis der Studie „Fernsehwerbung und Kinder"

Klaus Neumann-Braun

1. „Deutsche Kühe sind lila!"

Vor einiger Zeit hatte der Langzeitwerbestar der Schokoladenbranche, die lila *Milka*-Kuh, einen besonderen Auftritt im bundesrepublikanischen Blätterwald. Unter der Überschrift: „Deutsche Kühe sind lila!" war zu lesen:
„Für jedes dritte Kind selbst aus ländlichen Gebieten Deutschlands sind Kühe lila. Das berichtete am Donnerstag das in München erscheinende 'Landwirtschaftliche Wochenblatt' unter Berufung auf eine Malaktion in Bayern. Dort waren 40.000 Bauernhof-Poster an Kindergärten verteilt worden. Auf einem Drittel der eingeschickten Bilder waren die Kühe lila ausgemalt. Westfalens Landwirte werten dieses Phänomen als Hinweis darauf, 'daß die Scheinwelt' der Werbung 'und die Wirklichkeit in den Köpfen von Kindern immer mehr verwechselt werden'. Der Bayerische Bauernverband sieht hierin ein Indiz dafür, daß die Realität selbst auf dem Lande in der kindlichen Phantasie von den Medien 'überlagert wird'."[1]

Auf den ersten Blick scheinen die Interpreten wohl recht zu haben. Ohne Zweifel wachsen heute Kinder in einer mediatisierten Konsum- und Werbewelt auf. Die vorliegenden Zahlen sprechen eine deutliche Sprache.

---

[1] Badische Zeitung, 21.4.1995.

2. Mediatisierte Kindheit

Kinder verbringen viel Zeit mit dem Konsum von Medienangeboten. Durchschnittlich nutzen sechs- bis 13jährige Kinder pro Wochentag das Fernsehen 110 Minuten, Video sieben Minuten, Schallplatte, Kassette und CD insgesamt 20 Minuten, das Radio 27 Minuten sowie Leseangebote (Buch, Zeitung, Zeitschrift) 20 Minuten. Betrachtet man das Maß der sog. Verweildauer, das ausschließlich die *tatsächlich* mit den Massenmedien verbrachte Zeit dokumentiert, ergibt sich ein Fernsehkonsum von 133 Minuten, 87 Minuten werden mit Videoangeboten verbracht, eine Beschäftigung mit Schallplatte, Kassette und CD findet insgesamt 82 Minuten lang statt, mit dem Radio 82 Minuten sowie den Lesemedien (Buch, Zeitung, Zeitschrift) 64 Minuten[2] (Stand 1990). Nach einer anderen

---

[2] Mediennutzungsdauer bzw. Medienverweildauer der Sechs- bis 13jährigen, in Minuten pro Wochentag, 1990 (Repräsentativauswahl - alte und neue Bundesländer), in: Schmidbauer und Löhr (1994). Die Nutzungsdauer, die sich - als statistischer Wert - auf Nutzer *und* Nicht-Nutzer bezieht, hält die Zeit fest, in der sich die Kinder den Medien zuwenden. Dagegen veranschaulicht das Maß der Verweildauer, das ausschließlich die *jeweiligen Nutzer* berücksichtigt, wie lange die

Untersuchung verbringen drei- bis sechsjährige Kinder durchschnittlich 1,5 Stunden pro Tag mit dem Gebrauch der Medien TV, Kassette und Buch als Haupttätigkeit. Berücksichtigt man die Mediennutzung als sog. Nebentätigkeit, ergibt sich in dieser Altersgruppe gar ein tägliches Zeitbudget von ca. 2,5 Stunden Medienkonsum (Roßbach/Tietze 1994, S. 448) (Stand 1990). Diese Zahlen werden sich nicht verringern angesichts der Schätzung des zu erwartenden Programmvolumens der kommerziellen Sender und der ARD/ZDF-Anstalten im Markt Kinderfernsehen: Knapp 400 Programmstunden pro Woche sind für die Zielgruppe Kinder anvisiert (Stand 1995) (vgl. Schmidbauer/Löhr 1995, S. 22). Der Markt macht Jagd auf die Kinder. Inzwischen liegen aktuelle Zahlen zum Fernsehkonsum Drei- bis 13jähriger im Jahr 1996 vor, die die beschriebenen Trends bestätigen (Feierabend/Windgasse 1997, insbes. S. 186, 194). Erstmals innerhalb der letzten fünf Jahre läßt sich wieder ein deutlicher Anstieg der Sehdauer feststellen: Die TV-Nutzung an einem durchschnittlichen Wochentag (Montag bis Sonntag) des Jahres 1996 ist seit dem vergangenen Jahr um sechs Minuten auf nunmehr 101 Minuten angestiegen. Vor allem die Drei- bis Fünfjährigen sowie die Zehn- bis 13jährigen sehen mehr fern. Die durchschnittliche Verweildauer der Kinder im Alter von drei bis 13 Jahren betrug etwa 165 Minuten, d.h., wer sich einmal pro Tag dem Fernsehen zuwandte, schaute dann im Schnitt ca. 2 ¾ Stunden zu!

3. Kommerzialisierte Kindheit

Kinder sind nicht nur routinisierte Mediennutzer, sondern sie sind zu einer festen und bedeutenden Größe auf dem Konsum- und Werbemarkt geworden. Die vorhandenen Geldmittel der Kinder im Alter von sieben bis zwölf Jahren addieren sich in Deutschland auf über 5,6 Milliarden DM (Stand 1993). Da sie auch bei Kaufentscheidungen in der Familie ein Mitspracherecht besitzen, ergibt sich eine geschätzte Kaufkraft der Kinder

---

Kinder am jeweiligen (Untersuchungs-)Stichtag tatsächlich mit dem jeweiligen Medienprodukt zugebracht haben.

von ca. 17 Milliarden DM.³ Nach jüngsten Erhebungen scheint sich hier jedoch ein leichter Rückgang anzudeuten. Die Eltern sind beim Taschengeld nicht mehr so großzügig und sparen auch bei den Geldgeschenken für ihren Nachwuchs: Es wird in diesem Jahr ein Rückgang von mehr als einer Milliarde Mark erwartet.⁴

Nach vorsichtigen Schätzungen gibt die Wirtschaft jährlich gut 600 Millionen DM aus, um speziell Kindern ihre Produkte und Dienstleistungen nahezubringen (Stand 1993). Auch hier ist die Tendenz steigend: Für 1994/95 kann von einer Schätzsumme in Höhe von gut 800 Millionen DM Brutto-Werbeinvestitionen auf dem Kindermarkt ausgegangen werden (manche sprechen gar von 1 Milliarde DM (vgl. Schmidt 1995, S. 94)). Die größten Zuwächse werden dabei im Marktsegment Fernsehen erzielt. 30% bis 40% der ausgestrahlten TV-Werbung ist Kinderwerbung. Die Wiederholfrequenz einzelner Kinderwerbespots ist hoch, sie beträgt im Extrem bis zu 350 Ausstrahlungen pro Woche (Stand 1993).

Eine Werbemethode ist in ihrer Bedeutung für den wirtschaftlichen Erfolg auf dem Kindermarkt besonders attraktiv, nämlich die des Merchandising⁵. Den Großteil des deutschen Lizenzmarktes teilen sich drei Unternehmen: „The Disney Company", „Merchandising München" sowie „Entertainment München". Daneben agieren eine Anzahl von anderen Nebenrechtevermarktern. Der Umsatz mit lizensierten Produkten in Deutschland wird aktuell auf ca. 2 Milliarden DM geschätzt, der Betrag der dafür entrichteten Lizenzgebühren auf ca. 120 Millionen DM. International am erfolgreichsten ist der Disney-Konzern, der mit Merchandising-Waren jährlich einen weltweiten Umsatz von 3,2 Milliarden Dollar erzielt. In Japan ist das auf

---

[3] Siehe Detailübersicht in: Neumann-Braun und Erichsen 1995, S. 27. Ich danke Jens Erichsen für die Unterstützung bei der Aktualisierung der Marktdaten.
[4] „Auch Kinder müssen sparen", Badische Zeitung, 14.6.1997; Quelle sind hier die Daten der jüngsten Studie des Instituts für Jugendforschung, München.
[5] Merchandising bezeichnet die Vermarktung von realen und medialen Personen und Produkten in Form der Vergabe von Lizenzrechten an Zweitfirmen, die diese Rechte in Fremdprodukten, Dienstleistungen oder der Werbung verwenden. In der Regel erhält der Inhaber der Rechte prozentuale Gewinn- oder Umsatzbeteiligungen am Fremdprodukt. Anders ausgedrückt: Merchandising ist die Vermarktung von Ideen und Personen, die in den Medien „en vogue" sind.

Cartoons basierende Merchandising eine der wichtigsten Industrien geworden. Jeden Monat erscheinen ca. 100 neue Cartoons im Fernsehen, im Kino oder auf Video. Während sich Kino- und Theatereinnahmen jährlich auf ca. 225 bis 375 Millionen Dollar aufsummieren, erwirtschaftet eine totale Vermarktung von Spielen, Comic-Büchern, Puppen und zunehmend Videospielen weitere mehrere Milliarden DM. 1994 konnte alleine die Sendung „Lovely Soldier Sailor Moon", eine an jüngere Mädchen adressierte animierte TV-Serie, ca. 1,5 Milliarden DM mit dem Verkauf von Merchandising-Waren erzielen. Die medialen Stars unterhalten die Kinder auf allen Ebenen des Medienverbundes. Es besteht ein Verweissystem, in dem jeder Auftritt eines Medienstars oder Mediensymbols mit dem direkten oder indirekten Hinweis auf seine Auftritte oder sein Erscheinen in anderen Medien oder in Kaufhausregalen verbunden ist. Auf diese Weise sind Kinder umfassend in das Medienverbundsystem integriert. Angesichts dieser Erfolgszahlen im expandierenden Kindermarkt bleibt zu konstatieren, daß diese unter einem starken Werbe- und Konsumdruck stehen - ein Indikator für die forcierte Industrialisierung der Kindheit, wie die folgenden Überlegungen nahelegen.

4. Strukturwandel der Kindheit: kindlicher Autonomiegewinn am Markt

Historisch gesehen ist es zu einer fortschreitenden Auflösung der Kindheit gekommen. Populäre Schlagworte vom Ende der Kindheit machen nicht ohne Grund die Runde. Verschulung und Mediatisierung des kindlichen Lebensraumes haben zu einer Reduktion von Eigentätigkeit und einer Erfahrung aus zweiter Hand geführt. Die Sozialisationsinstanzen haben eine Pluralisierung erfahren: Neben Elternhaus und Schule sind Gleichaltrigengruppe und Markt getreten, was eine zunehmende (Selbst-) Sozialisation der Kinder durch die Massenkultur zur Folge hat. Das Eltern-Kind-Verhältnis hat sich durch eine Entpädagogisierung verändert. Wichtige Erziehungsaufgaben sind der Institution Schule übertragen worden (Expertisierung der Erziehung), wodurch die Beziehungen zwischen Eltern und Kind eine Entlastung erfahren haben. Der Erziehungsstil ist insgesamt kooperativer geworden. Teilweise hat auch eine Infantilisierung der Mentalität der Erwachsenen stattgefunden (Stichwort: Jugendkult). Die Eltern unterstützen die Selbständigkeit des Kindes auch durch eine frühe Konsumentensozialisation: Dem Kind wird recht bald ein Zugang zum (Medien-)Markt ermöglicht, es verfügt über Geldmittel (Taschengeld) und beginnt, auf diesem selbständig zu operieren. Mit diesem Zuwachs an Kompetenz als Verbraucher nähert sich das Kind als autonomer Konsument schon früh dem Erwachsenenstatus an. Zentrale Bedeutung kommt hierbei der Gleichaltrigengruppe zu: Kinderkultur heißt heute gemeinsame Erfahrung von Markt und Medien. In der horizontalen Gleichaltrigen- gesellschaft werden Ablösungsprozesse initiiert. Das Kind separiert sich von den Eltern durch semantische Differenzen: Der Stoff, aus dem die (Kinderkultur-)Träume sind, bleiben den Erwachsenen oft fremd und verschlossen. Die peer-group bleibt unter sich - ein in identitätstheoretischer Hinsicht wichtiges Moment. Es entsteht eine Eigen- oder Gegenwelt der Gleichaltrigen im Rahmen des Konsummarkts, in dem die Kultur *der* Kinder und die Kultur *für* Kinder ineinander übergeführt werden (siehe vertiefend: Zinnecker 1987, Zinnecker 1990).

5. Fernsehwerbung und Kinder - eine aktuelle empirische Studie

Der beschriebene Wandel der Kindheit zu einem zunehmend attraktiven Markt für die Wirtschaft ist in der gesellschaftlichen - und auch wissenschaftlichen - Öffentlichkeit nicht unbeachtet geblieben. Gleichwohl besteht ein beklagenswertes Mißverhältnis zwischen den stark zunehmenden Werbeaktivitäten der Wirtschaft samt expandierender kommerzieller „Begleitforschung" und der sozialwissenschaftlichen *Grundlagen*forschung, die den Marktdynamiken nur bedingt folgen kann.

Für die nationale Diskussion ging ein neuer Impuls von dem durch das Bundesministerium für Frauen und Jugend (BMFJ) in Auftrag gegebenen und 1993 der Öffentlichkeit vorgestellten größeren wissenschaftlichen Gutachten „Kinder und Werbung" (Baacke et al. 1993) aus. Die

Literaturstudie resümiert die einschlägige nationale und internationale Forschung und votiert abschließend eindringlich dafür, die empirische Forschung zum Thema Kinder und Werbung zu intensivieren. Im unmittelbaren zeitlichen Anschluß an dieses Gutachten erfolgte durch die Landesanstalt für Kommunikation (LfR), NRW, die Vergabe eines umfangreichen empirischen Forschungsprojekts zum Thema „Fernsehwerbung und Kinder" an eine interdisziplinär zusammengesetzte Gruppe von Forschern (Prof. Dr. Michael Charlton (Univers. Freiburg), Prof. Dr. Klaus Neumann-Braun (Univers. Frankfurt), Prof. Dr. S. Aufenanger (Univers. Hamburg) sowie Prof. Dr. W. Hoffmann-Riem (Univers. Hamburg)). Die zentralen Untersuchungsaspekte der hieraus hervorgegangenen Studie (Charlton et al. 1995) sind:

- erstens eine Bestandsaufnahme des öffentlich-rechtlichen und privaten TV-Werbe*angebots* für Kinder,
- zweitens eine Untersuchung der Werbe*rezeption* der Kinder im Alter von vier bis vierzehn Jahren sowie
- drittens eine *juristische Würdigung* der sozialwissenschaftlichen Ergebnisse in der Perspektive, Handlungsoptionen aufzuzeigen, die ggf. für eine Verbesserung des Programm- und Werbeangebots für Kinder oder aber auch für Verbesserungen der Rezeptionsbedingungen (Stichwort: Medien-/Werbepädagogik in der Familie) dienlich sein könnten.

6. Anlage der Studie „Fernsehwerbung und Kinder"

Die Komplexität der Studie läßt es sinnvoll erscheinen, zunächst die Konzeption des gesamten Forschungsprojekts vorzustellen, um dann in einem zweiten Schritt genauer auf die gewonnenen Ergebnisse einzugehen (Abschnitte 7 und 8). Der *erste Teil der Untersuchung* ist der Analyse des Werbeangebots für Kinder im deutschen Fernsehen gewidmet. In der *quantitativen* Teiluntersuchung werden Umfang und Programmumfeld von Kinderwerbung (Spotwerbung und andere Werbeformen) erhoben. Grundlage der Analyse bilden zwei Programmwochen aus dem Jahr 1993

(24.Woche/Juni und 45. Woche/November). Untersucht wurden insgesamt 1736 Programmstunden der Sender RTL, SAT.1, RTL 2, PRO 7, KABELKANAL, VOX, ARD und ZDF. In der vertiefenden *qualitativen* Teiluntersuchung werden Weltbilder und Argumentationsmuster in der Kinderwerbung (Werbespots und Spielsendungen) interpretiert.

Erweiternd wird in einer produkt- und organisationswissenschaftlichen *Fallstudie* am Beispiel einer Werbekampagne für ein Kinder- bzw. Familienprodukt (hier: Tierkrankenversicherung) verfolgt, welche Stereotype (Kinder, Tiere, Frauen) Eingang in die Konzeption von TV-Werbespots finden. Die Elemente, die bei der *Produktion* von Werbung eine Rolle spielen, werden so direkt auf das fertige Werbe*produkt* und seine Präsentation beziehbar, Produktions- und Produktanalyse stehen nicht länger unvermittelt nebeneinander.

Gerahmt wird die Fernsehprogrammuntersuchung durch eine *aktuelle Bestandsaufnahme des Medien-, Werbe- und Konsummarkts für Kinder*.

Im zweiten Teil der Studie wird die Rezeption des TV-Werbeangebots durch vier- bis 14jährige Kinder untersucht. Die Analyse ist komplex angelegt. Sie integriert quantitative und qualitative Forschungsmethoden. Es wurde eine repräsentative Befragung von 1115 Kindern durchgeführt. Grundlage war ein an die verschiedenen Altersgruppen adaptiertes Leitfadeninterview sowie die Verwendung von Bildmaterialien. Das Datenmaterial wurde multivariat ausgewertet. Die Ergebnisse erfüllen die gängigen Gütestandards. Die Befragung wurde ergänzt um 19 Einzelfallstudien, die über das Erhebungsinstrument der soeben genannten Befragung, das Leitfadeninterview, sowie über den Einbezug in eine Clusteranalyse in die Gesamtuntersuchungspopulation integriert wurden. Die 19 Kinder wurden bei ihrem alltäglichen TV-Konsum in der Familie beobachtet, es wurde ein Tiefeninterview mit ihnen geführt, und es wurde in einem experimentellen Setting die Stellungnahme der Kinder, also deren Kommentare, zu „natürlichen" Werbefilmen erhoben. Ziel dieser komplementären qualitativen Untersuchung war, durch die teilnehmende Beobachtung und das ausführliche Gespräch mit den Kindern ergänzende Umgangsformen und Verarbeitungsstile zu erheben.

Werbekommunikation und gewandelte Kindheit

Die Rezeptionsanalyse wird gerahmt durch eine *grundlagentheoretische* Auseinandersetzung mit kognitiven Entwicklungsmodellen. Im Bereich der Massenmedien wird in der Regel auf die Arbeiten des Entwicklungspsychologen Jean Piaget zurückgegriffen. In dem Bereich der Medienwissenschaft sind Piagets Erkenntnisse vor allem durch die Medienpsychologin Hertha Sturm vorgetragen worden. Inzwischen haben jedoch die Entwicklungen in der neueren Kognitionswissenschaft ein anderes Licht auf die Verständnisfähigkeiten von Kindern geworfen. Entsprechend ist der eigentlichen Rezeptionsanalyse eine Abhandlung vorgeordnet, in dem ein wissens- und schemabasiertes Modell des Werbeverständnisses von Kindern innovativ entwickelt wird. Es dürfte richtungsweisend sein für die weitere Diskussion von Entwicklungsmodellen kognitiver Verarbeitungskompetenzen von massenmedialen Sinnangeboten.

Alle Teile der Untersuchung wurden schließlich von Anfang bis zum Ende im interdisziplinären Dialog konzipiert und interpretiert: Neben dem Zusammenwirken der Disziplinen Psychologie, Soziologie und Erziehungswissenschaft wurde insbesondere auch die Kooperation mit den Rechtswissenschaften gesucht. Der Leitgedanke war: Wenn sozialwissenschaftliche Untersuchungsergebnisse zu medienpolitischen Initiativen führen sollen, ist immer Rücksicht auf einen spezifischen Rechtsrahmen zu nehmen. Anlage und Ergebnisse der Studie wurden entsprechend kontinuierlich von den juristischen Partnern begleitet und abschließend rechtlich gewürdigt. Das so entstandene Rechtsgutachten - *dritter Teil der Studie* - dürfte in unserer Einschätzung nicht nur für den Bereich Fernsehen und Kinder, sondern auch für den Bereich der *grundsätzlichen* Debatte um die Fortentwicklung des Kinder- und Jugendschutzes richtungsweisend sein.

7. Ergebnisse der Studie (1) : Das Werbeangebot für Kinder im Fernsehen

Die Untersuchung des Werbeangebots im Fernsehen führt zu dem Ergebnis, daß Kinder einem großen Werbeangebot ausgesetzt sind. Die gesamte Werbespotmenge für alle Altersgruppen steigt in der Vorweihnachtszeit gegenüber der Sommerzeit um 50% an (von ca. 10.000 auf ca. 15.000 Werbespots). Dabei nimmt der Anteil von Kinderwerbung (Werbung für Kinderprodukte sowie Werbung mit Kindern als Darsteller) von 30% auf 40% an der Gesamtspotzahl zu.

Die privaten Rundfunkveranstalter dominieren den Markt der Kinderwerbung im Fernsehen. 1993 wurden in der Vorweihnachtszeit durchschnittlich in jedem dritten ausgestrahlten Werbespot Kinderprodukte beworben; beim KABELKANAL und bei RTL 2 war dies sogar in fast jedem zweiten Werbespot der Fall.

Die Wiederholfrequenz einzelner Kinderspots, insbesondere von seiten der großen Firmen der Spielwarenindustrie, ist hoch, sie beträgt bis zu 350 Ausstrahlungen pro Woche. Nur jeweils zehn aller werbenden Firmen im Bereich der Kinderwerbung (von 137 in der ersten bzw. 167 in der zweiten Erhebung) stellen ca. ein Drittel aller pro Woche ausgestrahlten Kinderwerbespots.

Die Konfrontation der Kinder mit Werbung ist vor allem im Bereich der Kindersendungen an Werktagen nachmittags sowie am Wochenende vormittags besonders groß, da hier fast ausschließlich Werbeblöcke ausgestrahlt werden, die überwiegend aus Kinderwerbung bestehen. Das bedeutet, daß im Umfeld von Kindersendungen der Anteil von Kinderwerbung sehr hoch ist. Kinderwerbung wird aber nicht nur zu diesen Zeiten geschaltet, sondern auf alle Tageszeiten gestreut.

Der Übergang vom Programm zur Werbung ist häufig so geartet, daß aufgrund der Gestaltung der Werbelogos (kurze Einblendzeiten, Verwendung von Symbolen, fehlende sprachliche Unterstützung) diese vor allem für jüngere Kinder nicht durchschaubar sind. Auch die Beendigung von Werbeblöcken durch Trailer (Programmhinweise auf nachfolgende Sendungen in Spotform) markiert keinen klaren Abschluß der Werbung.

In einzelnen Kinderwerbespots werden immer noch stark geschlechtsrollenspezifische Stereotype verwendet, die die Mädchen an eine traditionelle Frauenrolle und die Jungen an aggressive Verhaltensweisen binden.

In Kinderspielsendungen stehen öfter die Gewinnprodukte als das Spiel der Kinder im Vordergrund. Die Gewinne werden so präsentiert, daß sich die Grenzen zwischen Programm und Werbung zunehmend auflösen.

Auf der Grundlage dieser Einzelergebnisse lassen sich folgende *Problemfelder* benennen: Kinder sind einem starken Werbedruck ausgesetzt. Kinderwerbung wird über das ganze Fernsehprogramm gestreut, die Schutzzone „Kindersendung" (mit dem Verbot von Unterbrecherwerbung) greift hier entsprechend zu kurz. Die Trennung von Werbung und Programm ist mit Blick auf die kindlichen Rezipienten unzureichend, zudem fehlen für lese*un*kundige Kinder entsprechende formale Gestaltungsmittel (bspw. akustische Hinweise). Inhaltlich dominieren alte Rollenstereotype bzw. „klassische" Wunschphantasien, deren Realisierung des Kaufs des Produkts bedarf. Die Ergebnisse der allgemeinen Ausführungen zum Werbe- und Konsummarkt werden in der Programmanalyse bestätigt.

8. Ergebnisse der Studie (2): Die Rezeption von Fernsehwerbung durch Kinder

Schon Vorschulkinder können bekanntlich viele Werbespots auswendig mitsprechen oder mitsingen. Deswegen wird ihr tatsächliches Werbeverständnis meistens überschätzt. Die Rezeptionsstudie sollte Aufschluß über die Entwicklung der kindlichen Werbekompetenz geben. Das erste Ergebnis betrifft das Verstehen und Erkennen von Spotwerbung durch Kinder: Etwa 37% der Vierjährigen kennen den Unterschied zwischen Werbung und Programm nicht. Das gleiche gilt für noch 21% der fünfjährigen und 12% der sechsjährigen Kinder. Diese Zahl sinkt danach von 8% der Sieben- und 9% der Achtjährigen auf durchschnittlich 2% bis 3% der oberen Altersgruppen der Befragung. Werbung wird überwiegend mit Spotwerbung gleichgesetzt. Schwierigkeiten bereiten Non-Spotwerbung und unklare Grenzziehungen zwischen Programm und Werbung.

Die Fähigkeit, Werbung vom Programm zu unterscheiden, ist jedoch nur eine der Voraussetzungen, um von einer umfassenden „Werbekompetenz" sprechen zu können. Darüber hinaus sollte der Zuschauer wissen, wer Werbung in Auftrag gibt, wer sie produziert und warum Sender sie ausstrahlen. Ebenso sollte er wissen, was Werbung von ihm will (Kaufappell, Information, Meinungsbildung). Der Anteil der Kinder, die diese Produkt- und Produktionszusammenhänge von Werbung auch unabhängig von ihrer Darbietungsform erkennen, liegt über alle Altersgruppen hinweg bei höchstens 2,4%.

Die Anzahl der Kinder, die Werbung gerne sehen und an ihr Gefallen finden, sinkt mit zunehmendem Alter. Während noch 40% aller Vier- bis Sechsjährigen angeben, Werbung gerne zu sehen, nimmt der Prozentsatz von 29% der Sieben- bis Zehnjährigen auf unter 20% der Elf- bis 14jährigen ab. Mit zunehmendem Alter achten Kinder vermehrt darauf, ob die jeweilige Werbung in ihren Augen „gut gemacht" ist oder nicht. Nur ein geringer Teil der Kinder wünscht sich explizit Werbung: Es sind 10% der Jüngsten und nur noch 1,2% der Elf- bis 14jährigen.

Die meisten Kinder meinen zwar, daß sie im Alltag mit Werbung recht selbstbestimmt umgehen können. Die unkritische Haltung gegenüber der Werbekommunikation nimmt von 49% bei den jüngeren auf 8% bei den älteren Kindern ab. Über alle Altersstufen hinweg spricht nur ca. ein Viertel der Kinder der Werbebotschaft uneingeschränkt Glaubwürdigkeit zu. Bei genauerem Hinsehen - das zeigt sich insbesondere in den Fallstudien (Band 2, Teil II, Abschnitt 3) - entpuppt sich jedoch diese kritische Einstellung als Illusion. Auch ältere Kinder haben in der Regel wenig Distanz zur Werbung, sie lassen sich in ihren Kaufwünschen deutlich von der Markenwerbung beeinflussen.

Der Einfluß der Familienerziehung auf den Konsum von Werbung ist eher beschränkt. In vielen Familien wird zwar über Werbung gesprochen, eine kritische Werbeaufklärung ist jedoch selten zu finden. Eltern haben es mit der Aufklärung über Werbung nicht leicht (fehlende kritische Distanz zur Werbung, simplifizierende Gleichsetzung der Werbung mit der Form der Spotwerbung, Zeitmangel, fehlende Alternativen zum Fernsehkonsum u.ä.). In der Regel herrscht ein dichotomes Weltbild vor: Entweder die Familie ist für oder gegen Werbung. Diese holzschnittartige „werbepädagogische Position" erschwert ein flexibles Gespräch zwischen den Generationen über Fragen der Werbekommunikation. Weiterhin stehen die Eltern in Konkurrenz mit einer anderen Erziehungsinstitution, nämlich der der Gleichaltrigengruppe, die den elterlichen Einfluß beschränkt.[6]

9. Schlußfolgerungen und Empfehlungen

Die Studie läßt die Schlußfolgerung zu, daß Kinder noch nicht über eine ausreichende Werbekompetenz verfügen. Drei *Problembereiche* zeichnen sich ab: *Erstens* können insbesondere Vorschulkinder nur unzureichend Werbung vom Programm unterscheiden; hier ist eine größere spezifische Teilgruppe identifizierbar, die diese Verständnisleistung nicht erbringen kann. *Zweitens* haben alle Kinder Schwierigkeiten, ungewohnte Formen der Werbung (Non-Spotwerbung) zu verstehen, und *drittens* übt die Familie nur einen beschränkten Einfluß auf die Werbeerziehung aus.

Auf der Basis der bisherigen Ergebnisse wurden von sozialwissenschaftlicher Seite folgende Empfehlungen ausgesprochen: *Zunächst* wird angeregt, weitere Maßnahmen zur Verbesserung bzw. zur Unterstützung der Entwicklung der Werbekompetenz von Kindern zu ergreifen. Entgegen der gängigen Erwartung wird an der Seite der Programmanbieter und damit an der Gestaltung des Werbematerials angesetzt: Maßnahmen müßten in erster Linie das Medien- bzw. Werbeangebot selbst in Richtung einer größeren Transparenz bzw. einer möglichen Reduktion modifizieren, da die Familie die Aufgabe der Medien- und Werbeerziehung nicht hinreichend zu erfüllen vermag. *Danach* ergibt sich für die Forschung die Aufgabe, weitere Erkenntnisse über die o.g. größere spezifische Teilgruppe der Vorschulkinder, die gravierende Probleme mit dem Werbeverständnis hat, zu gewinnen. Folgeforschungen sind hier angezeigt.

---

[6] Inzwischen wurde ein weiteres Forschungsprojekt zum Thema Kinder und Werbung am Zentrum für Kindheits- und Jugendforschung, Bielefeld, initiiert (Leitung: Dieter Baacke, Uwe Sander, Ralf Vollbrecht) und in den Jahren 1995-1997 von der DFG, Bonn, finanziell gefördert. Die ersten vorgelegten Ergebnisse bestätigen die o.g. Daten und Entwicklungstrends (vgl. Sander 1996). Für Herbst 1997 wurde der Abschlußbericht angekündigt.

10. Mangelnde *Grundlagenforschung* im Bereich der Werbekommunikation

Ein vertiefender Blick ist darüber hinaus noch an basaler Stelle notwendig. Die soeben vorgestellte Untersuchung fußt auf einer breiten empirischen Basis und erreicht über den Weg einer komplexen Methodenkombination einen differenzierten Zugang zum Forschungsfeld. Dennoch bedürfen wichtige Fragen einer weiteren Bearbeitung, wie das anfangs zitierte Beispiel der lila-farbigen Kühe in den Bildern der Kinder verdeutlicht. Vor dem theoretischen Hintergrund von Konstruktivismus sowie Pragmatismus ließe sich folgende „entdramatisierende" Interpretation der bayerischen Malaktion entwickeln: Malen ist für Kinder im Vorschulalter eine beliebte und vor allem kreative Tätigkeit, bei der diese es genießen, viele bunte Farben verwenden zu können. Da werden Figuren und Gegenstände mit knalligen Farben ausgemalt, ohne daß dabei die Frage der Realitätsangemessenheit unmittelbar zur Diskussion stünde. Aber es kommt auch eine weitere Denkmöglichkeit in Betracht: In der Phase des voroperationalen, anschaulichen Denkens kommt es zu assimilativen Formen unangemessenen Generalisierens, wozu das Phänomen, die Kühe lila auszumalen, zu zählen wäre. Für Kinder dieses Entwicklungsstandes können ohne Schwierigkeiten verschiedene und teilweise auch divergierende Wirklichkeiten „friedlich" nebeneinander stehen. Dies trifft insbesondere auch für den Fall zu, in dem die eine Welt mit der von ihnen „heiß geliebten" Süßigkeit Schokolade in Verbindung steht[7]. Vielleicht stand bei der bayerischen Malaktion möglicherweise aber noch mehr im Raum, als es das eben entworfene, aus Kindperspektive *ich-nahe* Handlungsszenario auf den ersten Blick nahelegt: Könnte es auch sein, daß Kinder in einer solchen Handlungssituation unbewußt das Ereignisschema (Skript) „kommerzieller Malwettbewerb" aktivieren? Möglicherweise ist den Kindern gesagt worden, es ginge um einen Malwettbewerb, in dem es etwas zu gewinnen gäbe. Und vielleicht

---

[7] Das gilt im übrigen nicht allein für die heutigen Kinder, vielmehr gab es zu meiner Kindheit den Sarrotti-Mohren (eine Werbefigur auch aus und auf einer Schokolade), der für mich lange Zeit in einem völlig unverfänglichen, weil im Kern unklaren Zusammenhang mit den - wie es seinerzeit hieß - „Negern" stand.

haben dann einige ihr Bild besonders attraktiv und witzig gestalten wollen und auf ihnen bekannte Inszenierungsmuster werblicher Kommunikation - hier: die lila Kuh - zurückgegriffen. Eine solche aus Kindsicht *ich-fremde* Handlungssteuerung wäre eine strategische: Das Kind würde im übertragenen Sinne in einer Art von Werbeverbund agieren, indem es für sich und sein Produkt, das Bild, unter Aufgriff einer erfolgreichen Werbefigur wirbt. Die Frage, ob Vorschulkindern ein solches strategisches Handeln möglich ist, muß an dieser Stelle offen bleiben. Unter entwicklungstheoretischer Perspektive dürften jedoch erst fortgeschrittene Schulkinder zur Gestaltung solcher Art von „Werbekampagnen" fähig sein. Der eingangs zitierten Lesart des Beispiels der Malaktion durch die Bauernverbände werden hier deshalb alternative Interpretationen zur Seite gestellt, um die Frage nach Bedeutung und Folgen der Rezeption von Medien- und Werbeangeboten anschaulich zu *problematisieren*. Wie sozial-kognitiv kompetent sind heutige Kinder? Warum malt nur ein *bestimmter* Teil der Kinder die Kühe lila aus, die anderen aber nicht? Viele weitere interessante Themenaspekte müßten diskutiert und untersucht werden.

Die angesprochenen Elemente des kindlichen Handelns tangieren Meßdaten zu Kampagnenerinnerung und Kampagnensympathie, Spot-Recognition o.ä. nur marginal. Hinsichtlich dieser Phänomene hat die kommerzielle Werbewirkungsforschung inzwischen viele Einzelergebnisse zusammengetragen. Sie beziehen sich verständlicherweise vor allem auf produkt- bzw. marketingbezogene Aspekte der werblichen Kommunikation. Eine grundlagentheoretisch operierende Medien- und Kommunikationsforschung steht jedoch vor anderen und größeren Aufgaben: Sie ist vor allem an der *konstitutiven* Bedeutung von Medien, Werbung und Konsum interessiert, die diese für die *gesamte* Entwicklung und Sozialisation der Kinder haben. Im Zentrum der Analyse steht die Frage nach den Vermittlungsdynamiken und -strukturen, denen eine spezifische Rolle dabei zukommt, daß Deutungsmuster und Handlungsregeln, die in der Werbung und Warenwelt des Kinder- (und Erwachsenen-)Markts realisiert werden, von den Kindern aufgegriffen werden. Erst auf der Grundlage der Ergebnisse solcher Untersuchungen ließe sich überhaupt sinnvoll die Frage diskutieren, wie sich die Handlungskompetenzen und Identitätsformationen der Kinder im Rahmen der gewandelten Sozialisationsbedingungen entwickeln bzw. verändern, die weiter oben unter dem Stichwort „Kindheit heute" ausgeführt wurden. Die genannte Studie „Fernsehwerbung und Kinder" ist dieser entworfenen Analyseperspektive ein Stück weit gefolgt, die positiven Erfahrungen müßten in Folgeuntersuchungen fortgeführt werden.

Nach den jüngsten, wenig glücklichen Reaktionen der beiden Interessensverbände der Werbewirtschaft: Zentralverband der Werbewirtschaft (ZAW), Bonn, und Verband privater Rundfunk und Telekommunikation e.V. (VPRT), Bonn, auf die Studie „Fernsehwerbung und Kinder"[8] sei an dieser Stelle vor Mißverständnissen ausdrücklich gewarnt. Es wird hier *nicht* dem Slogan „Kinder sind Werbeprofis" das Wort geredet - im Gegenteil: Obwohl nach wie vor die *zentralen* Fragen der kindlichen Sozialisation in modernen Gesellschaften - in diesem Diskussionszusammenhang festzumachen an den beiden Elementen der Mediatisierung und Kommerzialisierung - unbeantwortet sind, verhalten sich die an der Diskussion Beteiligten so, als wären alle Erklärungsprobleme bereits gelöst. Die eine Seite bemüht sich darum, „mit hängenden Ohren" zu bewahren (in unserem Beispiel sind es die zitierten Bauernverbände), die andere (die Wirtschaft) blickt zur gleichen Zeit nach vorne, investiert und verdient „mit goldenen Händen". Doch wie bewältigen heutige Kinder ihre Konsumsozialisation wirklich? Führen frühe Autonomiegewinne am Markt zu Ungleichgewichtigkeiten oder gar Defiziten in anderen Entwicklungsbereichen? Wie sieht gleichsam die sozial-kognitive und emotionale Landkarte bei Kindern in einer Zeit forcierter Industrialisierung ihres Lebensalters und Lebensraumes aus? Als Konsequenz dieser Überlegungen sind vor allem *zwei* Forschungsdesiderate zu konstatieren.

---

[8] In diversen Publikationen und Presseerklärungen der beiden Interessensverbände ZAW sowie VPRT wurde der Studie „Fernsehwerbung und Kinder" sachunangemessen und wider besseren Wissens „windige Empirie" vorgeworfen.

11. Forschungsdesiderate

Die von der Wirtschaft betriebene Werbe- und Konsumforschung verfolgt legitimerweise ihre eigenen spezifischen Interessen, die im ökonomischen Regelwerk verankert sind. Wissenschaftliche Grundlagenforschung im strengen Sinne des Wortes sollte dies bekanntermaßen nicht tun. Als Folge hat sie es nicht immer leicht, eine angemessene und ausreichende Finanzierung zu erlangen - beispielsweise für die oben angesprochene, an Konstruktivismus und Pragmatismus orientierte Handlungs- und Entwicklungsforschung oder aber für *echte* Längsschnittuntersuchungen. Hier ist auf mehr Unterstützung zu hoffen, was allerdings zur Voraussetzung hat, daß von den Zielen unmittelbarer ökonomischer oder verwaltungstechnischer Verwertbarkeit sowie kurzfristiger Effektivität Abstand genommen wird.

Schließlich gilt es zweitens den Ethnozentrismus in der Forschung zu überwinden. Die bundesrepublikanische universitäre Forschung rezipiert in der Regel die deutschsprachige sowie englischsprachige Literatur. Die internationale Zusammenarbeit findet schnell ihre Grenzen, wenn sich Sprachbarrieren auftun. Forschungen in Ländern wie Frankreich oder Italien - eigentlich unmittelbare Nachbarn - werden nur sehr bedingt zur Kenntnis genommen (vgl. bspw. Hengst 1985). Zwar lebt uns der „große Bruder Amerika" vieles im Bereich von Medienkommunikation, Werbung und Komsum vor, von ihm läßt sich also einiges lernen. Da aber die Dynamiken der kulturellen Globalisierung Länder und Kulturen nur *vermittelt* erreichen, wäre ein intensiver Austausch mit anderen Ländern und Kulturen nicht nur instruktiv, sondern dringend notwendig.

12. Literatur

Baacke, Dieter; Sander, Uwe; Vollbrecht, Ralf: Kinder und Werbung. Köln 1993. (Schriftenreihe des BFJ, Bd. 12).

Charlton, Michael; Neumann-Braun, Klaus; Aufenanger, Stefan; Hoffmann-Riem, Wolfgang et al.: Fernsehwerbung und Kinder. Das Werbeangebot in der Bundesrepublik Deutschland und seine Verarbeitung durch Kinder. 2. Bde. Opladen 1995. (Schriftenreihe Medienforschung der Landesanstalt für Rundfunk Nordrhein-Westfalen, Bde. 17 u. 18).

Feierabend, Sabine; Windgasse, Thomas: Was Kinder sehen. Eine Analyse der Fernsehnutzung 1996 von Drei- bis 13jährigen. In: Media Perspektiven (1997), Nr. 4, S. 186 - 197.

Hengst, Heinz (Hrsg.): Kindheit in Europa. Frankfurt 1985.

Neumann-Braun, Klaus; Erichsen, Jens R.: Kommerzialisierte und mediatisierte Kindheit – eine aktuelle Bestandsaufnahme. In: Charlton, Michael; Neumann-Braun, Klaus; Aufenanger, Stefan; Hoffmann-Riem, Wolfgang et al.: Fernsehwerbung und Kinder. Das Werbeangebot in der Bundesrepublik Deutschland und seine Verarbeitung durch Kinder. 2. Bde. Opladen 1995. (Schriftenreihe Medienforschung der Landesanstalt für Rundfunk Nordrhein-Westfalen, Bde. 17 u. 18), S. 23-45.

Roßbach, Hans-Günther; Tietze, Wolfgang: Medienalltag in Familien. In: Deutsches Jugendinstitut (Hrsg.): Handbuch Medienerziehung im Kindergarten, Bd. 1. Opladen 1994, S. 447 - 460.

Sander, Uwe: Wie Kinder mit Werbung umgehen. Ergebnisse eines DFG-Forschungsprojekts. In: Media Perspektiven (1996), Nr. 6, S. 294 - 300.

Schmidbauer, Michael; Löhr, Paul: Kinder auf dem Medienmarkt der neunziger Jahre. In: Televizion 7 (1994), Nr. 1, S. 8 - 28.

Schmidbauer, Michael; Löhr, Paul: Vom Programmpaket zum Kinderkanal. Televizion 8 (1995), Nr. 1, S. 8 - 23.

Schmidt, Christoph: Mediaeinkauf: Was Kinder kosten. In: Absatzwirtschaft (1995), Nr. 8, S. 94-97.

Zinnecker, Jürgen: Jugendkultur 1940 - 1985. Opladen 1987.

Zinnecker, Jürgen: Kindheit, Jugend und soziokultureller Wandel in der Bundesrepublik Deutschland - Forschungsstand und begründete Annahmen über die Zukunft von Kindheit und Jugend. In: Büchner, Peter u.a. (Hrsg.): Kindheit und Jugend im interkulturellen Vergleich. Opladen: 1990, S. 17 - 36.

Techno: Design als Sein.
Ein Forschungsbeitrag zur Ästhetisierung und Instrumentalisierung von Werbung in Jugendszenen

Waldemar Vogelgesang, Marco Höhn, Birgit Cicchelli-Rößler und Frank Schmitz

1. Vorbemerkung

Als wir diesen Beitrag vorbereitet haben, stellten wir uns die Frage: Wie können wir auf *Techno*[1] einstimmen? Wir haben uns letztlich - eher didaktisch und methodisch konservativ - leiten lassen von einem Diktum des französischen Literatur- und Gesellschaftskritikers Maurice Blanchot (1959, S. 41): „Sehen setzt Distanz voraus," schreibt er, „die trennende Bestimmtheit, die Fähigkeit in Kontakt zu kommen und im Kontakt die Verwirrung zu vermeiden." Und genau diese realitätsnahe und doch distanzierte Wahrnehmung ist die unverzichtbare Voraussetzung dafür, eine Brücke zwischen der eher nüchternen empirisch-analytischen Sozialforschung und der Buntheit, Dynamik und Exzentrik der Techno-Sozialwelt zu schlagen.

Wie leicht eine vordergründige Beobachtung den Exaltationen der Techno-Szene erliegen kann und in Stereotype abgleitet, sei an zwei - zufällig ausgewählten - Beispielen dokumentiert. Im Wochenmagazin 'Focus' (Heft 36/1994) etwa findet sich die Feststellung: „Techno. Bumm-Bumm-Tanzen bis zum Umfallen. Treibhauseffekt bei der größten deutschen Musikbewegung aller Zeiten: Die Lifestyle-Industrie heizt die Szene mit Werbegeldern an. (...) Hauptsache lustig: Wenn sie anfangen zu tanzen, können sie gar nicht mehr aufhören; (...) selbstfabrizierte Klangmixturen und sich ständig wiederholendes Gehämmer."

---

[1] Für die *Techno-Szene* charakteristische Ausdrücke, Redewendungen, Namen von Personen und Bezeichnungen für Treffpunkte und Veranstaltungen sind durch *Kursiv-Schreibweise* kenntlich gemacht.

Daß auch Medienexperten einen kulturpessimistischen Techno-Ton anschlagen, sollte angesichts der „fast schismatisch zu nennenden Gegensätze in der Zunft," so Ulrich Wenzel (1997, S. 108) über den gegenwärtigen Theorie- und Diskussionsstand in der deutschen Medienforschung, niemanden überraschen. Nur ein Beispiel aus der Phalanx von Stimmen, deren apodiktisch-larmoyanter Tenor als prototypisch für den Medien-/Techno-Gefahrendiskurs angesehen werden kann. So hat unlängst Jean-Pierre Wils (1997, S. 4) in seinem vielbeachteten Vortrag 'Medien-Welten' im Rahmen der Teleakademie des Südwestfunks die Behauptung aufgestellt:

„Das Auge und das Ohr sind dem Terror der Überdehnung der Wahrnehmungstempi und der Hör-Grade schutzlos ausgeliefert. Die Augen müssen sich an die Aneinanderreihung bloßer Seh-Splitter gewöhnen. Den Ohren wird die Begegnung mit einem Ton-Brei, mit einem überlauten Gebrabbel zugemutet. In diesem Vorgang liegt eine nicht absehbare Schwächung aller synthetischen Fähigkeiten der menschlichen Subjektivität vor: Das Universum zerfällt in Seh- und Hörfragmente, die aufgrund ihrer Geschwindigkeit und ihrer brachialen Lautstärke nicht länger 'sinnvoll' zusammengefaßt, geschweige denn gedeutet werden können. Die synthetischen Fähigkeiten der Sinne zerfallen. Die solchermaßen erschöpfte und geschwächte Seele wird nun zum willfährigen Objekt von Manipulationen."

Die Wahrnehmung aktueller Jugend- und Medienkulturen ist durch einen „ethnozentristischen Blick" (Müller 1993, S. 63) wesentlich vorgeprägt. In der Tat, in den vorstehenden Zitaten finden sich gängige Vorurteile gegenüber Jugendformationen, die immer wieder aktualisiert werden. Man könnte sie - bezogen auf die Techno-Anhänger - etwa folgendermaßen zusammenfassen: Sie tanzen zu einer schwachsinnigen, monotonen und überlauten Musik und steigern sich in sinnlose, weil sinnenbetäubende, Tanzexzesse. Sie sind Spielball einer künstlichen, unproduktiven und fremdbestimmten Jugendkultur, deren markt- und medieninduzierter Bewußtseinsmanipulation sie hilflos ausgeliefert sind. Ihren alljährlichen Höhepunkt erreichen die Kassandrarufe der vielstimmigen Techno-Kritiker angesichts des Zustroms zur und der Zustände während der *Love Parade* in

Berlin, wo sich die Raver-Gemeinde ein tanzend-karnevaleskes Stelldichein gibt:

„Unerträglich ist nicht die Love Parade, sondern der Exegesestarrkrampf, in den seit Jahren Feuilletons fallen, die das Phänomen, mäkelnd, begleiten müssen. Man wirft mit giftigen Pfeilen höherer Bildung auf eine Dartscheibe, deren Zentrum leer ist und nicht leer sein darf. Die erlesensten Zivilisationsdeuter und Massenpsychologen werden von Konservativen aufgeboten. Augustinus, Freud, Le Bon, Ortega y Gasset finden sich als wehrlose Warner vor der Love Parade. Linke Kritiker schlagen den 'rechts unterwanderten' Ravern dafür Nietzsche, Heidegger und Jünger um die tauben Ohren: 'Heißhunger nach dem Außergewöhnlichen'. Nach Punkten führt Elias Canetti, der in 'Masse und Macht' den kollektiven Trancetanz ‚eines einzigen Geschöpfs mit fünfzig Köpfen und hundert Beinen' beschreibt, bis die Erschöpfung diese Menschen, die sich wirklich als eines fühlen, niederschlägt. Aber sind die Raver wirklich gleichgeschaltet auf niedrigem Zivilisationsniveau, wissen sie nicht, wer sie sind und was sie tun, nur weil sie für ein paar Stunden vergessen können" (Schmitt 1997, S. 25)?

In diesem Beitrag wollen wir erörtern, ob jenseits der ethnozentristischen Perspektivität und beschriebenen Klischeebildung nicht doch eine anders geartete Techno-Kultur existiert. Gewissermaßen als Fortsetzung der langen Entwicklungsphase der Individualisierung des Lebens annoncieren und generieren ihre Mitglieder medien- und modebestimmte Stilgemeinschaften, in denen affektive und kreative Werte und Haltungen und die unmittelbare Expression subjektiver Befindlichkeit vorherrschend sind. Gestützt auf ethnographische Feldrecherchen und sprach- und textanalytische Materialstudien im Sinne einer kultur- und wissenssoziologischen Hermeneutik soll herausgearbeitet werden, wie die Szenenprotagonisten Medien - und nicht zuletzt Werbung - kompetent und autonom zur Selbstinszenierung, Stilbildung und erlebnismäßigen Handlungsdramaturgie, letztlich zur Steigerung und Ästhetisierung selbstgewählten Lebens einsetzen. Mithin ist es unser Ziel, die Innenperspektive einer 'anderen' Welt in 'unserer' Welt transparent zu machen.

2. Lebens- und Erlebensformen in der Techno-Szene

Fraglos zählt die Techno-Szene zu den schillerndsten Jugendkulturen der Gegenwart. Sie ist jedoch mittlerweile in so viele Stilrichtungen und Untergruppierungen aufgespalten, daß selbst Insider von einem schwer durchschaubaren „Sammelsurium von Szenen, Stilen und Moden" (Müller 1997, S. 35) sprechen. Nach dem Vorbild der ursprünglichen Entstehungsorte der Musik, den Clubs von Chicago, Detroit und New York, in denen Disc-Jockeys (DJs) das Plattenauflegen zu einer neuen Kunstform machten, setzte sich diese Musikrichtung Anfang der 90er Jahre auch in Deutschland durch.

Getragen von einer Dauerpräsenz in Rundfunk und Fernsehen - und hier insbesondere in den Musikkanälen 'Viva' und 'MTV' -, unterstützt von szeneneigenen Kommunikationsmitteln wie den *Flyern* (kunstvoll gestalteten Handzetteln) und Fanmagazinen (z.B. *Frontpage, Groove, Dizka 2000* etc.) und der historisch einmaligen Vermarktung der Jugendszene wird Techno in kurzer Zeit zur Mainstream-Jugendkultur, deren Anhängerschaft mittlerweile auf ca. zwei Millionen geschätzt wird. Waren Plattenfirmen wie *Low Spirit* oder *EyeQ* und Clubs wie das *Omen* (Frankfurt) oder der *Treso'* (Berlin) vor einem halben Jahrzehnt nur wenigen bekannt, so besitzen sie heute Kultstatus und werden von Kultfiguren, den DJs (wie etwa *Sven Väth, Dr. Motte, Marusha* oder *Westbam*) beherrscht, die eine ganze Jugendgeneration in Ekstase versetzen können.

Entscheidend für die Verbreitung und öffentliche Aufmerksamkeit der Techno-Szene waren und sind aber auch ihre Veranstaltungsformen, denn schon früh haben die Trendsetter erkannt, daß der klassische Diskotheken- und Partyrahmen dem Zuspruch, den diese Musik bei den Jugendlichen findet, nicht gerecht wird. Als vollkommerzialisierte Alternativen wurden Großveranstaltungen, die sogenannten *Events* oder *Raves* mit einer Dauer von zwölf Stunden bis zu mehreren Tagen, institutionalisiert. Die *Maydays* in der Dortmunder Westfalenhalle oder die *Love Parades* auf dem Berliner Kurfürstendamm sind mittlerweile ebenso selbstverständliche Szenentreffpunkte wie die über das ganze Bundesgebiet verteilten Großraumdiscos. Welche extremen Gefühlslagen an diesen *Locations* durch eine szenenspezifische Kombination von Musik, Raumdesign und Tanz entstehen können, kommt in nachfolgender Schilderung von Jörg Hunold und Baschar Al-Frangi[2] sehr plastisch zum Ausdruck:

„Am 7. und 8. Dezember 1996 fand in der Frankfurter Disco *Dorian Gray* anläßlich des Geburtstags von DJ *Marc Spoon* eine zweitägige Techno-Party statt, die wir im Rahmen unseres Forschungsseminars besucht haben. Der folgende Erlebnisbericht soll unsere subjektiven Erfahrungen und Eindrücke dokumentieren, die wir auf dieser Veranstaltung, an der zwischen 6000 und 7000 in- und ausländische Raver teilnahmen, gesammelt haben. (...) Das *Gray* war aus gegebenem Anlaß von dem Kölner Künstler Siegbert Heil dekoriert worden. Durch einen langen, eigenwillig beleuchteten Stofftunnel gelangte man direkt ins Zentrum des Geschehens, das sich - sieht man einmal von dem *Chill-Out-* und *VIP-Bereich* ab - auf drei Tanzhallen konzentrierte. (...) Sobald man die Halle 3 betrat, schlug einem ein ohrenbetäubender Lärm entgegen, der die Luft aus den Lungen zu pressen schien und den gesamten Körper augenblicklich in vibrierende Bewegungen versetzte. Der gesamte Raum - von der Theke bis zur Tanzfläche - wurde von einer euphorischen, ekstatischen Menschenmasse bevölkert, die sich der Musik willenlos hingab und dem DJ völlig ausgeliefert war. Man spürte deutlich, daß die DJs nicht nur einfach zum Plattenauflegen gekommen waren, sondern im wahrsten Sinne des Wortes Musik zelebrierten und sich vom Publikum bisweilen frenetisch feiern ließen. Jeder DJ wurde mit begeistertem Applaus der Menge empfangen und verabschiedet; jeder Übergang, jeder Rhythmus- und Beatwechsel von den Schwitzenden und Tobenden mit einem Trillerpfeifen-Konzert begleitet. (...) Der Tanz selbst war kein Gemeinschaftstanz, kein gemeinsames auf und ab; jeder tanzte für sich, kreierte seinen eigenen Stil. Und trotzdem merkte man, daß sich die Tänzer gegenseitig beobachteten und die Bewegungen der anderen in ihren eigenen Tanzstil miteinbezogen. Auffällig war auch, daß viele Tänzer und

---

[2] Jörg Hunold und Baschar Al-Frangi sind Teilnehmer des von Waldemar Vogelsang im Wintersemester 1996/97 durchgeführten Forschungsseminars 'Kultische Milieus: Techno'. Ihnen und den anderen Studierenden sei an dieser Stelle für ihre intensiven und akribischen Szenenrecherchen und -analysen herzlich gedankt.

Tänzerinnen ihre teilweise nur wenig bedeckten Körper bewußt zur Schau stellten. Männer und Frauen genossen es, ihre Körper zu zeigen, zu beobachten und beobachtet zu werden. Glänzender Schweiß auf nackter Haut, die rhythmischen Bewegungen, die den ganzen Körper erfaßten, gaben dem Tanz neben der ekstatischen auch eine nicht zu übersehende erotische Note."

Für die Techno-Fans ist aber nicht nur das sinnlich-ekstatische Körper- und Gemeinschaftserlebnis charakteristisch, sondern auch eine besondere Form von Ästhetik und Stilisierung. Zwar entwickelt jede Jugendkultur auf ihre Weise eine eigene Theatralik und ein eigenes System symbolischer Handlungsformen, die in einer Art Dialektik von Zuordnung und Abgrenzung gruppenspezifische Innen-/Außenverhältnisse konstituieren, aber die Techno-Szene hat das wichtigste Prinzip jugendkultureller Stilbildung, die Bricolage, radikalisiert. Gemeint ist damit eine alle Stilelemente umfassende Bastelmentalität, deren ästhetisches Signum - analog zur Cut-up-Technik in der Literatur oder der Collage in der Kunst - die Um- und Neugestaltung vorhandener kultureller Artefakte ist. Das Ensemble stilbildender Objekte umfaßt dabei Musik, Tanz und Outfit ebenso wie Kommunikationsmedien und -muster.

Es zeigt sich in diesem Zusammenhang, daß die Techno-Produzenten ihren 'semiotischen Guerillakrieg' (Eco) auf zwei Ebenen führen: durch die Aneignung von szenentypischem Spezialwissen und durch die Verarbeitung von Allgemeinwissen. Ersteres ist z.B. in Plattenkritiken, Partyberichten und Internetdiskussionen der Fall, wo Techno-Fans musikspezifische Wortspiele, Zitate aus Platten, parodierte Bandnamen u.ä., die nur für Eingeweihte verständlich sind, strategisch einsetzen, um bestimmte Einstellungen und ästhetische Präferenzen kundzutun. Letzteres trifft vor allem für die Falschlogos zu. Dabei handelt es sich um verfremdete Abwandlungen kommerzieller Markennamen, deren sprachlich-visuelle Formen mit neuen Inhalten gefüllt werden - aus *Dash* wird *Hash*, aus *Aral* wird *Anal* -, die dann als Flyer, Sticker oder T-Shirt-Aufdrucke neue Botschaften vermitteln (vgl. Anz/Walder 1995).

Aber nicht nur Warenwelt und Werbung, worauf im folgenden noch näher einzugehen sein wird, werden zum Fundus für die Amalgamierung technospezifischer Stilelemente, auch Philosophie (z.b. Gilles Deleuze), Kunst (z.B. Dadaismus, Pop-Art), Literatur (z.B. Arno Schmitt) und Musik (z.b. Karlheinz Stockhausen) werden zu einer Art von textuellem und kulturellem Steinbruch, aus dem sich die Stilschöpfer der Techno-Szene in anarchistischer Manier bedienen, um eine originelle und unverwechselbare szenische Emblematik und Stilsprache zu kreieren. Nichts ist den Techno-Fans bei ihrer Stilisierung und Inszenierung heilig, am allerwenigsten das kulturell Heilige. Die alles *samplende*, d.h. zitierende und umgestaltende Rave-Generation ist, so Ralf Vollbrecht (1997, S. 13f.), „die erste postmoderne Jugendkultur, (...) die nichts weniger sucht, als verbindliche Inhalte." Daß das spielerische Stil- und Sinnbasteln und die ekstatischen Tanzerfahrungen dabei aber mit einem wachsenden Drogenkonsum einhergehen, wird oft übersehen. Szenentypische Sprachspiele und Redewendungen wie *Optik schieben, Film fahren* oder *verstrahlt sein* für den Gebrauch von Ecstasy, Amphetaminen oder Speed dienen eher zur Verschleierung und Verharmlosung der Drogenproblematik als zur Aufhellung und realistischen Einschätzung.

3. Techno-Fans als Konsum-Guerillas

„Von allen aktuellen Jugendbewegungen gibt die Techno-Szene den Marketing-Strategen die größten Rätsel auf," konstatieren Norbert Bolz und David Bosshart (1995, S. 346). Der Grund hierfür liegt darin, daß die Techno-Szene wie keine andere Jugendkultur vor ihr den Kommerz annimmt und in ihre Stilbildung integriert, ohne ihre Eigenständigkeit und stilistische Exklusivität zu verlieren. Nur auf den ersten, szenenfernen Blick lassen sich die Techno-Fans von den zahlreichen Werbekampagnen und Produktofferten der Konsumindustrie vereinnahmen. Eine szenennahe Beobachtung offenbart dagegen andere Gebrauchsformen: Die Paradiesvögel der Postmoderne schmücken ihr Federkleid auf eine beinahe konsumanarchistisch zu nennende Art und Weise. Denn sie entwickeln eine spielerische, exotische und äußerst dynamische Form von Markenfetischismus, die Szenenbeobachter bereits von „guerilla consumers"[3] sprechen lassen. Zum Ausdruck soll damit gebracht werden, wie sehr die Techno-Fans einerseits zum Motor von Mode und Konsum geworden sind, andererseits aber in der Marken- und Produktpalette zwecks Stilgestaltung und Selbstdarstellung regelrecht wildern. Sie entziehen sich nicht dem kommerziellen Druck, sondern beziehen Marken und Signets von Anfang an in die symbolische Arbeit mit ein.

Während es in den 70er Jahren noch undenkbar gewesen wäre, daß ein Tabakkonzern ein Punk-Konzert sponsert, hat in der Techno-Szene jedes größere Event gleich eine Vielzahl von Unternehmenssponsoren. So organisiert etwa der Reynolds-Konzern Rave-Veranstaltungen in mehreren deutschen Großstädten und brachte mit den *Silverpages* einen Veranstaltungskalender heraus, der dem bekannten Techno-Magazin *Frontpage* beilag. Darüber hinaus hat er ein *Techno-Parfum* auf den Markt gebracht und verkauft seine Zigaretten in einer *spacigen Techno-Box*. Auch Sportbekleidungsfirmen wie 'Adidas' und 'Puma' profitieren von der Techno-Bewegung. Vor allem die alten Kollektionen erleben einen wahren Boom und finden als sogenannte Reeditions in der Techno-Szene reißenden Absatz. Welche Produkte aus der Waren- und Modekollektion von den Techno-Anhängern entnommen und wie sie kombiniert werden, ist für die PR-Strategen jedoch trotz Trendscouts und Techno-Undercover kaum ausrechenbar. Denn ihr Kleidungs- und Accessoiresgebrauch unterläuft und untergräbt die konventionelle Verwendung und stellt die modischen Objekte in ein neues, szeneneigenes Bedeutungssystem. Was James Laver (zit. in: Lurie 1983, S. 3) über die identitäts-enthüllende Funktion von Kleidung im allgemeinen gesagt hat, trifft auf die Techno-Fans mit besonderer Relevanz zu: „Clothes are inevitable. They are nothing less than the furniture of mind made visible."

Welchen Stellenwert gerade Modeartikel für die Selbstinszenierung und das Selbstverständnis der Techno-Fans haben, zeigt sich vor allem in der variablen, eigenwilligen und bisweilen skurrilen Zusammenstellung des Outfits. Denn den Kombinationsmöglichkeiten scheinen keine Grenzen

---

[3] Vgl. Jules Marshall, zit. nach Bolz/Bosshart (1995, S. 345).

gesetzt; erlaubt ist, was der Kleiderschrank hergibt. Zu unterscheiden ist hier lediglich zwischen alltagstauglicher Kleidung und rave-spezifischem Outfit (vgl. Lau 1996, S. 254f.). Alltagstauglich - im Szenenjargon *streetwear* oder *clubwear* - ist all das, was auch sonst im Alltag getragen werden kann. Batikshirts, Baseballkappen, Wollmützen, mit floralen oder ornamentalen Mustern bedruckte T-Shirts, Kapuzenpullover oder Miniröcke sind nur einige der Elemente, die zur Alltagskleidung der Techno-Fans gehören. Auch Tätowierungen und Piercing sind in der Szene durchaus zu finden. Ein richtiggehendes Kleidungsverbot, d.h. einen Ausschluß bestimmter Kleidungsstücke, existiert nicht. Mit einer Ausnahme, wie uns ein Szenenmitglied in einem Interview deutlich zu verstehen gab: „Nazi-Klamotten sind geächtet."

Unter rave-typischer Kleidung sind all diejenigen Modeartikel und Accessoires zu verstehen, die nur zu einem ganz bestimmten Ereignis, den Tanz-Events, getragen werden. So kleiden sich männliche Raver etwa mit signalfarbenen Schutzanzügen, Taucherausrüstungen oder Atemschutzmasken. Bei den weiblichen Ravern gehören zum Feten-Outfit u.a. Bustiers, Bikinioberteile und Badeanzüge. Was hier sichtbar wird, sind modische und ästhetische Exklusivitätszeichen, für die gilt: Man soll sehen, daß man sich umgestaltet hat.

Allerdings unterliegt die Techno-Mode raschen Wandlungsprozessen. Ihre massenmediale Verbreitung und fortschreitende Kommerzialisierung kommt einem Gratifikationsverfall und einer Entzauberung gleich und hängt wie ein Damoklesschwert über der Szene.[4] Techno-Mode von der

---

[4] Roland Eckert und Rainer Winter (1988, S. 97) verweisen darauf, daß es sich hierbei um eine Art struktureller Bedrohung handelt, unter der die Stilsprache einer jeden Jugendkultur steht: „Neue Subsinnwelten und Spezialkulturen (...) verallgemeinern sich in der Form einer massenmedial getragenen Mode, um sich alsdann in mehr oder minder gut organisierten Teilmärkten einzukapseln und zu perpetuieren. Das Interesse an der Einzigartigkeit der Themen, Symbole und Gruppenkulturen begrenzt allerdings auch deren Lebensdauer und ist, so gesehen, nicht nur für den Absatz, sondern auch für den Verbrauch derselben verantwortlich. In dem Maße, wie Symbole, Ideologien, Kulte von vielen aufgegriffen und so verallgemeinert werden, inflationieren sie und werden schließlich für ihren Zweck untauglich. (...) Spezialkulturen als gemeinschaftliche Lebensentwürfe scheitern nicht einfach an der Unrealisierbarkeit ihrer Konzepte, sondern blühen und welken

Stange führt zu Mode-Techno, einem stilistischen Ausverkauf, der von der Szenenavantgarde als *Kirmes-Techno* desavouiert wird. Als Gegenbewegung zur Erhaltung der stilistischen Modehoheit haben Modeexperten einen neuen Trend zur Entuniformierung und Individualisierung ausfindig gemacht. Die gegenwärtige Devise lautet, frei nach Shakespeare: Tragt, was Euch gefällt. Die Kleidung soll nicht mehr so sehr die Zugehörigkeit und das Bekenntnis zur Techno-Gemeinde ausdrücken, als vielmehr den persönlichen Stil unterstreichen. Die jugendkulturelle Mode-Formel: 'Outfit ist Ichfinish', die Ulf Matthiesen (1988) geprägt hat, findet in der Techno-Szene auf eine radikale Weise Bestätigung.

Unsere eigenen Analysen von Szenenzeitschriften, ergänzt durch Recherchen in Boutiquen und Gesprächen mit Techno-Fans, verweisen auf ein zunehmendes Oszillieren zwischen extremen Vermarktungs- und damit Veralltäglichungstendenzen und der gleichzeitigen Ausbildung eines neuen Subjektivitäts- und Originalitätskultes, getragen von den Trendsettern der Szene. Unbekümmert verbindet auch die neue Techno-Generation szenischen Kommerz mit personaler Identität. Aber die Selbstinszenierungstaktik der Szenen-Avantgarde orientiert sich nicht mehr in erster Linie an den schrillen Produkten des kommerziellen Bekleidungsmarktes. Modisch angesagt (*Hype*) ist gegenwärtig vielmehr eine anspruchsvolle Schlichtheit, ein demonstrativ einfaches, aber nach wie vor markenorientiertes Ich-Outfit, das gleichermaßen die neuen inter- und intraszenischen Grenzlinien zum Ausdruck bringen soll.

4. Techno-Flyer: Werbemedium und Sinnzeichen

Während Kleidung und Mode die Funktion der nach außen gerichteten Repräsentation haben, gibt es in der Techno-Kultur weitere Stilelemente und ästhetische Formen, die vor allem für die Kommunikation innerhalb der

---

mit den Konjunkturen ihrer Symbole und Karrieren ihrer Protagonisten. Der Zyklus von Aufstieg und Niedergang beschleunigt sich in dem Maße der technischen Reproduzierbarkeit der Symbole, die es Menschen möglich macht, Ideen, Melodien, Kunstwerke, Kleidungsstücke in wohlfeilen Replikaten zu erwerben."

Szene wichtig sind und deren Botschaft - jedenfalls zuerst - nur von den Insidern verstanden wird. Dazu zählen in der Techno-Szene vor allem Aufmachung und Inhalt von Fan-Magazinen, Plattencovern und Flyern. Unter Flyern versteht man, wie bereits erwähnt, flugblattähnliche Schriftstücke, die unter diesem Etikett erstmals zu Beginn der 80er Jahre speziell in der Punk-Szene als Ankündigungsform von Veranstaltungen und Szenentreffen aufgetaucht sind. Zusammengesetzt aus handschriftlichen Elementen und Auszügen aus Zeitungen, Comics und Werbebroschüren wurden sie hier als kaum entzifferbares Schnipsel-Layout gestaltet und dann kopiert. Die Techno-Flyer hingegen repräsentieren eine wesentlich anspruchsvollere und aufwendigere Flugblattvariante. Mit Graphikprogrammen erstellt und meist auf Hochglanzpapier gedruckt, sind sie einerseits das primäre Informationsmedium der Szene, das in einschlägigen Schallplattenläden und Boutiquen ausliegt oder auf Veranstaltungen verteilt wird, andererseits fungieren sie als Experimentierfelder für neue Formen typographischer und visueller Gestaltung, in denen virtuos die Elemente des Bleisatzdrucks mit den digitalen Möglichkeiten des Computers gemischt werden. Auf diese Weise entstehen - analog zum Rhythmus der schnellen Schnitte von Videoclips - ästhetisch raffinierte Montage-Layouts, gleichsam Textbilder im Techno-Sound. Ähnlich wie bei der Mode und Musik dominiert auch hier der Collagierstil. Gesamplet wird alles, was der Text-Bild-Bereich an Formen und Vorgaben zu bieten hat. Im Stile postmoderner Bilderstürmer kreierten Musik- und Computerfreaks auf diese Weise eine neue Kunstform, Flyer-Art, die zum ästhetisch-kulturellen Sinnzeichen zeitgenössischer Jugendkulturen wurde:

„Ein Medium, das kaum einer kennt, legt üppig Zeugnis ab von der jüngsten Revolution in deutschen Landen - es ist so klein und unauffällig, daß hauptberufliche Kulturbewahrer es bisher übersahen: Auf bedruckten Handzetteln, sogenannten Flyern, die zum Beispiel Nachtmenschen über Partys informieren, können sich junge Graphiker der Gestaltungslust hingeben wie nirgendwo sonst. Die Farben und Formen, die sie schaffen, sind wie die Melodien und Klänge, die Musiker und Diskjockeys elektronisch entwerfen - mit der Sprengkraft der Technik bringen die Rebellen die Vorstellungen, wie Musik zu klingen und Gebrauchsgraphik auszusehen habe, einfach zur Detonation. (...) Andere Musikszenen übernahmen die Strategie begrenzter Kommunikation. Jede bemühte sich um einen eigenen Stil, an dem Fans ihre Musikrichtung erkennen konnten. Ein Krieg der Zettel brach aus - Acid-Jazzer klauten altmodische Schriften von vergilbten Plattenhüllen, Easy-listening-Apologeten ließen Bikini-Models aus den sechziger Jahren auferstehen. Ganz Verwegene stanzten Botschaften in Metall oder druckten sie auf Damenbinden. Semiotiker hätten ihre Freude an der Flyerwelt. (...) Gingen Wissenschaftler in Nachtclubs, staunten sie über die Codes, die sich in Pop-Produkten verbergen und Jugendszenen verbinden wie eine geheime Sprache. Und wahrscheinlich würden sie schnell begreifen, daß Pop mehr ist als Mode und Musik: Hier nistet, verborgen in subversiven Bildern und Tönen, der Widerstand gegen das herrschende Zeichensystem, das alles menschliche Tun als Dienst für den Mehrwert definiert" (Burger 1997, S. 26f.).

An den Flyern läßt sich aber nicht nur das Kunst- und Kulturverständnis der jugendlichen Musikszenen ablesen, sondern auch, wie sie mit Werbung umgehen. Zu den gestalterisch eindrucksvollsten und inhaltlich eigenwilligsten zählen in diesem Zusammhang fraglos die Flyer der Techno-Szene. Etablierte Produktslogans und -logos werden hier - gleichsam als Rohmaterial - aufgegriffen, verfremdet und in einen neuen Zusammhang gestellt. Diese respektlose Um- und Neugestaltung vorhandenen Werbematerials soll im folgenden an ausgewählten Beispielen demonstriert werden. Dabei orientiert sich die Analyse und Interpretation zum einen an neueren text- und sprachsoziologischen Untersuchungen zur Jugendkultur, wie sie etwa Widdicombe & Robin Wooffitt (1995) und Androutsopoulos (1997) vorgelegt haben, und zum anderen an Arbeiten zur visuellen Hermeneutik.[5] Ferner gilt für die Deutungsarbeit, was Jo Reichertz (1994, S.

---

[5] In die Analyse miteinbezogen wurden etwa 500 Flyer aus einem Zeitraum von knapp zehn Jahren. (Interessierte verweisen wir auf das Flyer Archiv e.V., das im hessischen Gelnhausen dem örtlichen Kunstverein angegliedert ist.) Zur Beschreibung, Klassifikation und Interpretation der Flyer wurde ein Leitfaden entwickelt, in dem sprachliche Elemente (z.B. Wortwahl, Spruchkultur, Entlehnungen), bildliche Elemente (z.B. Objekte, Format, Perspektivität, Farbgebung) und Wort-Bild-Relationen (z.B. Größenverhältnis von Wort und Bild,

265) über Werbung als Kultur- und Repräsentationstechnik gesagt hat: „Werbung und ihr Stil sind auch Ausdruck einer meist impliziten Soziologie der Zielgruppe." Gerade die bei den Techno-Anhängern so beliebte Verwandlung von etablierten Werbebildern in szenentypische Flyer-Kunst läßt sich damit als Beispiel für Texttypen behandeln, durch die sich die Techno-Szene konstituiert und reproduziert, d.h. sie können als Ausweis und Spiegelung des ästhetisch-kulturellen Habitus, der lebensweltlichen Praxis und der Einstellungen der Fans angesehen werden.

4.1 Werbesprachliche Struktur- und Funktionsmuster

Die primäre Funktion der Techno-Flyer ist das Werben für Partys oder Clubs. Als Ankündigungen für entsprechende Veranstaltungen liegen sie in Plattenläden, auf Raves oder sonstigen Szenentreffpunkten aus. Man kann die Flyer also durchaus als Werbeanzeigen verstehen, die über ein Produkt, den Rave, informieren und den Adressaten für den Besuch der Veranstaltung gewinnen wollen. Die untersuchten Techno-Flyer, die zwar keinen repräsentativen Querschnitt darstellen, wohl aber eine typologische Zuordnung erlauben, verdeutlichen dies. Die wesentlichen Texthandlungen gleichen im großen und ganzen denen einer Werbeanzeige.

Nach v. Polenz (1988, S. 198f.) hat eine Werbeanzeige zwei wesentliche Texthandlungen: die Ware anzubieten und Kunden zu werben. Dies geschieht dadurch, daß man sie benennt und qualifiziert sowie Aufmerksamkeit und Interesse erzeugt, die ein bestimmtes Verhalten, hier den Besuch einer Veranstaltung oder eines Clubs, stimulieren sollen. In allen untersuchten Flyern finden wir diese Texthandlungen realisiert: Veranstalter, Ort, Zeit, Wegbeschreibung, Preis, Vorverkaufsstellen gekoppelt mit Erlebnis- und Zugehörigkeitsversprechen bilden den Informationsaspekt der Flyer und wollen zum Besuch der entsprechenden Veranstaltung animieren.

Collagierungen, Stilmischungen) die Grundlage für eine kultursoziologische Symbolanalyse bildeten (vgl. Müller-Doohm 1993; Sonesson 1993).

Interessant ist, in welcher Form die einzelnen Texthandlungen sprachlich umgesetzt werden. Dies beginnt mit der Bezeichnung der Veranstaltungen. Häufig finden wir hier besondere Hochwerttitel, die Aufmerksamkeit wecken und das Gigantische der Veranstaltung herausstellen, wie z.B. *Alarmstufe Rot - North Mega Rave, Innovation Rave* oder *Master Project - The Highlight Rave*. Das spektakuläre Moment wird häufig noch verstärkt durch die Beschreibung des Events. So wird etwa die Location des *North Mega Rave*, der als *The one and only* qualifiziert wird, folgendermaßen angepriesen: *6000m^2 - Shopping Area - 2 Dance Floors - 13 DJ's - 3 Live-Acts*. Der *Innovation Rave* wirbt insbesondere mit seiner Licht- und Soundanlage: *Ihr könnt uns glauben, daß wir auf diesem abgefahrenen Event uns nicht mit einer lächerlichen Sound- und vor allem Lichtinstallation blamieren werden*.

Einen Höhepunkt des Außergewöhnlichen und Sensationellen stellt der von Camel gesponserte *Airave* dar. Der Flyer hat die Form eines startenden Flugzeugs, wodurch ein direkter Hinweis auf die Art und Besonderheit der Veranstaltung - Raven über den Wolken und an verschiedenen Orten - gegeben ist. Der Ablauf des Events wird folgendermaßen charakterisiert:

„*Airave Ingredients: Und ab dafuer! Abheben mit Camel! Welcome to THE CAMEL MOVE. Welche Party willst Du feiern? Wir fliegen jetzt erstmal im August den Camel Airave. Vom 25.08. bis zum 27.08.1994 von Frankfurt ueber Kreta, um die Oase zu durchraven. Am naechsten Tag zieht die Karawane weiter. Abenteuer einmal neu definiert. Mit 218 bpm und 600 Meilen per Stunde in 8000 Meter Hoehe weiter nach Amsterdam zum Maximum Overdrive. Doch keine Atempause. Sonntagmorgen gehts im Nightliner zum Auschillen nach Koeln, wo wir zum Frequency Rave auschecken. Willst Du mit auf diesen Trip? Fuer 499 DM kannst Du mit uns abheben.*"

Auch hier wird das Einmalige und Exotische dieser Veranstaltung besonders herausgestellt: die Erlebnis- und Abenteuererfahrung verbunden mit dem *Abheben* in eine andere Sphäre. Wer in 8000 Meter Höhe bei 600 Meilen in der Stunde mit 218 Beats per Minute feiert, ist ohne Zweifel auf dem Weg zum *Maximum Overdrive*. Aber noch in einer anderen Hinsicht ist dieser Flyer sehr interessant. An ihm läßt sich auch zeigen, wie Produkt-

und Sponsorenwerbung gleichsam kurzgeschlossen werden, denn der Hinweis auf die Veranstaltung ist aufs engste gekoppelt mit Verweisen auf den Sponsor. Zunächst einmal durch das Camel-Logo, das an mehreren Stellen des Flyers zu sehen ist, weiter durch den Namen des offiziellen Veranstalters, *The Camel Move,* dann aber auch eher unterschwellig im Text, indem ein weitgehend bekanntes Camel-Image aufgegriffen wird. Jedem Kinogänger, und damit den meisten Techno-Fans, ist die Camel Trophy ein Begriff. Camel wirbt hier mit einem Image von Abenteuer, Stärke und Selbstbehauptung in schwierigen Situationen. Durch Begriffe wie *Oase* und *Karawane* wird zum einen auf das Produktlogo, das Kamel, verwiesen, zum anderen aber auch auf typische Camel Trophy-Situationen. Unterstützt wird dies durch den Satz *Abenteuer einmal neu definiert,* der in dieser Form durchaus in einem Camel Trophy-Werbespot Verwendung finden könnte. Der Sponsor nutzt den *Airave* zum einen ganz explizit, um sein eigenes Image den jungen Ravern nahezubringen, womit allerdings zum anderen - und eher implizit - eine Form der Zigarettenwerbung verbunden ist, die für den Sponsor den Vorteil hat, daß keine Warnungen der EU-Gesundheitsminister abgedruckt werden müssen.

Neben dem Happening- und Fetencharakter, der in der Aufmachung und Symbolik der Flyer zum Ausdruck kommt, ist es vor allem ein bestimmter Typus von Jugendsprache, mit dem die Veranstalter ihr Zielpublikum ansprechen. Mit dem Begriff der Jugendsprache sollte man im übrigen sehr vorsichtig umgehen. Peter Schlobinski u.a. (1993) sprechen in ihrer Untersuchung von einer Fiktion von Jugendsprache, die mit der sprachlichen Realität nur wenig zu tun habe. Wenn hier also von Jugendsprache die Rede ist, so sind damit Merkmale gemeint, die von Textproduzenten als typisch jugendsprachlich angesehen und verwendet werden, wenn ein Text ein 'jugendliches Outfit' bekommen soll. In diesem Sinne können z.B. die Anglizismen und englischen Bezeichnungen verstanden werden, die in den Flyern immer wieder vorkommen (z.B. *durchraven, auschillen, auschecken, location* oder *line up*) oder häufig anzutreffende Intensifier wie *mega, ultimativ* oder *abgefahren.*

Ein typisches Kennzeichen jugendlicher Sprechweisen sind Stilbasteleien, bei denen meist Elemente des gemeinsamen Medienwissens verfremdet oder, seltener, mimetisch zitiert werden und so eine, mitunter radikale, Umdeutung ihres ursprünglichen Sinns erfahren. Dieses Stilprinzip wird in der Technoszene nahezu perfektioniert und findet sich auf den Flyern etwa in der Form von Falschlogos, z.B. wird *Whiskas* zu *Whiskey*, verbunden mit dem Slogan: *Katzen würden Whiskey saufen.*

Die jugend- und szenentypischen Elemente in der Sprache der Technoflyer erfüllen eine wichtige Funktion für die Herstellung und den Ausdruck der Beziehung zwischen Textproduzenten und -rezipienten. Dadurch, daß sie nicht für jeden verständlich sind, haben sie eine abgrenzende Funktion gegenüber 'Outsidern' und stellen zwischen den 'Insidern' Gemeinsamkeit her. Diese Inszenierung als *Community* ist ein wesentliches Element der Techno-Szene, daß sich erheblich auf die sprachliche Gestaltung der Flyer auswirkt, was im nächsten Kapitel noch genauer zu zeigen ist.

Zusammenfassend ist festzuhalten, daß Techno-Flyer durchaus als Werbetexte zu verstehen sind, wobei neben der Werbebotschaft für den Rave oder den Club auch - teils offen und direkt, teils unterschwellig und kuvriert - Sponsorenwerbung betrieben wird. Des weiteren findet sich in den Flyern beinahe durchgängig ein Superlativ-Vokabular, mit dem das umworbene Event als besonders spektakulär oder gigantisch qualifiziert wird. Mitmachen und Dazugehören werden somit schon durch die Wortwahl als unvergeßliche Highlights propagiert, als zeitlich begrenzte, aber wiederholbare Erfahrungen einer Spaß-Elite jenseits des Alltags und (manchmal auch) über den Wolken.

4.2 Relevanzbereiche, Thematisierungen, Verweisungen

Neben den sprachlichen wurden auch die bildlichen Elemente sowie die Wort/Text-Bild-Relationen der Flyer auf semantische Aspekte, symbolische Gehalte und paradigmatische Bedeutungsfiguren hin untersucht. Dazu haben wir in der Forschungsgruppe in einem mehrstufigen Interpretationsprozeß kompatible Lesarten der Flyer-Botschaften herausgearbeitet und in Bedeutungsklassen zusammengefaßt. Die auf diese Weise konstruierten, synthetisierten und aggregierten Bedeutungsmuster markieren Thematisierungen und Relevanzbereiche, die für die Sinn- und Sozialwelt der

Techno-Fans bezeichnend sind.[6] Drei semantische Signifikanten resp. Bedeutungsfelder sind im folgenden näher ausgeführt: der Gemeinschaftsgedanke, fiktionale und mythische Aspekte und die Körper- und Erotikdimension.

a) We are one family - posttraditionale Vergemeinschaftung
Die Techno-Kultur begreift sich gerne als große Familie (*family*) oder als Stamm (*tribe*), wenn es sich um eine bestimmte Richtung oder Gruppierung innnerhalb der Szene handelt. Ihre Leitidee der Einheit und Vergemeinschaftung findet sich nicht nur in dem Motto: *Love, Peace, Unity*, sondern sie ist in den Flyern auf vielfältige Weise repräsentiert. So heißt es in der Ankündigung für den bereits erwähnten *Innovation Rave* u.a.: *Bei folgenden Stores haben wir für Euch einen Kartenvorverkauf organisiert.* Bei aller Größe des zu erwartenden Techno-Spektakels signalisiert das vertrauliche *für Euch* Nähe, Geborgenheit und gegenseitige Hilfe. Auch das Duzen, das durchgängig auf allen Flyern zu finden ist, soll eine persönliche Beziehung herstellen und zudem etwas über die Adressaten aussagen: man ist in der Techno-Familie unter Seinesgleichen.

Der Appell an den Gemeinschaftssinn, an das die ganze Szene umschließende 'Wir', kann auch durch die Betonung des Zusammengehörigkeitsgefühls innerhalb der Szene erfolgen: *Lasst Euch nicht zerstreuen und ausnehmen. Teure, miese Partys hatten wir zu Genüge. Wir hoffen auf geiles gemeinsames Feiern mit Euch allen im netten Club Amnesia* (Flyer des Techno-Clubs *Amnesia*). Wir haben hier eine direkte Aufforderung (*Lasst Euch...*), verbunden mit der Abgrenzung gegen offensichtlich kostspielige und stark kommerzialisierte Techno-Veranstaltungen (*teure, miese Partys...*), die die Szene zerstören. Die *family* soll wieder zusammen-

---

[6] Wichtig bei der Rekonstruktion der Bedeutungs- und Sinnfelder qua Zeichenstruktur ist die Trennung der Analyseebenen (Syntax, Semantik, Pragmatik). Während wir aus einer eher kultursoziologischen Perspektive den Schwerpunkt auf die Entschlüsselung der semantischen Gehalte und Verweisungen des Bildtextes der Flyer legten, stellt der in London bei Booth-Clibborn Editions (1996) erschienene 'Flyer-Guide' besonders die formalen Aspekte und die ästhetische Zeichensprache der Flyer heraus.

gebracht werden (*gemeinsames Feiern, mit Euch allen*) und das in einer *netten* Club-Atmosphäre.

Die Gemeinschaftssemantik, die sich bis zu Kollektivbeschwörungen steigern kann, enthält immer häufiger auch eine Konnotation der Ambivalenz, der Fragilität und der Gegenläufigkeit. Denn wie in allen großen Jugendkulturen liegen auch in der Techno-Szene zwei kulturelle Mechanismen und Bewegungen in einer Art Dauerstreit: zentrifugale (*difference*) und zentripetale (*unity*) Entwicklungen. Ronald Hitzler und Michaela Pfadenhauer (1997, S. 11) bringen den szenentypischen Strukturkonflikt auf den Punkt: „Integration und Distinktion müssen (...) als zwei 'zugleich' gegeneinander- und ineinanderlaufende, als sozusagen dialektisch-prozessierende Bewegungen gedacht werden. Vereinfacht ausgedrückt: in dem Maße, wie im Techno-Diskurs eine Bewegung hin zu 'unity' erkennbar wird, steigt in der Szene nachweisbar die Neigung, 'difference' zu markieren - und umgekehrt: dort wo Unterschiede betont werden, wird sogleich wieder auf Gemeinsamkeit hingewiesen."

Zur Entschärfung und Entdramatisierung des Spannungsverhälnisses zwischen Einheit und Differenz, zwischen Integration und Distinktion bedient sich die Kreativabteilung der Techno-Szene einer differenzierten Symbol- und Inszenierungspolitik. Deren Strategien reichen von Formen der Entparadoxierung (*we are a different unity*) bis zu aufwendig arrangierten Mega-Partys, den sogenannten *tribal gatherings*, auf denen alle Techno-Fraktionen in emphatischer Weise auf Zusammengehörigkeit eingeschworen werden sollen. Dies geschieht allerdings nicht durch Nivellierung und Angleichung, sondern durch die Betonung des Besonderen und Individuellen - auch oder gerade im Hinblick auf den präferierten Musikstil. So heißt es bspw. auf einem Flyer, der zu einer entsprechenden Veranstaltung zur Zusammenführung der Techno-Familie im Mai 1997 nach London einlud: *At Tribal Gathering '97 each individual will embark on their own journey through a virtual parallel universe consisting of nine cutting edge musical environments.* Die neun *musical environments* standen für neun verschiedene Musikrichtungen, deren Anhänger unter einem Dach mit gemeinsamen chill-out-Raum, der die Bezeichnung *global village* trug, feiern sollten.

Nun sollte man allerdings in diesem Zusammenhang Begriffe wie *tribe*, *nation* oder *family* nicht in einem ethnologisch oder politologisch strengen Sinne interpretieren, sondern der Umdeutung durch die Szene Rechnung tragen. Wird diese Bedeutungsverschiebung nämlich nicht mitgedacht, kommt es zu problematischen Fehldeutungen. So weist Annette Weber (1997, S. 48) etwa auf die vielfach existentiell schwierige Situation von echten Stammeskulturen hin und stellt die Techno-Stämme als ignorante Touristen dar, die zum Raven in ferne Länder fliegen und sich dort an den folkloristischen Seiten der Armut erfreuen: „Wenn man die Rave-Reiseberichte aus Goa in Frontpage liest, so fühlt man sich an den befremdlich-erfreuten Ausruf 'very ethnical' amerikanischer TouristInnen beim Indigena-Markt in Süd-Mexiko erinnert. Die Schuhlosigkeit bei ziemlicher Kälte wird dort für ein folkloristisches Markenzeichen gehalten."

Solche Schlußfolgerungen werden der Raving-Society sicher nicht gerecht. Hier wird die Bastelmentalität der Techno-Szene unterschätzt, und es wird zudem verkannt, daß die Begriffe nicht bedeutungsgleich aus ihren ursprünglichen Kontexten herausgelöst werden, sondern daß vielmehr nur Teile der Bedeutung übernommen werden, andere Aspekte aber eine Neuinterpretation erfahren. Man sollte also ein Motto wie *we are one family* nicht im Sinne des klassischen, hierarchisch strukturierten Familienmodells denken, wenn es um die Techno-Szene geht, sondern in Abgrenzung zu und Akzentuierung von anderen gesellschaftlichen und jugendkulturellen Kollektiven und Formationen. Nur dann wird ihr Selbstverständnis und ihre Binnenstruktur sichtbar, die dem Idealtyp der posttraditionalen, reflexiven Vergemeinschaftung sehr nahe kommen. Für diese gilt: „Gemeinschaft bedeutet keine ständige Problematisierung der Signifikanten, sondern ist in geteilten Bedeutungen und selbstverständlichen lebensgeschichtlichen Praktiken verwurzelt (...) Diese Praktiken beinhalten eine unmittelbare Besetzung der Werkzeuge, auch der Zeichen, mit denen man arbeitet, und anderer Menschen, mit denen man diese Praktiken teilt, mit Affekten" (Lash 1996, S. 269).

Es ist an dieser Stelle noch darauf hinzuweisen, daß die Zeichen- und Stilsprache der Techno-Szene auch einen grundlegenden Wandel innerhalb der Genese von Jugendkulturen anzeigt. Die Verankerung von jugendlichen

Lebensformen in klassenspezifischen Stammkulturen wird abgelöst durch individualitäts- und marktbezogene Jugendkulturen. Eingebunden ist diese Entwicklung in einen gesamtgesellschaftlichen Transformationsprozeß, dessen zeitdiagnostische Schlüsselbegriffe - Individualisierung, Traditionserosion, Pluralisierung von Lebensstilen - einen grundlegenden Wandel der Moderne signalisieren. Angesprochen ist die sukzessive Loslösung (und Auflösung) von kollektiv-bindenden Normen und Bezügen. Kategorien wie Stand, Klasse, Geschlechtsrollen, Familie, Nachbarschaft, Religion verlieren in der Gegenwartsgesellschaft an Prägekraft. Das bedeutet: Ursprünglich gesellschaftlich vorgezeichnete Lebenspläne werden individuell verfügbar und geraten zunehmend in die Hoheit des Einzelnen.

Inwieweit die Jugendlichen bereits zu autonomen Konstrukteuren alltagsweltlicher Lebensbezüge und -ordnungen geworden sind, läßt sich auch an der Dynamik ablesen, mit der sich nach dem 2. Weltkrieg Anlässe, Orte und Themen jugendkultureller Geselung differenziert und pluralisiert haben. In bewußtem Kontrast zur Technologisierung, Rationalisierung und Bürokratisierung der öffentlichen Sphäre, in der primär die abstrakt kognitive Leistungsorientierung und zivilisierte Körper- und Affektkontrolle prämiert werden, konfigurierte sich in dieser Zeit eine beinah unüberschaubare Zahl von spezialisierten Jugendwelten. In Anlehnung an die Terminologie von Max Weber (1972, S. 21f.) könnte man auch von „affektuellen Gemeinschaften" sprechen, in denen archaische Werte und Gefühlseinstellungen und die unmittelbare Expression subjektiver Befindlichkeiten (wieder) vorherrschend sind. Medien spielen in diesem Prozeß der „Retribalisierung moderner Daseinsverhältnisse" (Maffesoli 1988, S. 93f.) eine entscheidende Rolle. Sowohl in ihren alten (Musik, Film) als auch in den neuen Ausprägungsformen (Computer, Multimedia) tragen sie mit zur Herausbildung spezifischer jugendkultureller Lebens- und Erlebensformen bei. Die Techno-Freaks repräsentieren in dieser Entwicklung den Prototyp und Mainstream einer (post)modernen Jugendszene.

b) Comics, Science-fiction und Fantasy - zwischen imaginierten und inszenierten Kunstwelten

„Comics sind heute kein Gegenstand mehr, über den man diskutieren müßte. Oder genauer: den es zu verteidigen gebe. Dieses Medium, dessen erste Vorboten Ende der 40er, Anfang der 50er Jahre in Deutschland noch als eine kulturelle Gefahr ersten Ranges ge- und behandelt wurden, hat in den vergangenen vier Jahrzehnten, und vor allem in den letzten zehn Jahren, eine atemberaubende Entwicklung durchgemacht. Heute heißt es nicht mehr: Comics - ja oder nein?, sondern nur noch: welche Comics" (Kagelmann 1991, S. 393). In der Tat, Comic-Strips sind zu einem festen Bestandteil der zeitgenössischen Populärkultur geworden und erfreuen sich nicht nicht nur bei Kindern und Jugendlichen, sondern auch bei vielen Erwachsenen einer großen Beliebtheit. Diese Entwicklung könnte damit zusammenhängen, daß die heutige Erwachsenengeneration bereits nachhaltig durch Comics sozialisiert wurde und ihr der Umgang mit diesem Medium seit der Kindheit eine vertraute Erfahrung ist. Für die Techno-Fans, die größtenteils zwischen 15 und 25 Jahre alt sind, dürften somit Comics und Zeichentrickfilme als prägende Elemente ihrer medialen Kindheitskultur eine ähnliche Funktion gehabt haben, wie für ihre Eltern und Großeltern die Abenteuergeschichten Karl Mays oder vielleicht die Bildergeschichten Wilhelm Buschs. Die Comic-Helden sind für sie gute alte Freunde aus der Kindheit - und teilweise auch aus der Gegenwart. Für die Bastler und Sampler von Flyern sind sie deshalb ein willkommener Fundus, um die Aufmerksamkeit auf ihr Produkt zu lenken, denn wer schaut nicht hin, wenn er seinem alten Freund Donald oder Superman (wieder) begegnet?

Neben der Erzeugung von Aufmerksamkeit spielt aber auch die Herstellung von Gemeinsamkeit eine wichtige Rolle bei der Verwendung von bekannten Comic-Figuren. Denn wenn die Veranstalter der Party und die Teilnehmer auf die gleichen Comic-Strips abfahren, dann können auch die Techno-Trips nicht schlecht sein, so jedenfalls die unschwer zu dekodierende Werbebotschaft der Flyer-Graphiker, die bei der Ansprache ihres Zielpublikums auf den schier unerschöpflichen Zeichenkosmos des Comic-Genres zurückgreifen. So lassen sich in den uns vorliegenden

Techno-Flyern alle Sparten des Comic-Mediums nachweisen, wobei das Spektrum von den Zeichentrickfiguren Walt Disneys bis zum legendären Hulk, einer Figur aus den bekannten Marvel-Comics, von der Märchenfigur Aladin bis zu Motiven aus japanischen Manga-Comics reicht. Die Vorliebe für Bugs Bunny oder den Kater Sylvester stiften somit über Gemeinsamkeiten in der Vergangenheit Gemeinsamkeiten in der Gegenwart, jedenfalls werden entsprechende Erwartungen durch Flyer mit Comic-Motiven und -Figuren geweckt. Typisch für die Techno-Szene ist auch, daß man sich durch das Zitieren dieser gemeinsamen Erinnerungen und literarischen Präferenzen zu einer kindlichen Freude am Spiel und an den bunten Geschichten bekennt, die immer fern waren von Lern- und Leistungsdruck und den Erziehungsbemühungen der Erwachsenen. Daß mit Comics aber nicht nur die Vergegenwärtigung medialer Kindheitserlebnisse einhergeht, sondern daß in ihnen immer noch ein beachtliches Provokationspotential steckt, zeigt die Tatsache, daß es eine ganze Reihe von Comics gibt, die indiziert sind (vgl. Schnurrer et al. 1996).

Nicht außer acht lassen sollte man auch, daß bei der Verwendung von Comic-Elementen in Techno-Flyern diese nicht lediglich mimetisch zitiert werden, sondern durch graphische Veränderungen oder durch neue Texte eine kunstvolle Umgestaltung erfahren. Diese Lust am Spiel mit bekannten Comic-Darstellungen korrespondiert mit dem Selbstverständnis eines großen Teils der Techno-Szene als Spaß- und Ästhetikkultur. Besonders deutlich wird dies, wenn zudem noch Vorurteile über die Szene oder bestimmte Eigenheiten und Auffassungen in ironisierender Absicht sprachlich oder graphisch umgesetzt werden, wie im Falle eines Flyers von 1995, auf dessen Vorderseite ein kleiner Micky Mouse-Strip zu sehen ist, in dem Micky, offensichtlich unter Einfluß von Drogen, wie die Bildsprache unschwer zu verstehen gibt, auf Minnie zugeht und sie zunächst an der Nase zieht. Kommentiert wird dies von Goofy mit den Worten: *Das muß ein Philm sein!* Auf dem nächsten Bild ist zu sehen, wie Micky Minnie mit den Worten *Wohl zu viel Kirmestechno gehört!* unsanft vom Stuhl befördert und Goofy ratlos daneben steht und nur *Oh GGOTTT!!!* ausrufen kann. Es wird hier der unter Techno-Freaks weit verbreitete Drogenkonsum als zum Szenenalltag gehörend thematisiert, und gleichzeitig grenzt dieser Club sich ab von kommerziellen Strömungen in der Techno-Musik, die gerade in dieser Zeit sehr populär waren und von Szene-Insidern als *Kirmestechno* abqualifiziert wurden.

Eine Unterkategorie des Comic-Genres bilden die Science-fiction-Comics. Daß symbolische und narrative Elemente aus dem Bereich Science-fiction in der Techno-Szene großen Anklang finden, hängt vor allem mit dem Konstruktcharakter dieser Gattung zusammen. Denn so wie in der Techno-Musik der natürliche Klang durch synthetisch erzeugte Klänge ersetzt wird, so ersetzt Science-fiction die natürliche Welt durch Technologie. Techno ist gleichsam der jüngere Bruder der Science-fiction, geboren aus der Idee, unsere natürlichen Bedingungen technisch umzugestalten in einen absoluten Kunst-Raum. Die Fiktionalität und Bastelmentalität, die in Comics zum Ausdruck gebracht wird, stehen in einer engen, homologen Beziehung zu anderen artifiziellen Bedeutungszeichen und Artefakten der Techno-Szene: der synthetischen Musik, der künstlichen Exotik des Outfits und dem futuristischen Ambiente der Rave-Locations. Es verwundert deshalb nicht, daß die Produzenten von Techno-Flyern gerne diese 'natürliche' Verwandtschaft besonders herausstellen, um auf diese Weise Elemente aus der Science-fiction-Welt für ihre Werbezwecke zu instrumentalisieren.

Aber nicht nur die Science-fiction ist für die Flyer-Hersteller ein beliebtes Zeichenreservoir, sondern auch das Fantasy-Genre. Besonders die härteren Spielarten des Techno, Gabber oder Hardcore, greifen in ihrer Flyer-Werbung auf unterschiedliche Elemente aus dem Fantasy-Bereich zurück. Während Science-fiction ein Genre ist, so Seeßlen (1990, S. 250), das einen „Mythos der Vernunft" errichtet, der einer technischen Rationalität verpflichtet ist, repräsentiert Fantasy eine Vorstellungswelt, „in der es kein bloßes Vorwärts in der Geschichte gibt, sondern zugleich ein Zurück in die barbarischen, magischen und vorzivilisatorischen Gepflogenheiten einer polymorphen, aber zeitlosen Märchen-Topographie" (ebd., S. 252). Das Wilde, Willkürliche und Amorphe in Fantasy-Darstellungen bildet die Anknüpfungspunkte und signalisiert die Affinität der Gabber- und Hardcore-Szene zu diesem Genre. Die ekstatischen Erregungszustände der Raver, hervorgerufen durch einen extrem harten Sound und atemlos jagende

Beats bestimmter Techno-Rhythmen, finden ihre Entsprechung in den teilweise extremen Symbolen der Fantasy-Inszenierungen.

Ein weiterer Aspekt dürfte in diesem Zusammenhang eine nicht unwichtige Rolle spielen. In Science-fiction-Darstellungen wird die Natur, wie bereits erwähnt, weitgehend durch Technologie transformiert, das bedeutet, in dieser Welt kommen gerade körperliche und sexuelle Äußerungen nur in äußerst kontrollierter und domestizierter Form vor. Demgegenüber ist die Fantasy „ein Genre der Körper, des Blutes, der Magie, der Sinne" (ebd., S. 254), eine Art von affektgeladener und körperbestimmter Gegenwelt, die einerseits Ähnlichkeiten mit Rausch- und Expressivitätserfahrungen aufweist, die Techno-Fans während eines Rave-Events machen, andererseits aber ihrem idealisierten und heroisierten Körperbild sehr nahe kommt. Darüber hinaus ist eine Analogie in Form eines beinahe exhibitionistisch zu nennenden Präsentationsgestus gegeben. Denn das Zeigen des eigenen, gutaussehenden und gestylten Körpers ist den Ravern gleichsam ein existentielles Bedürfnis - wir werden im folgenden Kapitel noch näher darauf eingehen -, was in gleicher Weise die Prota-gonisten des Fantasy-Genres auszeichnet: „um jeden Preis gesehen zu werden, ja dieses Gesehen-werden scheint ein geheimes Ziel aller Heldinnen und Helden" (ebd.). Fantasy-Flyer, die für Extrem-Techno werben, suggerieren somit eine Metamorphose: die Loslösung von einer rationalitätsüberwucherten Alltagswelt und das Eintauchen in eine archaische Ursprungssphäre. Nicht nur *Red Bull verleiht Flügel* (Techno-Werbeslogan), so der Werbetenor dieser Flyer, sondern auch die ekstatische Erregung bei einem Gabber- oder Hardcore-Event.

c) Erotik, body talk und Körperexzentrik

Der naheliegendste Grund der exzessiven Verwendung von erotischen Darstellungen auf Techno-Flyern liegt in ihrem Blickfang. Hier adaptieren die Techno-Werber das, was andere Werbetreibende sich schon seit langer Zeit zunutze machen: Etwas nackte Haut als Aufmerksamkeitsgenerator erzeugt im Meer visueller Reize mehr Beachtung als einfache, nüchterne Darstellungen des beworbenen Produktes. Da man den Eindruck haben kann, daß mittlerweile für fast jedes Produkt mit nackter Haut geworben

wird, muß sich ein Gestalter von Flyern allerdings schon etwas Besonderes, Ausgefallenes oder Extremes aus dem erotischen Bereich aussuchen, um seine Werbung aus der Masse der Flyer, die tagtäglich neu produziert und verteilt werden, noch herauszuheben.[7]
Neben der Aufmerksamkeitssteigerung lassen sich vor allem aus der Theatralisierung und Thematisierung sexuell-erotischer Sujets weitere Aspekte und Gründe eruieren, warum Techno-Werber bei der Publikumsansprache immer wieder auf Erotik-Flyer setzen. Von ganz grundlegender Bedeutung scheint in diesem Zusammenhang der freizügige und unverkrampfte Umgang mit sexuellen Themen aller Art innerhalb der Techno-Szene zu sein, wobei die positive Sicht und das intensive Erleben des eigenen Körpers und der eigenen Sexualität, aber auch der anderen Körper und deren Erotik, markante Aspekte ihres Lebensgefühls bilden. „Was da vor sich geht, das ist (...) vor allem ein Wechselspiel zwischen Sehen und Gesehenwerden, zwischen Die-anderen-Genießen und Sich-zum-Genuß-der-anderen-machen. Dieses Spiel intensiviert alles Erleben, sozusagen 'auf allen Kanälen' bzw. 'mit allen Fasern des Körpers'. Was immer diesen Lebensstil sonst noch kennzeichnet, ein auffälliges Element dabei ist u.E. ein neues Körperverständnis bzw. ein verändertes Verhältnis zum Körper" (Hitzler/Pfadenhauer 1997, S. 10). Die Lust am Körper und das Vergnügen an der Erotik spiegeln sich auch in der Gestaltung der Flyer

---

[7] Die im weitesten Sinne erotischen Darstellungen, die wir bei unseren hermeneutischen Flyer-Analysen herausdestilliert haben, lassen sich wie folgt kategorisieren:
- Darstellungen von größtenteils nackten Körpern oder Körperteilen, die im Stil von Pin-ups oder billigen Softpornofilmen der 70er Jahre gehalten sind oder von diesen gesamplet wurden;
- Darstellungen von S/M-Praktiken und -Ritualen oder Personen in einem S/M-Outfit;
- Darstellungen von nackten Frauen oder Teilen ihrer Körper, die in einem bewußt kitschigen Stil gehalten sind;
- Darstellungen aus erotischen Comics (vor allem im japanischen Manga-Stil) oder comicartigen Zeichnungen;
- Darstellungen von erotischen Artefakten (Gummipuppen, Dildos, erotisch gestylte Barbiepuppen etc.);
- Darstellungen von tanzenden Personen und Personengruppen (oftmals Drag-Queens und Schwule) mit einem ausgefallenen, erotischen Outfit.

wider. Dies hat zur Folge, daß es so gut wie keine Tabus bei der Abbildung des erotischen Körpers gibt. Dabei werden zum einen - im Gegensatz zur sonstigen Werbung - fast ebenso oft nackte oder spärlich bekleidete Männer wie Frauen gezeigt, zum anderen sind auf den Flyern häufig Phallus-Symbole zu sehen. Auch die Namen der Parties verdeutlichen den männlichen Einfluß, so z.B. die *Cock & Cappuccino-Party* in London ('cock' ist der derbe englische Slang-Ausdruck für Penis).

Des weiteren greifen die Flyer-Produzenten häufig auf Pin-up-Motive zurück oder machen Anleihen bei billigen Softpornofilmen. Es werden hier meist halbnackte Frauen gezeigt, die sich in den genreüblichen, heute unfreiwillig komisch erscheinenden Posen darstellen und nicht selten mit Utensilien dekoriert sind, die vom umgehängten Maschinengewehr bis zum Bügeleisen reichen. Was vor zwanzig Jahren als gewagte erotische Abbildung galt, wird heute in und von der Techno-Szene gnadenlos persifliert, in dem die Darstellung völlig überzeichnet und überdreht wird. Diese Inszenierungsform kommt dem sehr nahe, was Erving Goffman (1981, S. 17f.) als Hyperritualisierung bezeichnet hat: „Sobald eine Darstellung zum festen Bestandteil einer bestimmten Handlungsfolge geworden ist, kann ein Teil dieser Folge aus seinem ursprünglichen Kontext herausgelöst, gleichsam in Klammern gesetzt und 'zitiert' werden, als ein gestisches Mittel der Mimikry, der Parodie, Ironie, Hänselei oder anderer scherzhafter Absichten, wozu auch - sehr gebräuchlich - die Abbildung gestellter Szenen in der Reklame gehört. Dabei rückt die Stilisierung in den Mittelpunkt der Aufmerksamkeit, und der Akteur kommentiert seine Handlung gerade durch die Art, in der er sie nicht ernsthaft ausführt. Das Ritual wird selbst ritualisiert, es gerät zur Transformation von etwas bereits Transformiertem, zur 'Hyper-Ritualisierung'."

Ein anderer Typus von erotischen Darstellungen orientiert sich an der S/M-Szene. Lack und Leder gehören mittlerweile zum Standard-Outfit auf Techno-Partys und entsprechend häufig finden sich auch auf Flyern Elemente der S/M-Erotik. Möglicherweise hat zu Beginn der Techno-Bewegung die Affinität der Homosexuellen zur S/M-Kultur die Adaption bestimmter Elemente herbeigeführt, heute jedenfalls ist die S/M-Ästhetik ein integraler Bestandteil der Techno-Szene. Daran vermochte auch deren fortschreitende Vermarktung und Veralltäglichung nichts zu ändern. Denn seit Anfang der 90er Jahre wurde die S/M-Sexualität aus ihren verborgenen, geheimen Orten ans Licht der Öffentlichkeit gehoben. Seitdem kann man bekennende S/Mler in nahezu allen Talkshows und Lifestyle-Magazinen finden, so daß Ronald Hitzler (1994, S. 203) zuzustimmen ist: „S/M ist heute 'in'!" Und man sollte ergänzen: auch oder gerade in der Techno-Szene. In den kunstvoll hergestellten S/M-Szenarien ist das dominierende Stilprinzip der Techno-Szene, die ästhetische Bricolage, gleichsam auf die Spitze getrieben. Die S/M-Kultur ist somit Vorbild und Ressource, aus der die Kunst-Welt Techno sich stil- und lustvoll bedient.

5. Die Techno-Szene als Inszenierungsfeld

Zusammenfassend kann gesagt werden: Die sprach- und bildhermeneutischen Untersuchungen der Flyer können als prototypisches Beispiel für die kulturellen und ästhetischen Praktiken der Techno-Fans[8] angesehen werden. Sie greifen mit Vorliebe die Ikonen der Alltagskultur, die sich in Medien, Mode und Werbung finden, auf und setzen sich experimentell und innovativ damit auseinander. De- und rekontextualisierende Collagierungen werden dabei zum stilistischen Szenen-Signum. In der eigenwillig selektierenden und montierenden Aneignung von vorhandenen alltagskulturellen Materialien und der damit verbundenen Umdeutung und Umwandlung der Objekte liegt die eigentliche kreative Handlung. Auch - oder gerade - für die Techno-Fans gilt damit John Clarks (1979, S. 138) Feststellung zur jugendkulturellen Stilbildung: „Es kommt nicht zur Schaffung von Objekten und Bedeutungen aus dem Nichts, sondern vielmehr zu einer

---

[8] Die hier angesprochenen Techno-Anhänger repräsentieren den Kern der Szene, d.h. sie sind am tiefsten in ihr verwurzelt und haben die Produktion und Reproduktion ihrer Stilsprache perfektioniert. Wie in allen Jugendkulturen gibt es aber auch in der Techno-Sozialwelt intraszenische Differenzierungen und gestufte Formen des Wissens und Involvements, das vom Novizen über den Touristen und ‚Buff' bis zum Freak reicht. Zu den differentiellen medien- und jugendkulturellen Aneignungsmustern vgl. Vogelgesang (1997) und Winter (1995).

Transformation und Umgruppierung des Gegebenen in ein Muster, das eine neue Bedeutung vermittelt." Darin haben es die Techno-Fans und Szenenprotagonisten zu einer wahren Meisterleistung gebracht. Ihre stilistische Bastel-Mentalität umfaßt den gesamten kulturellen Raum. Westbam (1997, S. 76), mit bürgerlichem Namen Maximilian Lenz, der zu den DJ-Heroen der Szene gehört, hat in Anlehnung an Arthur Schopenhauer das allumfassende Stil-Mix der Szene in einer treffend-einprägsamen Metapher zum Ausdruck gebracht: Techno ist ein „tausendtoriges Theben." Während auf sozio-kultureller Ebene damit eine sichtbare Abgrenzungs- und Absetzbewegung einhergeht, symbolisiert ihr Bricolage-Stil in der expressiven Dimension eine Ästhetisierung und Verwandlung des Alltags und der eigenen Person. Für Ralf Vollbrecht (1997, S. 11) ist „die Ästhetisierung in den Jugendszenen (...) eine kulturell produktive Antwort auf die Frage nach der Ich-Deutung in einer durch die Erosion von Traditionalismen gekennzeichneten Welt. Es entsteht eine 'jugendkulturelle Identität', die das Bestimmungsmoment der Kontinuität hinten anstellt zugunsten der Kontingenz-, Relativierungs- und Beziehungsleistung. Identität wird nicht mehr nur als starr und festgelegt erfahren, sie läßt sich ausprobieren und suchen."

Vielleicht kann der stilistische Habitus der Techno-Fans gleichsam exemplarisch dafür angesehen werden, daß Jugendliche im Mahlstrom der Moderne keineswegs untergehen müssen, nicht zwangsläufig zu Überwältigten von übermächtigen, medienbestimmten Daseinsverhältnissen werden, in denen, wie Jürgen Mittelstraß (1996, S. 537) befürchtet, „an die Stelle der Weltbilder (...) die Bilderwelten getreten (sind)." Vielmehr wird die Szene zum sozialen und kulturellen Ankerplatz, wo Jugendliche frei vom Anforderungscharakter ihrer sonstigen Rollenverpflichtungen Selbstdarstellungsstrategien erproben und einüben, sich gleichsam im Gruppenspiel und Gruppenspiegel ihrer personalen wie sozialen Identität vergewissern können. Die jugendlichen Techno-Jünger kommen damit dem „ludischen Handlungs- und Identitätstyp" sehr hahe, den Florian Rötzer (1995, S. 171f.) als charakteristisch für die Postmoderne charakterisiert hat. Auch wenn Zweifel angebracht sind, ob auf die Erlebnis- die Spielgesellschaft folgt, dürfte die Feststellung nicht in Frage stehen, daß die

Grenzen zwischen Spiel und Arbeit, zwischen Fest und Alltag, zwischen Ausnahme und Regel, zwischen Hochkultur und Populärkultur in Auflösung begriffen sind. Identitätssuche und -findung wird angesichts dieses offenen sozio-kulturellen Horizonts zur selbst zu gestaltenden Aufgabe, zum individuellen Projekt. Vielleicht kann die spielerische und modische Selbstverwandlung der Techno-Fans bereits als Inkarnation jenes Typs von Identitäts-Arbeiter angesehen werden, für den das stilvolle Inszenierungs- und Rollenspiel zum primären Identitätsgenerator geworden ist, zum Spiel mit Identitäten und Selbstentwürfen.[9]

Die Techno-Fans, so gilt es abschließend festzustellen, arrangieren sich mit den Herausforderungen der Medien-, Konsum- und Erlebnisgesellschaft, aber nicht passiv und erleidend, sondern produktiv und gestaltend. Ihre Stilexklusivität und -metamorphose - mit Pierre Bourdieu (1983, S. 186f.) könnte man hier auch von einer szenentypischen Form von inkorporiertem kulturellen Kapital sprechen - macht sie zu einer Art stilistischer Avantgarde in der multioptionalen kulturellen Arena der Gegenwart. Ihr souveräner Gebrauch des szeneneigenen Symbol- und Zeichensystems ermöglicht zudem eine verläßliche Selbstvergewisserung und tritt in den Dienst der Funktion, Sinn zu verbürgen und Zugehörigkeiten zu vermitteln. In einer Gesellschaft, die durch eine Erosion der tradierten Lebens- und Identitätsformen gekennzeichnet ist, und in der die Individuen sich zunehmend selbst definieren müssen, erschließen - gerade Jugendszenen - neue Ressourcen der Selbstidentifikation und demonstrieren neue Formen der Selbstvergewisserung. Für sie gilt mehr denn je Hans-Georg Soeffners (1983, S. 39) Diktum: „Dasein wird zum individuellen Design."

6. Literatur

Androutsopoulos, Jannis: Jugendsprache und Textsorten der Jugendkultur. Heidelberg 1997 (Habil.-Schrift).
Anz, Philipp; Walder, Patrick (Hrsg.): Techno. Zürich 1995.

---

[9] Zum Wandel des individuellen Selbstbeschreibungsvokabulars in der (post-)modernen Gesellschaft vgl. Hahn 1995; Rittner 1996; Willems 1995.

Blanchot, Maurice: Die wesentliche Einsamkeit. Berlin 1959.
Bolz, Norbert; Bosshart, David: Kult-Marketing. Düsseldorf 1995.
Booth-Clibborn Editions: Highflyers - Clubravepartyart. London 1996.
Bourdieu, Pierre: Die feinen Unterschiede. Frankfurt a.M. 1983.
Burger, Jörg: Der Krieg der Zettel. In: Zeit-Magazin (1997), Nr. 8, S. 23-29.
Clarke, John: Stil. In: Honneth, Axel; Lindner, Rolf; Paris, Rainer (Hrsg.): Jugendkultur als Widerstand. Frankfurt a.M. 1979, S. 133-157.
Eckert, Roland; Winter, Rainer: Kommunikationsmedien und die Herausbildung von Spezialkulturen. Trier 1988 (Forschungsbericht).
Goffman, Erving: Geschlecht und Werbung. Frankfurt a.M. 1981.
Hahn, Alois: Identität und Biographie. In: Wohlrab-Sahr, Monika (Hrsg.): Biographie und Religion. Frankfurt a.M., New York 1995, S. 127-152.
Hitzler, Ronald: Rituale der Ungleichheit: S/M-Erotik in Lebenswelt und Medienalltag. In: Mörth, Ingo; Fröhlich, Gerhard (Hrsg.): Das symbolische Kapital der Lebensstile. Frankfurt a.M., New York 1994, S. 193-206.
Hitzler, Ronald; Pfadenhauer, Michaela: Die Techno-Szene: Prototyp posttraditionaler Vergemeinschaftung? In: Artmaier, Hermann; Hitzler, Ronald; Huber, Franz; Pfadenhauer, Michaela (Hrsg.): Techno zwischen Lokalkolorit und Universalstruktur. München 1997, S. 7-15.
Kagelmann, H. Jürgen: Comics und Sozialpädagogik. In: Jugendwohl (1991), Nr. 8-9, S. 393-405.
Lash, Scott: Reflexivität und ihre Doppelungen: Struktur, Ästhetik und Gemeinschaft. In: Beck, Ulrich; Giddens, Anthony; Lash, Scott: Reflexive Modernisierung. Eine Kontroverse. Frankfurt a.M. 1996, S. 195-296.
Lau, Thomas: Rave New World. Ethnographische Notizen zur Kultur der 'Technos'. In: Knoblauch, Hubert (Hrsg.): Kommunikative Lebenswelten. Konstanz 1996, S. 245-259.
Lurie, Anne: The language of clothes. New York 1983.
Maffesoli, Michel: Le temps des tribus. Paris 1988.
Matthiesen, Ulf: Outfit und Ichfinish. In: Soeffner, Hans-Georg (Hrsg.): Kultur im Alltag. Göttingen 1988, S. 413-448.
Mittelstraß, Jürgen: Kommt eine neue Kultur? Auf der Suche nach Wirklichkeit im Medienzeitalter. In: Universitas (1996), Nr. 6, S. 532-539.
Müller, Renate: Hits und Clips. Erklärungsmodelle zur Jugendkultur. In: Musik & Bildung (1993), Nr. 1, S. 61-65.

Müller, Stefan: Techno lebt! In: Frankfurter Rundschau v. 15.2.1997, S. 35.

Müller-Doohm, Stefan: Visuelles Verstehen - Konzepte kultursoziologischer Bildhermeneutik. In:. Jung, Thomas; Müller-Doohm, Stefan (Hrsg.): 'Wirklichkeit' im Deutungsprozeß. Frankfurt a.M. 1993, S. 439-457.

v. Polenz, Peter: Deutsche Satzsemantik. Berlin 1988 (2. Aufl.).

Reichertz, Jo: Selbstgefälliges zum Anziehen. In: Schröer, Norbert (Hrsg.): Interpretative Sozialforschung. Opladen 1994, S. 253-280.

Richard, Birgit: Todesbilder. Kunst, Subkulturen, Medien. München 1995.

Rittner, Volker: Körper und Identität. In: Päd-Forum (1996), Nr. 5, S. 435-441.

Rötzer, Florian: Konturen der ludischen Gesellschaft im Computerzeitalter. In: Ders. (Hrsg.): Schöne neue Welten? Auf dem Weg zu einer neuen Spielkultur. München 1995, S. 171-216.

Schlobinski, Peter; Kohl, Gaby; Ludewigt, Irmgard: Jugendsprache. Fiktion und Wirklichkeit. Opladen 1993.

Schmitt, Uwe: Te, DJ, laudamus. In: Frankfurter Allgemeine Zeitung v. 14.7.1997, S. 25.

Schnurrer, Achim; Spiegel, Josef; Seim, Roland; Hiebing, Dieter: Comic - Zensiert. Sonneberg 1996.

Seeßlen, Georg: The Good, The Bad and the Ugly. Sex, Crime und Semiotik in der Jugendkultur oder dem, was die Medien von ihr übriglassen. In: Herrath, Frank; Siebert, Uwe (Hrsg.): Jugendsexualität. Wuppertal 1990, S. 231-278.

Soeffner, Hans-Georg: 'Typus und Individualität' oder 'Typen der Individualität'? In: Wenzel, Heinrich (Hrsg.): Typus und Individualität im Mittelalter. München 1983, S. 11-44.

Sonesson, Göran: Die Semiotik des Bildes. Zum Forschungsstand am Anfang der 90er Jahre. In: Zeitschrift für Semiotik (1993), Nr. 1-2, S. 127-160.

Vogelgesang, Waldemar: Jugendliches Medienhandeln: Szenen, Stile, Kompetenzen. In: Aus Politik und Zeitgeschichte Nr. 19-20, S. 13-27.

Vollbrecht, Ralf: Jugendkulturelle Selbstinszenierungen. In: Medien und Erziehung (1997), Nr. 1, S. 7-14.

Weber, Annette: Miniaturstaat Rave-Nation. Konservatismus im Kontext der Techno-Community. In: Holert, Tom; Terkessidis, Mark (Hrsg.): Mainstream der Minderheiten. Berlin 1996, S. 41-54.

Weber, Max: Wirtschaft und Gesellschaft. Tübingen 1972 (zuerst 1922).

Wenzel, Ulrich: Bereichsrezension: Medienkommunikation. In: Soziologische Revue (1997), Nr. 1, S. 101-108.

Westbam (zus. mit Rainald Goetz) : Mix, Cuts & Scratches. Berlin 1997.
Widdicombe, Sue; Wooffitt, Robin: The language of youth culture. London 1995.
Willems, Herbert: Rahmen und Habitus. Trier 1995 (Habil.-Schrift).
Wils, Jean-Pierre: Medien-Welten. Verunsicherung oder Verdichtung der Sinne? Mainz 1997 (unveröff. Manuskript).
Winter, Rainer: Der produktive Zuschauer. Medienaneignung als kultureller und ästhetischer Prozeß. München 1995.

Sprachliche Symbolisierungen des Alters in der Werbung

Caja Thimm

„Zum Konsumieren nie zu alt" - so lautete die Überschrift einer AP-Meldung im April 1997, in der eine Studie des Heinrich-Bauer-Verlages vorgestellt wurde. In dieser Überschrift verdeutlicht sich eine Sichtweise auf die ältere Generation als aktive Partizipienten der Konsumgesellschaft, die - zumindest in der BRD - selten so explizit formuliert wird.

Dabei ist die Veränderung der Bevölkerungsstruktur ein höchst aktuelles Thema: Waren vor 40 Jahren weniger als 10% der Bevölkerung in der ehemaligen BRD über 65 Jahre alt, so sind es heute 15%. Anders aber als in den USA, wo die Zielgruppe der älteren Kunden und Kundinnen seit einiger Zeit diskutiert wird (Balasz 1995) und wo sogar von einer wahl-entscheidenden Rolle der älteren Generation in Form des „elderly voting block" ausgegangen wird (Kaid/Garner 1995), scheinen sich die Älteren in Deutschland jedoch dieser Macht noch nicht bewußt zu sein (Tews 1991).

Auch die Werbung hat „die Alten" noch nicht entdeckt. Zwar spricht man in der Branche bereits seit einiger Zeit von „The Graying World - Ein Markt im Kommen" oder „Der junge Markt der alten Menschen" (FAZ), oder „Neues Werben für alte Kunden" (Die Woche), oder „Die jungen Alten - mobiler, vitaler, reicher" (Die Welt), aber bisher ist die Werbepraxis dieser Erkenntnis nur zögerlich gefolgt (Kayser 1996). Vielmehr orientiert sie sich nach wie vor an ewig jugendlichen Leitbildern. In Kopf und Bauch gebe es eine „Schranke 49", behauptet beispielsweise der Bauer Verlag in der erwähnten Meldung. Diese Schranke will der Verlag mit einer speziellen Zeitschrift, dem „Best age report" beseitigen. Dafür wird ein Typus des älteren Menschen entworfen, der sich als mobil und zukunftsgerichtet beschreiben läßt: Die Kinder aus dem Haus und die Kredite abbezahlt, wenden sich die „Best Agers" nun dem anspruchsvollen Konsum zu, so die Vorstellungen aus dem Hause Heinrich Bauer. Im *„Infoletter : Aktuelle Informationen zur Power-Generation 50plus"* (2/1996) des Verlages werden bereits konkrete Tips zur Informationsvermittlung im „Seniorenmarketing" gegeben. Unter anderem wird empfohlen, hohe Komplexität zu vermeiden, nicht zu viele Informationen auf einmal darzubieten, die wichtigsten Informationen ausreichend oft zu wiederholen und dem älteren Kunden ausreichend Zeit zu lassen, sich mit dem Thema zu beschäftigen. Ob diese Form der „altersorientierten" Kommunikation jedoch wirklich erfolgreich ist, wie ältere Menschen kommunizieren und welche sprachlich-kommunikativen Präferenzen, Bedürfnisse oder Probleme sie haben, darüber wissen wir wenig (Thimm 1996a, b).

Fraglos stellt das Alter und „die Alten" für die Konsumwerbung eine Herausforderung dar. Anders als „die Jugend" ist Alter nämlich zumeist mit defizitären Zuschreibungen gekoppelt und daher für Werbezwecke ungleich schwieriger erschließbar. Ziel dieses Beitrages ist es, einige Gründe für die Schwierigkeiten mit den Älteren zu beleuchten und anhand ausgewählter deutscher, italienischer und amerikanischer Beispiele aus den Printmedien zu zeigen, welche aktuellen Tendenzen in altersrelevanter Werbung nachzuweisen sind. Es wird zu zeigen sein, daß im Hinblick auf die ästhetische Visualisierung des Altseins eine positive Entwicklung zu verzeichnen ist, daß aber die Frage nach der adäquaten *sprachlichen* Symbolisierung und Ansprache in der Werbung der Faktor ist, der zumindest heute (noch) die ältere Generation zu einem schwierigen Thema für die Werbewirtschaft macht.

1. Altersbilder im Umbruch

Interessiert man sich aus der Sicht der Werbung für eine bestimmte Zielgruppe, so muß diese mit Attributen versehen werden, die sie als positiv identifizierbar heraushebt. Während dies für die Kategorie Jugend und Jugendlichkeit unfraglich gilt, da „Jugend" auch kulturhistorisch gesehen als positives Gut galt, ist es mit dem Altsein ungleich schwieriger. Daß Jugendlichkeit der hauptsächliche Topos der Werbung ist, daß die Jungen den Alten sagen, was „in" ist, all dies bedarf keiner weiteren Ausführung. Genau wie für die jugendbezogene Werbung die Symbole der Jugendlichkeit in der jeweiligen Kulturgemeinschaft ausschlaggebend für ihre werbewirksame Kodierung sind, so ist für alle Formen der altenbezogenen Werbung das aktuell vorherrschende Altersbild in der Gesellschaft von höchster Relevanz.

Betrachtet man die historische Entwicklung von Einstellungen zum Alter, so zeigt sich, daß die negative Haltung gegenüber dem Alter und alten Menschen keineswegs eine Erfindung dieses Jahrhunderts ist, wie manchmal irrtümlich angenommen wird. Bemerkenswert ist vielmehr, daß sich schon früh eine doppelte Sicht des älteren Menschen zeigte (Ehmer 1990): einerseits als negativ im Hinblick auf „Altersmakel", andererseits positiv bzgl. eines „Überlebens". Alter wurde als eine Krankheit betrachtet und die Menschen, „die von ihr befallen sind als unnütz" (Borscheid 1989, S. 123). Daneben existierte jedoch immer die positive Wertschätzung älterer Individuen, die durch Lebenserfahrung, spezielle Kenntnisse oder Fertigkeiten und durch politisches Wirken gesellschaftliche Würdigung erfuhren.

Die Vorstellung vom Abbau der Kompetenz im Alter führte zum sogenannten Defizitmodell des Alterns (Lehr/Thomae 1991). Dieses auch heute noch vorherrschende Modell umfaßt die Wechselwirkung zwischen Einstellungen gegenüber älteren Menschen, dem sogenannten Fremdbild, und der Selbstwahrnehmung der eigenen Person, d.h. dem Selbstbild älterer Menschen. Während das „generalisierte Altersbild" negativ und undifferenziert erscheint (hier dominieren Beschreibungen wie Passivität, Unselbständigkeit, Abbau, Gebrechlichkeit), sind die Vorstellungen des selbstbezogenen Altersbildes mit positiven Eigenschaften verbunden („Ruhe", „Zeit haben", „Kontakte pflegen"). Untersuchungen zum Verhältnis zwischen Fremd- und Selbstbildern des Alters haben übereinstimmend ergeben, daß die negativen Konnotationen mit „alt" auf die eigene Person kaum Anwendung finden: „Alt sind immer nur die Anderen". In diesem Satz verdichten sich die Ergebnisse vieler diesbezüglicher Arbeiten. Wir können also davon ausgehen, daß es gerade die *Abweichungen* vom negativen Altersbild sind, die heute die Identifikation mit dem eigenen Alter erleichtern. Es ist die individuelle Sicht auf das eigene (positive) Alter, die dem gesellschaftlichen Defizitmodell entgegengesetzt wird. Bedenkt man, daß unter „den Alten" heute Angehörige mehrerer Generationen sind (so sind 70jährige, die ihre Eltern pflegen, keineswegs außergewöhnlich), ist eine individuell differenzierende Sichtweise auf das Alter auch aus wissenschaftlicher Perspektive notwendig. Prahl und Schroeter (1996, S. 126) betonen, daß es „*die Alten* ebensowenig gibt wie *das* Alter. Die Lebenslagen und Lebensstile der Alten sind ebenso verschieden wie die von Menschen anderer Altersklassen. Und auch die Alten sind nicht nur Objekte, sondern Subjekte gesellschaftlicher Veränderungen. Auch das Leben im Alter ist durch Individualisierung und Pluralisierung der Lebensstile gezeichnet." Dies bedeutet, daß ein direkter Schluß vom chronologischen Lebensalter auf physiologische und/oder psychische Veränderungen nicht den tatsächlich stark variierenden Entwicklungsverläufen im höheren Lebensalter entspricht.

Noch jedoch zeichnen sich die westlichen Industrienationen eher durch defizitär-generalisierende als durch individuell-differenzierende Altersbilder aus (Lehr/Niederfranke 1991). Die negative Haltung gegenüber dem Alter und alten Menschen erfuhr Ende der 60er Jahre in den USA eine begriffliche Prägung, die heute auch in der deutschsprachigen Forschung Verwendung findet. In Analogie zu „sexism" und „racism" prägte Robert Butler in einem einflußreichen Aufsatz den Ausdruck „*ageism*" (Butler 1969). Damit erfaßte er begrifflich die negative Wahrnehmung des Alters und die damit zusammenhängende Stigmatisierung sowohl des Prozesses ‚Altern' als auch des Zustandes ‚Altsein' und der davon betroffenen Gruppe von Menschen. Butler verurteilte Altersdiskriminierung bereits im Titel seines Aufsatzes als „Age-ism - another form of bigotry".

Wir können ‚Ageismus' als die geschichtlich gewachsene, nur schwach kaschierte, aber immer noch tabuisierte Aversion oder sogar Aggression gegen alte Menschen verstehen, die u.a. auf der unrealistischen Wahrnehmung der Lebenswelt alter Menschen beruht und auch das gesellschaftliche Bild vom Altern beeinflußt.

2. Altersbilder in der Medienöffentlichkeit

Sieht man die Medien als durch den Öffentlichkeitscharakter bedingte „Lieferanten für Wirklichkeitsentwürfe" (Merten 1994, S. 158), so bedeutet dies, daß mediale Altersdarstellungen auch das Verhältnis zwischen Alt und Jung beeinflussen können. Beispielsweise erfahren altersdiskriminierende Äußerungen dann eine große Verbreitung, wenn sie den Medien als originell gelten. Der Programmacher des Fernsehsenders RTL prägte den Ausdruck „*Kukidents*" und nur kurze Zeit später fand sich dieser in verschiedenen Medientexten wieder, so wurde z.B. im „SPIEGEL" der Ältestenrat des Bundestages als *Kukident-Gremium* bezeichnet.

Ältere Menschen sind in der Medienöffentlichkeit nur selten in einer aktiven Rolle vertreten. Wenn sie beispielsweise im Fernsehen auftreten, so erscheinen sie durch Senilität, schlechten Gesundheitszustand, Armut oder Einsamkeit gekennzeichnet. Als Grundmuster der Fernsehpräsenz der älteren Generation kann auch heute noch gelten, daß sie in Sonderrollen Sonderstatus haben, daß die soziale Realität jedoch weitgehend ausgespart bleibt. Trotzdem stellte Bosch (1988) anhand einer für ARD/ZDF durchgeführten Studie fest, daß alte Menschen auf dem Bildschirm nicht mit Merkmalen ausgestattet sind, die beim Zuschauer unangenehme Assoziationen mit dem Alter auslösen könnten. Auch fast ein Jahrzehnt später hat sich an diesem Befund wenig verändert. Der ältere Mensch, der sein Leben ‚meistert', der kompetent ist und mit seinem Alltag fertig wird und sogar noch Aufgaben für andere übernimmt, findet sich in Fernsehdarstellungen viel seltener als in der Wirklichkeit (Niederfranke u.a. 1996).

In den letzten Jahren hat die Berichterstattung über ältere Menschen im Zusammenhang mit der demographischen Veränderung der Bevölkerungsstruktur eine besondere Wendung genommen. So ist in den Nachrichtenmagazinen und überregionalen Tageszeitungen die Thematisierung des Alters unter der Perspektive des *Generationenkonfliktes* zu beobachten (Kruse/Thimm 1997). Hier ist es nicht mehr der Typus der pflegebedürftigen und hinfälligen Alten, sondern es sind die ‚schmarotzenden Alten', die im Mittelpunkt des medialen Interesses stehen. Als Beginn dieser

Medieninszenierung kann der in dem Zeitgeistmagazin „Wiener" 1989 erschienene Beitrag mit dem Titel „Krieg den Alten" angesehen werden. Grundaussage des provokativen Textes ist der Aufruf zur Aufkündigung des „Generationenvertrages": „Jetzt kommt der Krieg der Jungen gegen die Alten, der gnadenlos wird: denn diesmal geht's ums Geld! (...) Wir wollen erst recht nicht dafür schuften, daß sie es sich jetzt auf unsere Kosten auch noch gut gehen lassen." Die wiederkehrenden Begrifflichkeiten aus der Kriegsmetaphorik („Krieg der Jungen gegen die Alten", „gnadenlos") zeigten, daß das Verhältnis zwischen Alt und Jung in Richtung auf einen Verteilungskampf zugespitzt wird.

Der 1989 erschienene Artikel des „Wiener" findet seine thematische, aber auch semantisch-metaphorische Fortsetzung in einer Vielzahl von Beiträgen verschiedener Zeitungen und Magazine. In einem Artikel in der linksalternativen Tageszeitung die „taz" („tageszeitung" 1993) vertritt die Autorin Antje Vollmer, Theologin und Vizepräsidentin des Deutschen Bundestages, eine höchst polemische Position:

„Der Schock ist noch gar nicht richtig angekommen, schon erscheinen die ersten frohgestimmten Bücher über die ‚Chancen' der vierten Lebensphase - der Senilität. Mobil-Sein heißt auch hier die Parole: vom eigenen Kachelofen hinein ins gut geheizte Altensilo. Studieren sie weiter, ganz ohne Rücksicht auf die überquellenden Hörsäle, die grauen Zellen müssen trainiert werden! Freuen Sie sich auf Ihre Altenpflegerin - wenn Sie gut versichert sind! Pflegen Sie sich - ab in die nächste Kuranlage! Und nicht vergessen: tapfer weiter wählen, gerade auf ihre Stimme kommt es an! Nach getaner Tat geht es dann ins Bett mit der Lebensabschnitts-Partnerin für den vierten Frühling, nur Mut zum Risiko!"

Hier zeigen sich in hochkonzentrierter Form Elemente eines neuen Altenstereotyps, der Topos „schmarotzende Alte". Auf semantischer Ebene finden sich sowohl diffamierende Generalisierungen (die Gleichsetzung der vierten Lebensphase mit Senilität) als auch Wortschöpfungen („vierter Frühling") und abwertende Analogiebildungen („Altensilo" in Analogie zu „Wohnsilo"). Das Stereotyp „schmarotzende Alte" wird sowohl durch die Anspielung auf persönlichen Wohlstand („eigener Kachelofen") als auch über die Hinweise auf direkte Konkurrenz um soziale Güter wie Bildung

(„studieren sie weiter") und Ausnutzung medizinisch-sozialer Infrastruktur („ab in die nächste Kuranlage") manifest. Ihren Abschluß findet diese Polemik in der Verhöhnung von Alterssexualität („nur Mut zum Risiko"). Es ist nicht mehr der zweite Frühling oder gar der dritte, sondern der vierte, der mit der „Lebensabschnittspartnerin" verbracht wird.

Auch die „Woche" stimmte in den altersfeindlichen Tenor der Berichterstattung über die Generationenverhältnisse ein. So fand sich in einer Oktoberausgabe 1995 ein Leitartikel mit der Schlagzeile: „Kampf der Generationen! Krieg den Alten! Die Senioren-Lawine verschüttet die Zukunft der Jugend - wehrt sich die verlorene Generation?" Auch hier dominiert die Kriegsmetaphorik, zusätzlich verschärft durch die Bedrohungsmetapher der „Senioren-Lawine", ein Kompositum, das „unaufhaltsames Verderben" impliziert. Auch andere Magazine haben das Thema des Generationenkonfliktes aufgegriffen. So das Wochenmagazin „Focus" mit seiner Titelgeschichte (5/1996) *Der neue Krieg ums Geld: Jung gegen Alt*", noch schärfer formulierte es der „SPIEGEL" (6/97), der titelte: „*Die Rentenreform oder Wie die Alten die Jungen ausplündern*".

Ersichtlich wird an diesen Beispielen, welche zentrale Bedeutung der sprachlichen Vermittlung von Alter in der Medienkommunikation zukommt. Die sprachliche Darstellung von Alter, Altern und alten Personen stellt einen Gradmesser für die Einstellungen zum Alter dar. Betrachtet man Altersbezeichnungen, so hat der Ausdruck „Senioren" besonders weite Verbreitung gefunden. Zusammensetzungen mit „Senioren" lassen sich im Hinblick auf die Wortbildung als besonders produktiv ansehen. So gibt es die „Seniorenkurse", die „Seniorenausflüge", den „Seniorenrabatt" und sogar die „Seniorenkarte" bzw. das „Seniorenmenü", das sich durch eine Reduzierung der Fleischportionen auszeichnet (Galliker/Klein 1997). All diese Altersbezeichnungen sind zunächst nicht negativ konnotiert.

Ganz anders jedoch ist die Situation im öffentlichen Sprachgebrauch. Hier bringt die jährliche Suche nach dem „Unwort" des Jahres drastische Belege für devaluative Wortschöpfungen und Neubildungen zur Bezeichnung von älteren Menschen (Schlosser 1996). Viele Formulierungen stammen dabei aus der Politiker- und Amtssprache: „kopflastige Alterspyramide", „Alterslast", Betreuung von älteren Menschen als „Wartung". Aber auch

Werbetexte wurden als „Unwortquellen" identifiziert. So ist die Bezeichnung eines Computerprogramms durch das Adjektiv „greiseneinfach" diskriminierend, da diese nicht nur Älteren generell technische Kompetenz abspricht, sondern auch Assoziationen zu „babyleicht" oder „kindereinfach" auslöst.

Es erscheint nicht fraglich, daß die Medien einen wichtigen Teil zur Meinungsbildung beitragen. Wenn jedoch die ältere Generation nunmehr nicht nur als arm, krank, einsam und inkompetent, sondern neuerdings zusätzlich als „Ausplünderer der Jugend" etikettiert wird, so scheint sich die von Karl und Tokarski bereits 1989 prognostizierte Beständigkeit des negativen Altenbildes zu bestätigen:

„Nach der Problemgruppe und dann dem Leitbild für eine künftige Gesellschaft werden sie mit einem Mal zu gut abgesicherten Schmarotzern der Gesellschaft. Nachdem jahrhundertelang ein negatives Altersstereotyp (des nicht mehr brauchbaren Alten) vorherrschte, drohen die gegenwärtigen Bemühungen um die Propagierung eines positiven Altersstereotyps (des kompetenten und aktiven Alten) bereits umzukippen, bevor es überhaupt zu einer Ablösung des alten durch das neue Altersbild kommt." (Karl/Tokarski 1989, S. 10).

3. Alter in der Werbung

Nur wenige mediale Textsorten orientieren sich so eindeutig und in ihren Verkaufsabsichten so offensichtlich an sozialen Trends, (veränderten) Lebensweisen und ausdifferenzierten Zielgruppen wie die Werbung. Die Älteren stellen jedoch aus dieser Sicht eine wenig erforschte Gruppe dar (Hastenteufel 1980; Greco 1989). Bekannt ist vor allem ihre finanzielle Solvenz: So machte das Geldvermögen in Seniorenhaushalten 1991 mit 650 Mrd. DM bereits 20% des gesamten Geldvermögens in privaten Haushalten aus, dieser Anteil wird sich auf ca. 26% im Jahr 2000 erhöhen (Kayser 1996). Dabei sind es vor allem die älteren Frauen, die - aufgrund ihrer höheren Lebenserwartung - als Zielgruppe erkannt wurden: „Wo sitzt das Geld, das nicht schon für Miete, Versicherungen, die Abzahlung für's Auto etc. verplant ist? Ganz klar bei den Frauen 50plus" (Infoletter „50plus", 2/1996).

Betrachtet man die Älteren als Konsumentengruppe, so ist deren Bedürfnislage nicht grundsätzlich anders einzuschätzen als die der Jüngeren. In einer Studie im Auftrag der Friedrich-Ebert-Stiftung zeigt Ueltzhöffer (1992), daß bei den 55-70jährigen folgende Interessen im Mittelpunkt stehen: körperlich und geistig fit zu bleiben, über ein gesichertes Einkommen zu verfügen, soziale Kontakte zu pflegen und sinnvolle Aufgaben und eine positive Lebenseinstellung zu haben. Ueltzhöffer stellt heraus, daß die Älteren sich von den Jüngeren in vielen Bereichen kaum unterscheiden, daß es also weniger vom chronologischen Alter abhängt, sondern von materiellen, sozialen und kulturellen Bedingungen wie Bildung, Einkommen, Wohn- und Lebenssituation, welche Lebens- und Konsumziele sich ältere Menschen setzen. Es läßt sich zeigen, daß die Ansprüche und die Selbstbilder äußerst vielfältig sind und im Kern den Lebensansprüchen jüngerer Menschen durchaus vergleichbar sind. Die Quintessenz der Marktforscher lautet denn auch: „Ältere Menschen dürfen nicht länger als mehr oder minder bedürfnisarme Zielgruppe für ausschließlich wohlfahrtspolitische Angebote gelten, so notwendig diese auch für einige von ihnen sein mögen" (Ueltzhoeffer 1992, S. 51). Aus dieser Sicht stellt die Gruppe der Älteren eine ungewöhnliche Problemgruppe für die Werbung dar: eine finanziell potente Käuferschicht mit breiten Lebenszielen und Interessen, die aber trotz dieser positiven Attribute gesellschaftlich so negativ bewertet ist, daß man nur sehr begrenzt mit ihr und für sie werben kann. Obwohl schon in den 70er Jahren als Zielgruppe entdeckt und aufgrund der „bei ihnen vermuteten Kaufreserven und durch ihre zunehmende Lebensaktivität für den Anbieter interessant" (Horn/Naegele 1976, S. 463), dominierte auch in den 80er Jahren in der Werbung das bereits ausgeführte Defizitmodell: „Alte Menschen (...) gelten ihren jüngeren Mitmenschen aber immer noch als gebrechlich, passiv, rigide, wenig umgänglich und schwachköpfig. Altern wird mit Abbau und Verfall assoziiert" (Hastenteufel 1980, S. 530). Dies gilt jedoch nicht für die Ikonographie des Alters. Ganz im Gegenteil werden alte Personen mit viel Bedacht in Szene gesetzt.

„Alter" wird bisher in der Werbung vor allem als visuell kodifizierbare Kategorie angesehen, die über „old age cues" symbolisiert wird. Als „old age cues" lassen sich sowohl äußerliche Merkmale (graue Haare, Falten, Gebrechlichkeit), aber auch kontextuelle Merkmale in Form von Altersrollen (Opa, Oma) anführen. Jeder Hinweis auf Altersdefizite in der visuellen Darstellung wird jedoch vermieden (Horn/Naegele 1976, S. 468):

„Bemerkenswert ist, daß lediglich die textliche Beschreibung des alten Menschen am Defizitmodell orientiert ist, während die Mehrzahl der bildlich dargestellten alten Menschen kerngesund und rüstig (53% der 195 Altenabbildungen) oder zumindest nicht augenfällig leidend (24,1%) wirken."

Es stellt sich nach wie vor die Frage, wie man sich auf Altsein *sprachlich* adäquat beziehen kann. Will man die Älteren als Konsumenten ansprechen, so verbietet sich eine negative Stereotypisierung. Aber auch die bisher zu konstatierende Ausblendung von Bezeichnungen aus dem Wortfeld „Alter" darf als problematisch gelten, vor allem dann, wenn man die bildliche Darstellung nicht mehr als einzig zentrales Werbemittel heranziehen will. Zunehmend wird nämlich der Rolle der *Sprache in der Werbung* eine neue Bedeutung beigemessen:

„Die Werbung der Zukunft, deren Tendenzen sich heute schon offenbaren, wird weitaus stärker als bisher von der rational-kognitiven in die emotional-affektive Ebene übergehen und sich somit nahezu jeder rationalen Kritik entziehen. Kennzeichnend ist die Suche nach archetypischen und mythologischen Grundstrukturen, die sich produktrelevant besetzen und vereinnahmen lassen. Die Sprache erweist sich endlich als *das* kommunikationstiftende Element: die Macht des Wortes könnte zum bestimmenden Faktor in der Werbekommunikation werden." (Baumgart 1992, S. 4)

Will man zu einer methodischen Betrachtung der Zusammenhänge von Alter, Sprache und Werbung kommen, die auch aktuellen Entwicklungen Rechnung trägt, so muß nach den *Funktionen* von Älteren in der Werbung unterschieden werden. Einerseits sind sie *Werbeträger* (für ein beliebiges Produkt), andererseits auch *explizite Zielgruppe*. Auszugehen ist zunächst von der grundlegenden Relevanz der Werbung für die ältere Generation in unterschiedlichen Funktionsbereichen, d.h. von *altersrelevanter Werbung*.

Sprachliche Symbolisierungen des Alters in der Werbung

Altersrelevante Werbung umfaßt dann Werbung, die in bildlicher, sprachlicher oder produktzentrierter Weise Alter relevant setzt und läßt sich folgendermaßen differenzieren:

1. Altersexklusive Werbung: Werbung, die sich ausschließlich an Ältere richtet und zumeist ein altersspezifisches Produkt zum Gegenstand hat. Hier wird auch von „altersspezifischer" Werbung gesprochen. Hauptsächlich beworbene Produkte dieser Kategorie sind medizinische Hilfsmittel.
2. Alterspräferentielle bzw. alteninklusive Werbung: Umfaßt Produkte, die schwerpunktmäßig für ältere Menschen gedacht sind. Zielgruppe ist jedoch nicht nur die ältere Generation, sondern es werden alle Bevölkerungsschichten angesprochen. Ältere werden jedoch vorzugsweise adressiert, sowohl durch die bildliche als auch durch die sprachliche Gestaltung. Hier wird die Werthaftigkeit des Alters als Kategorie verwendet und zumeist in Form positiver Stereotype vermittelt. Produkte dieser Kategorie sind insbesondere verschiedene Angebote von Banken und Versicherungen.
3. Alterskontrastive Werbung: Umfaßt Werbung, die sich vor allem an jüngere Altersgruppen richtet und den älteren Menschen als effektives Kontrastmittel verwendet, um die Jugendlichkeit des Produktes zu betonen. Typisch hierfür ist der Typus „verrückte Alte", der für Tabak oder Genußmittel wirbt.
4. Alter als Imagefaktor: Dieser Typ von Werbung darf als neueste Entwicklung gelten und befindet sich sowohl aus der Sicht der visuellen als auch von der textlichen Gestaltung in einer schnellen Entwicklung. Bisher gibt es dafür vor allem Beispiele aus der (amerikanischen) Computerwerbung und der Imagewerbung von Pharmakonzernen und Banken.

Auch heute noch läßt sich der überwiegende Anteil der altersrelevanten Werbung der altenexklusiven bzw. altenspezifischen Werbung zurechnen.

3.1 Altersexklusive Werbung

Dennersmann und Ludwig (1986) sowie Bosch (1990) belegten, daß Werbung, die mit älteren Personen arbeitet, zum hauptsächlichen Anteil altersexklusiv ist und ein Produktsegment präsentiert, das sich zu 80% auf medizinische Beispiele konzentriert (Lebertran, Abführmittel, Gedächtnisstützen, Einsteigehilfen etc.). Zwar zeigte sich in den letzten Jahren eine quantitative Zunahme altersrelevanter Werbung und eine realistischere Darstellung älterer Menschen in der BRD und den USA (Ursic u. a. 1986). Die beworbenen Produkte und die verwendeten Strategien verändern sich jedoch nur langsam.

Betrachtet man die Typologie von älteren Figuren, die in dieser Werbung Verwendung finden, so zeigt sich, daß eine devaluative Darstellung vermieden wird. Der präferierte Typus ist die freundliche, warmherzige ältere Frau bzw. der aktive ältere Mann. Besonders bekannt dürfte dabei die Werbung für Einsteigehilfen sein. Die Überschrift *„Sicher in die Badewanne - und sicher wieder heraus"* beinhaltet semantisch gesehen keinen nachweisbaren Hinweis auf Altersgebrechlichkeit oder das Alter generell. Dieser Zusammenhang wird alleine über das Bild der alten Frau hergestellt, die auf dem „Aqualift" sitzt.

In eine ähnliche Rubrik fallen Anzeigen für Prostatabeschwerden und nächtlichen Harndrang. Auch hier ist der abgebildete ältere Mann, der auf der Bettkante sitzend seinen Wecker stellt, nicht durch Altersattribute gekennzeichnet, die dem Defizitmodell entsprächen. Deutlicher expliziert wird das Thema „Alter" dagegen in Heilpflanzenextrakten (*„Sanhelios 333 - Denn das Alter kann noch warten"* - *„Im Alter brauchen die Adern mehr Schutz"*) und natürlich in Produkten, die mit der Zusatzbezeichnung „Senioren" versehen sind (*„Rückenfreundliche Seniorensessel"*). Altersrelevante Aspekte, die jedoch nicht als altenexklusiv gelten können, kommen besonders in der Kosmetikwerbung zum Tragen (*„Geben sie ihrer Haut das Beste und ihr Alter wird zur Nebensache"* - *„Vermindern sie die sichtbaren Spuren der Zeit"*). All diese Texte vermeiden den Gebrauch von Worten aus dem Wortfeld „Alter" und greifen zu euphemisierenden sprachlichen Symbolisierungen. Gemeinsam ist ihnen, daß Defizitaspekte des Alterns aufgegriffen werden, um eine Produktbedürftigkeit beim Verbraucher zu stimulieren. Während aber die visuelle Darstellung Alter verharmlost, wird durch die sprachliche Darstellung - meistens implizit - auf Defizite Bezug genommen.

Man kann prognostizieren, daß diese Form der altersrelevanten Altenwerbung, die ein spezifisches Segment der älteren Generation ansprechen soll, eine Konstante innerhalb der altersrelevanten Werbung darstellt.

3.2 Alterspräferentielle Werbung

Bei denjenigen Produkten, die zwar grundsätzlich eine breitere Zielgruppe ansprechen sollen, jedoch Ältere explizit fokussieren, stellt sich in besonderer Art und Weise die Frage nach einer nicht defizitär, sondern positiv konnotierten Symbolisierung des Alters. Auszugehen ist von einer *facettenbezogenen Verwendungsweise* älterer Figuren in der altersinklusiven Werbung. Diese Facetten umfassen fast ausschließlich positive Anteile des Altenstereotyps:

„Wenn ältere Menschen in ‚alteninklusiven' Anzeigen vor allem für Spirituosen, Touristik, Verkehr und Versicherungen werben, so strahlen sie Seriosität und Würde aus, wirken erfahren und vertrauenswürdig. Diese Eigenschaften werden vor allem von solchen Älteren vermittelt, die eine angesehene berufliche Stellung innehaben. Sie erfreuen sich bester Gesundheit, sind vital und integriert, verkörpern ein ganz und gar positives Altenbild." (Bosch 1990, S. 80)

Die altersinklusive Verwendung älterer Figuren im Sinne einer Zielgruppenorientierung zeigt sich, wie von Bosch bereits erwähnt, häufig bei Banken und Versicherungen. Zwei Beispiele aus einer Anzeigenserie der „Sparkasse" mögen diesen Altentypus illustrieren.

Ein Topos, der die Gemeinsamkeit der Generationen betont und damit jüngere und ältere Personen adressiert, ist die Verantwortlichkeit für nachfolgende Generationen. Eine Anzeige zeigt einen optisch nur durch die grauen Haare als ‚älter' kodierten Mann, der, in einem offenen Sportwagen sitzend, einem kleinen Mädchen (der Enkelin) die Hand auflegt. Die fettgedruckte Unterschrift lautet: *„Nach mir kommt nicht die Sintflut"*. Im

Erläuterungstext wird dies dann - auf das Produkt abzielend - präzisiert: *"Wenn die besten Jahre des Lebens kommen, gehen viele Wünsche in Erfüllung. Jetzt hat man mehr Zeit für sich und die Familie, für Hobbies und Reisen. Und endlich kann man sich in Ruhe darum kümmern, was später einmal wird. Ist das auch für Sie ein Thema? Dann fragen Sie ihre Sparkasse nach der Broschüre ‚Erben und Vererben'"*. Die Zielrichtung schließt also sowohl die Vererbenden (älteren) als auch die erbenden (jüngeren) Leserinnen und Leser ein. Durch den Text werden zwei Effekte erzeugt. Der wohlhabende, lebenslustige ältere Mann - deutlich mit den Symbolen von Jugendlichkeit versehen - bekundet Solidarität mit den nachfolgenden Generationen. Daß dies jedoch mit der Negation der idiomatischen Wendung „nach mir die Sintflut" sprachlich markiert wird, läßt den Schluß zu, daß nicht alle Älteren diese Verantwortung für die Jugend gleicher-maßen übernehmen. Der ältere Mann selbst und die Einrichtung, für die er wirbt, werden damit als besonders verantwortungsbewußt und vorsorgend etikettiert (obwohl das luxuriöse Ambiente eigentlich gegen einen überzogenen Sparwillen des Protagonisten spricht, sondern ihn eher als Typus des „älteren Genießers" darstellt!).

Eine zweite Werbung aus der Sparkassenserie geht noch betonter mit dem Wohlstand im Alter um. Die Photographie (STERN, 3/1997) zeigt einen älteren Mann - in einem sportlichen Pullover, mit Turnschuhen an den Füßen und einer Gartenschere in der Hand - entspannt auf einer in Form eines Sofas zurechtgeschnittenen Gartenhecke lehnend. Hier lautet die Unterschrift der für die private Altersvorsorge der Sparkassen werbenden Anzeige: *„Er hat die Null-Stunden-Woche bei vollem Lohnausgleich"*, ein Wortspiel mit politischem Vokabular als Anspielung auf einen ausgesprochen wohlhabenden Rentner. Diese Art und Weise, Altersruhestand und Erwerbsleben durch sprachspielerische Texte auf eine Ebene zu ziehen, nimmt Bezug auf einen Aspekt des aktuellen Altersbildes, der je nach Einstellung des Betrachters sowohl positiv (wohlhabend, mit viel Zeit) als auch negativ („Schmarotzer") interpretierbar ist.

Besonders anzumerken ist bei der alterspräfentiellen Werbung, daß sich ein eklatanter Geschlechterunterschied nachweisen läßt. Werden bei den verrückten und kontrastiv zur Jugend gebrauchten Älteren fast immer

Frauen verwendet (s.u.), so ist das Alter als genußvolle und aktive Lebensphase männlich geprägt. Belege für die „fitten" älteren Männer finden sich inzwischen zuhauf: Da flankt ein großväterlich aussehender älterer Mann für „St. Gero Heilwasser" über einen Wiesenzaun („*St. Gero unterstützt und stärkt die natürlichen Heilkräfte ihres Körpers. Es ist wohlschmeckend, bekömmlich und hilft ihnen täglich dabei fit zu bleiben*"; Bild der Frau, 5/1996), oder zwei ältere Herren machen Turnübungen auf der Straße („*Wenn zwei ältere Herren mitten auf der Straße bockspringen, ist der Grund doch wohl, daß die beiden ein Flex-Konto bei Bank of Copenhagen haben*", DER SPIEGEL 7/1996). Betrachtet man also die positive Werbewirksamkeit von alten Rollenträgern, so läßt die Gleichberechtigung der Geschlechter zu wünschen übrig.

3.3 Alte als Kontrastierungsmittel

Ein ganz anderer Typus ist derjenige, der als „Alte(r) als Kontrastierungsmittel" bezeichnet wurde. Für diesen Typus lassen sich folgende Charakteristika festhalten:

- Das beworbene Produkt ist kein altersspezifisches Produkt.
- Die alte Figur widerspricht Rollenerwartungen und zeigt explizit jugendliches Verhalten (Motorradfahren, Skateboardfahren usw.).
- Die alten Figuren sind keine Funktionsträger zur Symbolisierung von altersbezogenen Qualitäten, sie fungieren als Kontrastierung zu den jungen Hauptfiguren der Darstellung oder dem jungen Produkt.
- Die hauptsächliche Funktion von alten Figuren in dieser Rolle ist die Erzeugung eines Aufmerksamkeitseffektes.

Spieß (1995, S. 414) sieht diesen Typus vor allem durch alte Frauen realisiert und spricht von der „unkonventionellen alten Frau" :
„Diese Ausstiegsvarianten aus der traditionellen Frauenrolle zeichnen sich dadurch aus, daß alte Frauen mit für sie ungewöhnlichen Produkten (z.B. Zigaretten, Werkzeugen) und Proklamationen (z.B. Freiheit, Abenteuer, Luxus, Genuß) in Verbindung gebracht werden. (...). Ihre Verhaltensweisen

orientieren sich an männlichen Handlungsweisen und Erscheinungsformen (z.B. Motorrad fahren, Hausboot mit einem Dampfstrahler reinigen, Lederanzug/Helm tragen usw.) und propagieren ein Außenseitertum (z.B. skurrile alte Dame, die stark geschminkt und Kaugummi kauend auf der Straße mit einem jungen Mann flirtet)".

So wirbt beispielsweise die Firma „Canuma" für Zigaretten aus Hanfpapier mit einer alten Frau auf dem Motorrad und dem Slogan „*Zieh mal die Hanfbremse Oma*". Alter wird anhand der Rollenbezeichnung „Oma" explizit markiert, evoziert wird das Bild der „verrückten Alten". In die gleiche Rubrik fällt eine Joghurtwerbung („*Yogho Yogho ist der Hit, da macht sogar die Oma mit*"), die ebenfalls den Typus „verrückte Alte" aufgreift und diese - ganz zeitgemäß - auf einem Skateboard darstellt. Die Fitness, die mit dem Joghurtprodukt als positives Qualitätsmerkmal verbunden werden soll, wird über die Darstellung der Oma auf dem Skateboard vermittelt. Beide Produkte richten sich keineswegs an Ältere, sondern spielen mit dem Alter als Kontrast zur Jugendlichkeit der eigentlichen Zielgruppe.

Dieser Typus ist auch international weit verbreitet. So findet sich beispielsweise in dem italienischen Magazin „Panorama" (7/1997) eine Anzeige für einen Panasonic-Walkman der Firma „Sennheiser" mit einem graubärtigen alten Rocker auf dem Motorrad. Der Kontrast wird hier vor allem über die „coole" Sprache hergestellt, die einen Szenejargon imitiert: „*Ho l'argento vivo addosso. Heavy metal nelle orecchie, cromo sulla moto: momenti d'oro*" („*Ich habe Quecksilber im Leibe. Heavy metal in den Ohren, Chrom auf dem Motorrad: einzigartige Momente*"). Auch hier wird die Aufmerksamkeit durch den Kontrast zwischen der alten Figur, ihrer Sprache und der Jugendlichkeit des Produktes erregt.

Eine ganz andere Form des Kontrastes ist diejenige, die Alter als defizitär darstellt und damit alte Personen als Outgroup markiert. Besonders offensichtlich wird dieser Typus in einer Anzeigenserie der „Dresdner Bank" („*Mit dem grünen Band der Sympathie*"). Diese Anzeigen erschienen Ende 1995 vor allem in großformatigen Zeitungen (DIE ZEIT). Ca. 2/3 der Seite zeigt eine Schwarz-weiß-Aufnahme drei älterer Frauen, die auf einer Parkbank sitzen.

Sprachliche Symbolisierungen des Alters in der Werbung 129

11,3 %* Rendite in den letzten 10 Jahren. Ohne Schlips und Handy.

Die drei Frauen sind bürgerlich gekleidet, wirken jedoch nicht übermäßig gebildet oder wohlhabend. Eine von ihnen wurde von verschiedenen Personen, denen die Anzeige zur Beurteilung vorgelegt wurde, als „verwirrt aussehend" eingestuft. Die groß herausgestellte Bildunterschrift lautet: *„11,3% Rendite in den letzten 10 Jahren. Ohne Schlips und Handy."*

Darunter folgen sachliche Erläuterungen zu Fondsanlageangeboten der Bank. In das Bild hineingesetzt, also nur bei genauem Interesse lesbar, findet sich folgender Text: „*Schon seit 25 Jahren ist unser DIT-Fonds (..) auch für Leute interessant, die man nicht zu den Experten zählt.*" Diese Bilderläuterung manifestiert die Rolle, die den drei älteren Frauen hier zugeschrieben wird: Sie sind Symbole für einen Mangel an Expertentum. Keine von ihnen entspricht dem Bild der aktiven, wohlhabenden Älteren, sondern sie vermitteln eher den Eindruck von psychischer und physischer Bedürftigkeit, ja Beschränktheit. Symptomatisch auch, daß es wiederum alte Frauen sind, die als Symbol der Unvermögenheit und Inkompetenz herangezogen werden. Das Alter dieser Figuren bewirkt beim Betrachter ein positives Selbstwertgefühl, da er sich - innerlich schmunzelnd - von ihnen positiv abgrenzen kann. Aufschlußreich ist die Deutung der für die Werbekampagne verantwortlichen Agentur: „Mit dem Charme älterer Damen und den rührenden Heldenbrüsten zweier jugendlicher Boxer bewirbt die Dresdner Bank Investmentgruppe (...)." Explizit auch die Intention im Hinblick auf die sprachliche Umsetzung: „Die Anzeigen langweilen den Leser nicht mit gesehenen Klischeebildern aus der Finanzwerbung, sondern überzeugen mit überraschenden und sehr emotional gehaltenen Umsetzungen (..)" (Profile 1995, S. 25).

Es scheint, daß die Verwendungsweise von alten Figuren als Distanzierungsobjekte eine besondere Strategie der Dresdner Bank ist. So zumindest legen es weitere Anzeigen dieses Geldinstitutes nahe, von denen zwei kurz erwähnt seien. Beide waren als doppelseitige Formate mit einem über die Bildmitte verlaufenden Photo in den Magazinbeilagen großer Zeitungen Ende 1996/Mitte 1997 (ZEITMagazin) zu finden. Die Dresdner Bank greift den Topos „Experten" aus der voranstehend erläuterten Anzeige auf. So wird neben die gut gekleidete und deutlich die Insignien des Wohlstandes (Kostüm, Frisur) tragende ältere Frau der Slogan „*Geldanlage wie die Profis*" gesetzt, so daß der Eindruck entsteht, diese ältere Frau sei „ein Profi". Dasselbe Photo hat - ein halbes Jahr später - jedoch einen anderen Text und negative Altersannotierungen: „*Ich will nicht schöner werden aber reicher.*" Angespielt wird auf das Stereotyp der „reichen Alten", das durch ein weibliches Altersstereotyp ergänzt wird - schöner kann sie sowieso nicht werden, weil sie alt ist. Auch bei dieser Werbung darf bezweifelt werden, ob es die Älteren selbst sind, die als explizite Zielgruppe angesprochen werden sollen. Während die erste Anzeige eine positive Konnotation des Alters nahelegte, ist die zweite wenn nicht altenfeindlich, so doch auch nicht zur positiven Identifikation geeignet. Sieht man diese Komposition von visueller Darstellung und sprachlicher Bezugnahme auf äußerliche Aspekte von weiblichem Altern (wie hätte hier ein männlicher Darsteller gewirkt?) als Versuch einer ironischen Werbetextung an, so muß sie durch das Aufgreifen einer negativen Altersstereotypisierung als zumindest problematisch angesehen werden.

Festzuhalten bleibt, daß alte Figuren zunehmend in einem neuen Umfeld plaziert werden, in dem sie den vertrauten Rollenbezügen nicht mehr eindeutig zuzuordnen sind und allein bereits dadurch Aufmerksamkeit erregen.

3.4 Imagefaktor „Alter"

Anders als die bisher aufgeführten Anzeigentypen, die häufig mit altersstereotypen Bewertungsfacetten arbeiten, sind diejenigen zu beurteilen, die „Alter" als Teil von Imagewerbung heranziehen. Hier liegt das Interesse weniger auf dem einzelnen Produkt, sondern auf den Produzierenden selbst. Entsprechend werden diejenigen Anzeigen, in denen das höhere Alter als positiver Imagefaktor entfaltet wird, zumeist von großen Konzernen plaziert.

Betrachten wir zuerst die Schwierigkeiten, mit denen sich Firmen konfrontiert sehen, die altenspezifische Produkte anbieten wollen, jedoch bezüglich Produkt- und Herstellerimage nicht in diesem Marktsegment verankert sind. Bestes Beispiel dafür ist die Firma Beiersdorf, die mit Nivea ein klassisches Cremeprodukt für die ganze Familie anbietet. Beiersdorf hat nunmehr mit der Produktlinie „Nivea Vital" eine auf ältere Frauen ausgerichtete Erweiterung ihrer Produktpalette vorgenommen und auch in der Werbung neue Wege beschritten. Aus Sorge, die Einführung von Nivea Vital könne die Marke Nivea insgesamt älter machen und jüngere Verwenderinnen abschrecken, wurde das Produkt zunächst in einem

Testmarkt in der Schweiz angeboten. Erst als dort nachgewiesen werden konnte, daß die Einführung des Produktes bei Jüngeren nicht nur keine Verweigerungshaltung, sondern sogar im Gegenteil den Eindruck von Modernität hervorrief, wurde Nivea Vital auch in Deutschland eingeführt (Kayser 1996). Dieses Projekt wurde laut Hersteller mit einem sehr hohen Forschungsaufwand begleitet. Allerdings hält sich Beiersdorf, ganz im Gegensatz zu anderen Firmen, über genauere Konzeptionen äußerst bedeckt. Die Printanzeigen für „Nivea Vital" enthalten - genau wie die Fernsehwerbung - ein vor allem anhand von ihren kurz geschnittenen grauen Haaren als älter erkennbares Model, das sehr attraktiv ist und in keinster Weise an das Stereotyp „Rentnerin" erinnert. Um sicherzugehen, daß den Zuschauerinnen das (höhere) Alter auffällt, wurde in den ersten Fernsehspots zusätzlich eine Altersangabe eingeblendet. Umgeben wurde das Model mit einer auffallenden Farbkombination - das klassische Nivea Blau wird kontrastiert durch das Rot von Rosen und das graue Haar des Models. Auch semantisch wurde Alter positiv konnotiert: die „Pflege für die *reife Haut*" darf zu den am schnellsten übernommenen Werbephrasen der letzten Jahre gerechnet werden. Beiersdorf zeigt in diesen Anzeigen weibliches Alter als romantisch-ästhetisiert, eine bis dato unbekannte Strategie. Heute wird die Grundkonzeption, mit einem älteren Model eine Form der romantischen Werbung zu inszenieren, bereits europaweit kopiert. Dies gilt auch für Produkte, bei denen dies zunächst weniger stimmig erscheint. So fand sich in der italienischen Zeitschrift „Familia Cristiana" (4/1997) eine Anzeige der Firma „Sennheiser" für ein Hörgerät, die ähnlich gestaltet ist. Verwendet wurden die Nivea-typischen Elemente wie azurblau (in Kleidung und Hintergrund) sowie eine lachende grauhaarige Frau, die rote Rosen in der Hand hält.

Ein Beispiel für eine weniger am Produkt orientierte Anzeige stammt aus dem Bereich der Banken (FAZ, 5/1997). Über der vollseitigen Darstellung eines Cremetopfes ohne Label findet sich die zunächst provozierend wirkende Frage: „*Wie sehen Sie im Alter aus?*", die auf der gegenüberliegenden Seite beantwortet wird. Unter der Überschrift „*Die beliebteste Altersvorsorge*" findet sich folgender Text: „*Die besten Cremes gegen Falten bekommen Sie im Fachgeschäft. Ein paar gute Mittel gegen*

Sorgenfalten bieten ihnen auch die Banken". Das Wortspiel (Creme/Falten/ Sorgenfalten) zeigt einen spielerischen Umgang mit dem Alter und altersbezogenen Produkten. Es ist ironisch formuliert, ohne das Altsein zu diskriminieren.

Eine aktuelle Entwicklung im Bereich der Imagewerbung zeigt sich bei der Thematik „Altersdemenz", die in erstaunlich schneller Zeit innerhalb der Werbung rezipiert wurde und inzwischen als Teil von Imagewerbungen großer Pharmakonzerne verwendet wird. So wirbt beispielsweise „Novartis" in einer doppelseitigen Anzeige für *„das weltweit führende Unternehmen im Bereich der Life Sciences"* (DER SPIEGEL 4/1997). Unter der großformatigen Überschrift *„Wer entwickelt neue Medikamente um die Symptome der Alzheimer-Krankheit zu bekämpfen?"* findet sich die Aufnahme eines ernsten alten Mannes, der ein fröhlich lachendes Kind auf dem Arm trägt. Die Frage wird durch weiteren Text nicht expliziert. Es wird klar, daß der Konzernname selbst die Antwort darstellt.

Anders dagegen ein Beispiel des Unternehmensverbundes „Hoechst":

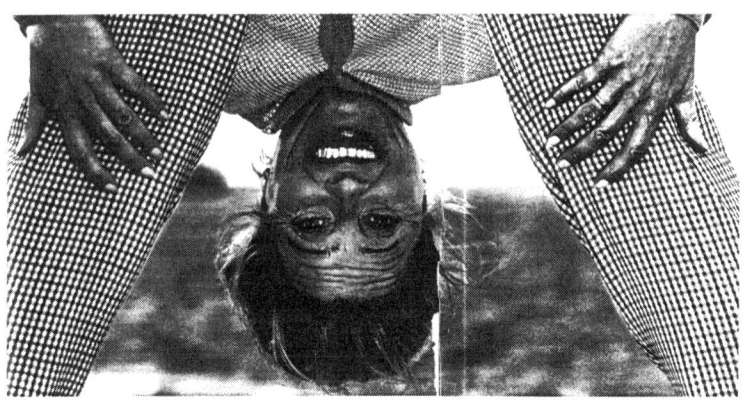

Mit dieser Werbung, die international in verschiedenen Zeitschriften und Magazinen erschien, verweist Hoechst auf neue Forschungsschwerpunkte. Mit dem Slogan *„Es gilt nicht nur, dem Leben mehr Jahre zu geben. Sondern auch den Jahren mehr Leben"* („*Non basta regalare piu anni alla vita, occorre dare piu vita agli anni*", Panorama 7/1997) formulierten die Werbetexter treffend aktuelle Probleme der Langlebigkeit, ohne sie zu bagatellisieren. So wird die ältere Frau photographisch aktiv und lachend präsentiert, im Text dagegen medizinische Probleme des hohen Alters angesprochen: *„Mit der höheren Lebenserwartung steigt freilich auch die Anfälligkeit für Alterskrankheiten. Bei unserem Pharmaunternehmen (...) ist die Entwicklung von Medikamenten zur Therapie von Alterskrankheiten ein Hauptgebiet. (..) Alles mit dem Ziel, die Lebensqualität auch im Alter zu erhalten."* In dieser Werbung bleibt die Widersprüchlichkeit zwischen visueller Gestaltung des Alters und sprachlicher Symbolisierung bestehen: Die aktive Ältere, die modisch gekleidet und beweglich dargestellt wird, hat zunächst mit den geschilderten Krankheiten wenig Verbindung.

Sprachliche Symbolisierungen des Alters in der Werbung

Wie aber selbst ein solcher angstbesetzter und problematischer Themenkomplex für Imagewerbung genutzt werden kann und dabei visuell-textliche Kohärenz gestaltbar wird, zeigt ein Beispiel aus den USA. Im „Newsweek Magazine" (9/1996) fand sich eine emotional anrührend gestaltete Werbung der United Jewish Association (UJA):

Unter dem Photo des Paares findet sich folgender Text:

„*We' ve been married for 62 years. But for the last five, she hasn't even known who I am. It's very, very hard. She's in the Jewish nursing home now and I spend every day with her. Holding her hand, telling her stories. Because of the UJA Federation Campaign, someone picks me up and then takes me **home** every day. Otherwise I couldn't be with her.*" (Hervorhebung im Original).

Diese, in direkter Rede verfaßte Vertextung erscheint für deutsche Verhältnisse ungewöhnlich explizit. Die Angabe der Ehezeit (62 Jahre verheiratet) verweist nur indirekt auf das hohe Alter der beiden Personen. Die Schmerzlichkeit der Krankheit für den gesunden Ehepartner wird durch die Wiederholung des intensifiers „very" emotional markiert, die Dankbarkeit über die Möglichkeit des Zusammenseins mehrfach betont. Die beiden alten Menschen vermitteln nicht nur über die Photographie Verbundenheit und emotionale Wärme, sondern auch über den Text. Die Erkrankung der Ehefrau wird aus ganz persönlicher Sicht geschildert und nicht mit Fachtermini benannt.

Eine sehr ähnliche Anzeige findet sich im „SPIEGEL" (7/1997), in der „Hoechst" mit der gleichen Komposition eine Imagewerbung plazierte. Auch hier sehen wir ein älteres Paar, das jedoch nicht nur deutlich jünger wirkt als das amerikanische, sondern auch durch Wohlstand äußerlich gekennzeichnet ist. So trägt die Frau Perlenkette und -ohrringe, der Mann, dem sie den Arm um die Schulter legt, Hemd, Krawatte und Wolljacke. Die bildliche Darstellung enthält - wie in der amerikanischen - keinerlei Hinweise auf die Rolle, die diesem Paar für die Werbung zukommt. Es ist wiederum der Text, der den Hinweis auf die für die Werbezwecke genutzte Altersthematik gibt. Über dem Bild findet sich doppelzeilig in Großdruck der zentrale Dekodierungshinweis: „*Zuerst hatte er nur ihren Geburtstag vergessen. Aber dann auch ihren Namen.*" Am rechten Seitenrand findet sich nach dem üblichen Muster der Hoechst-Anzeigen der Erläuterungstext: *"Den Beginn einer Demenz merken die Angehörigen meist zuerst. Irgendwann kann der Betroffene selbst gewohnte Handlungen des Alltags nicht mehr ausführen oder sich gar an die Namen seiner Familie nicht mehr erinnern."* Hier erfolgt ein Einschub: *"Forschungsschwerpunkt Demenz: Hoffnung durch neue Entwicklungen".* Dann wird der Fließtext fortgesetzt: *"Die schlimmste Form der Demenz, die Alzheimersche Krankheit, nimmt einem nach und nach alles: das Gedächtnis, die Sprache, den Verstand und die Persönlichkeit. - Ein Forschungsschwerpunkt in unserem Pharmaunternehmen ist die Entwicklung neuer Medikamente zur Behandlung der Demenz - mit ersten aussichtsreichen Ergebnissen."* Das Krankheitsbild wird hier eher wissenschaftlich, nicht persönlich beschrieben. Im Gegensatz zur UJA-Anzeige besteht kein textlich erschließbarer Bezug auf Alter, die Formulierungen selbst bleiben unpersönlich (*"nimmt einem..."*) und vermeiden stereotype Altersbezüge.

Abschließend ein Beispiel, das aus dem bisher diskutierten Rahmen herausfällt und die Frage nach den ästhetisch-künstlerischen Aspekten von Alter in der Werbung aufwirft. Auch dieses Beispiel stammt aus der amerikanischen Werbung. Die doppelseitige Anzeige im „Newsweek Magazine" (3/1997) zeigt eine Schwarz-weiß-Nahaufnahme des Gesichtes eines alten Mannes, der sich auf seine Hand aufstützt und nachdenklich in die Kamera blickt. Die buschigen Augenbrauen, die grauen Koteletten und der Wollpullover vermitteln den Typus „alter Seemann". Über die Bildmitte verläuft in blauer Schrift der Erläuterungssatz zum Verständnis des Anliegens: *"But you have to get faster on the keyboard"*, der aus dem Fließtext am rechten Rand herausgestellt ist. Dieser lautet: *"Gavin just finished his epic poem, "The Iceberg, the Walrus and the Fisherman's Elbow". It took nineteen years to complete. His publisher said, "You are brilliant. You are profound. But you have to get faster on the keyboard." You'd rather be a poet than a typist. That's why IBM has developed VoiceType Dictation Software that converts your spoken words right into text (...)."* Der Text enthält nur einen indirekten Hinweis auf die Zeit bzw. das Alter durch den Hinweis auf die Dauer des Schreibprozesses: *"It took nineteen years to complete".* Obwohl das Produkt, für das IBM hier wirbt, deutliche altersbezogene Implikationen hat (die Dateneingabe durch den Stimmcodierer erleichtert den Umgang mit dem Computer zwar nicht nur für Ältere, wird jedoch zumeist von diesen genutzt), ist es doch nicht altenexklusiv. Die Gestaltung spricht jedoch wohl nicht nur Ältere als Zielgruppe an. Vielmehr mindert die ästhetische Vermittlung die im Text betonten Inkompetenzen („*got to get faster on the keyboard*"), so daß das Produkt als Hilfsmittel besonderer Art deutlich wird. Diese Anzeige folgt zwar dem Muster von positiver Altersvisualisierung und textlicher Defizitschreibung, ist jedoch in seiner ästhetischen Qualität sowohl visuell als auch textlich eine eigenständige und bisher ungewöhnliche Komposition aus anspielungsreichem Text und Nutzbarmachung männlicher Altersästhetik.

4. Ausblick

Die entscheidende Frage für die direkte Ansprache der älteren Generation als Zielgruppe wird es sein, ob und inwieweit Alter sowohl in seinen problematischen Aspekten gewürdigt, aber auch in seinen positiven Qualitäten ästhetisch und emotional ansprechend kommuniziert werden kann.

Eine Schlüsselfunktion kommt dabei dem Zusammenspiel von Bild und Text zu. Während - wie gezeigt - die bildlichen Darstellungen von alten Rollenträgern durchaus an Breite gewonnen haben und eine eigene Qualität entwickeln, kann dies für die sprachliche Bezugnahme auf das Alter noch nicht gelten. Für Gesellschaft und Politik heißt es, realistischere Leitbilder der Älteren zu entwickeln und zu akzeptieren. Die Werbung beginnt, aus den ihr eigenen kommerziellen Motiven, sich dieser Aufgabe zu stellen und könnte - so die optimistische Sichtweise - dazu beitragen, daß sich die negativen Bilder vom Alter verändern. Als eine Möglichkeit, die reine Übertragung jugendlicher Lebensstile zu vermeiden - denn dies wäre eine kurzsichtige und wenig hilfreiche Konzeption - könnten positive Merkmale der Jugend, die auch für das Alter gelten können, thematisiert werden. So z.B. könnten die Lebenszugewandtheit und Lebensfreude kombiniert werden mit den Werten und Vorzügen des Alters, wie Erfahrung, Reife, Überlegenheit: Bilder der Älteren also, die weder Alters- noch Jugendklischees nachahmen, sondern eine ästhetische Eigenständigkeit entfalten. Die Entdeckung dieser Form von Normalität des Alters als eine selbstverständliche Lebensphase ohne essentielle Defizite steht für die Werbung jedoch noch aus.

5. Literatur

Balasz, A.L.: Marketing to the elderly. In: J. Nussbaum, J. Coupland (eds.), Handbook of Communication and aging research. Mahwah 1995, S. 263-284.
Baumgart, Manuela: Die Sprache der Anzeigenwerbung. Eine linguistische Analyse aktueller Werbeslogans. Heidelberg 1992.
Borscheid, Peter: Geschichte des Alters. 16.-18. Jahrhundert. Münster 1987.
Bosch, Eva-Maria: Altersbilder in den bundesdeutschen Medien. In: G.A. Straka (Hrsg.): Aktive Mediennutzung im Alter: Modelle und Erfahrungen aus der Medienarbeit mit älteren Menschen. Heidelberg 1990, S. 77-91.
Bosch, Eva Maria: Alter in der fiktiven Fernsehrealität - Eine Analyse der Konstruktion von Altersdarstellungen und ihrer Rezeption durch ältere Menschen. In: J. Eckhardt, I. Horn (Hrsg.): Ältere Menschen und Medien. Eine Studie der ARD/ZDF-Medienkommission. Frankfurt und Berlin 1988, S. 138-152.
Butler, Robert: Age-ism: Another form of bigotry. The Gerontologist 9 (1969), S.243-246.
Dennersmann, Ursula; Ludwig, Rüdiger: Das gewandelte Altenbild in der Werbung - Ergebnisse einer neueren Studie aus dem Jahre 1985. Zeitschrift für Gerontologie 19 (1985), Nr. 5, S. 362-368.
Ehmer, J.: Sozialgeschichte des Alters. Frankfurt a.M. 1990.
Galliker, Mark; Klein, Margot: Implizite positive und negative Bewertungen - Eine Kontextanalyse der Personenkategorien 'Senioren', 'ältere Menschen', 'alte Menschen' und 'Greise' bei drei Jahrgängen einer Tageszeitung. Zeitschrift für Gerontopsychologie- und psychiatrie 10 (1997), Nr. 1, S. 27-41.
Greco, Alan J.: Ältere als Kommunikatoren in der Werbung. Vierteljahresheft für Medien und Werbewirkung (1989), Nr. 1, S. 18-20.

Hastenteufel, R.: Die Darstellung alter Menschen in der Werbung. Zeitschrift für Gerontologie 13 (1980), S. 529-536.

Heinrich Bauer Verlag (Hrsg): Info-Letter. Aktuelle Information zur Power-Generation 50plus. 2/1996.

Horn, Mechthild; Naegele, Gerhard: Gerontologische Aspekte der Anzeigenwerbung. Ergebnisse einer Inhaltsanalyse von Werbeinseraten für ältere Menschen und mit älteren Menschen. Zeitschrift für Gerontologie 9 (1976), S. 463-473.

Kaid, Lynda; Garner, Jane: Political advertising and the elderly. In: J. Nussbaum; J. Coupland (eds.): Handbook of Communication and aging research. Mahwah 1995, S. 343-356.

Karl, F.; Tokarski, W.: Die „neuen Alten". Zur Einordnung eines ambivalenten Begriffs. In: F. Karl; W. Tokarski (Hrsg.): Die „neuen Alten". Beiträge zu der XVII. Jahrestagung der Deutschen Gesellschaft für Gerontologie 1988. Kassel 1989, S. 9-12.

Kayser, Susanne: Menschen als Zielgruppe der Werbung. Daten und Forschungen zu einer aktiv gebliebenen Generation. Media Perspektiven (1996), Nr. 6, S. 301-308.

Kruse, Lenelis; Thimm, Caja: Das Gespräch zwischen den Generationen. In: L. Krappmann; A. Lepenis (Hrsg.): Alt und Jung. Spannung und Solidarität zwischen den Generationen. Frankfurt und New York 1997, S. 112-136.

Lehr, Ursula; Niederfranke, Annette: Altersbilder und Altersstereotype. In: W. Oswald; L. Wettermann; S. Kanowski; U. Lehr; H. Thomae (Hrsg.): Gerontologie. Stuttgart 1991, S. 38-46.

Lehr, Ursula; Thomae, H.: Psychologie des Alterns. (7. Auflage). Heidelberg und Wiesbaden 1991.

Merten, Klaus: Evolution der Kommunikation. In: K. Merten; S.J. Schmidt; S. Weischenberg (Hrsg.): Die Wirklichkeit der Medien. Opladen 1994, S. 141-162.

Niederfranke, Annette; Schmitz-Scherzer, Reinhard; Filipp, Sigrun-Heide: Die Farben des Herbstes. Die vielen Gesichter des Alterns heute. Funkkolleg Altern, Studienbrief (1996), Nr. 1, S. 4-45.

Profile: Seiten der Marketingkommunikation der Süddeutschen Zeitung. November 1995, Nr. 4.

Schlosser, Horst D.: Von „ausländerfrei" bis „Diätenanpassung". Fünf Jahre Unwortsuche. Der Sprachdienst 40 (1996), Nr. 2, S. 47-58.

Spieß, Brigitte: Weiblichkeitsklisches in der Fernsehwerbung. In: K. Merten; J. Schmidt; S. Weischenberg (Hrsg.): Die Wirklichkeit der Medien. Opladen 1994, S. 408- 426.

Tews, Hans Peter: Altersbilder. Über Wandel und Beeinflussung von Vorstellungen vom und Einstellungen zum Alter. Kuratorium Deutsche Altershilfe. Köln 1991.

Thimm, Caja: Plädoyer für eine gerontologische Linguistik. Sprachreport 1 (1996a), S. 3-5.

Thimm, Caja: Alter, Sprache, Gesundheit: Neue Fragestellungen für die Sprachwissenschaft. In: Logos Interdisziplinär, 4 (1996b), Nr. 4, S. 250-254.

Ueltzhöffer, Jörg: Ältere im Spiegel der Gesellschaft. Wandel von Selbstbildern und Lebensstilen, neue Ansprachen in der Werbung. In: Forum Demographie und Politik (1992), Nr. 1, S. 50-60.

Ursic, Anthony; Ursic, Michael; Ursic, Virginia: A longitudinal study of the use of the elderly in magazine advertising. In: Journal of Consumer Research 13 (1986), S. 131-133.

Humor in der Werbung.
Chancen und Risiken

Harald Erbeldinger und Christoph Kochhan

1. Einführung in die Thematik

Unternehmen stehen in der heutigen Zeit eine Vielzahl von Möglichkeiten zur Verfügung, um die Konsumenten über ihr Produkt- bzw. Dienstleistungsangebot zu informieren. Als ein 'klassisches' Instrument der Kommunikation kann in diesem Kontext die Werbung betrachtet werden. Dabei informieren Werbetreibende aufgrund gesättigter Märkte sowie aufgrund der vorliegenden Kommunikationsbedingungen i.d.r. weniger über die Qualität und die objektiven Eigenschaften des Leistungsangebots. Vielmehr finden sich oftmals Werbepräsentationen, die das Ziel verfolgen, den Rezipienten auf emotionale Art und Weise zu aktivieren (vgl. Kroeber-Riel 1992, S. 87f., 120)[1].

In die Kategorie der emotionalen Appelle kann auch das Kommunikationsmittel des Humors eingeordnet werden: Mittels humorvoller Darstellungen kann der Werbetreibende beim Betrachter positive Gefühle auslösen. Diese tragen i.d.R. dazu bei, (nachfolgende) kognitive Vorgänge der Rezipienten zu steuern und die Rezipienten eventuell zum Kauf zu motivieren (vgl. Phillips 1992, S. 56). Die Werbewirkung humorvoller Stimuli ist jedoch umstritten. Denn nur für wenige Phänomene besteht eine solche Ungewißheit und Widersprüchlichkeit wie für das Element des Humors: Humor kann zum einen bei jedem Individuum unterschiedliche Reaktionen auslösen und bewegt sich zum anderen im Spannungsfeld zwischen kognitiver Aktivität und affektiver Reaktion. So setzt das Verstehen humoriger Elemente einerseits zwar eine intellektuelle Anstrengung voraus, andererseits kann der Reiz aber durch ein zu intensives Nachdenken 'verlorengehen'.

---

[1] Siehe hierzu auch den Beitrag von Michael Jäckel im vorliegenden Band.

Vor diesem Hintergrund will der vorliegende Beitrag die Möglichkeiten und Grenzen humorvoller Werbung skizzieren. Dies geschieht auf der Basis von empirischen Ergebnissen zur Effizienz von Humor in Werbepräsentationen. Die Überlegungen schließen dabei an die Grundlagenarbeit von Sternthal und Craig aus dem Jahre 1973 an, die mit ihrem richtungsweisenden Artikel „Humor in Advertising" die Diskussion im anglo-amerikanischen Raum auslösten. Aufgrund mangelnder deutschsprachiger Studien zu der Thematik 'humoriger Werbepräsentationen' wird im folgenden vorwiegend auf Forschungsarbeiten aus dem anglo-amerikanische Raum zurückgegriffen, die das Kommunikationsinstrument des Humors und seine Wirkungen thematisieren. Nicht selten bestimmen hier persönliche Meinungen und Erfahrungen die Diskussion, da empirische Ergebnisse oftmals fehlen. Darüber hinaus wird auch auf Forschungsergebnisse angrenzender Disziplinen zurückgegriffen. Zwar ist eine Übertragung der Ergebnisse auf den Werbebereich kritisch zu betrachten. Da sie jedoch grundlegende Wirkungszusammenhänge aufzeigen können und bedeutende Einflußgrößen herauszustellen vermögen, sollen sie nachfolgend beachtet werden.

2. Das Kommunikationsinstrument des Humors

Humor kann als eine „form of *communication* in which a *complex, mental stimulus* illuminates, or amuses, or elicits the reflex of laughter" (Encyclopædia Britannica 1989, S. 145) verstanden werden. Demnach umfaßt der Begriff sowohl einen Aspekt, der die Art des Stimulus betrifft als auch einen Aspekt, der sich auf die nachfolgende Reaktion der Rezipienten bezieht. Entsprechend wird eine Werbebotschaft dann als humorvoll bezeichnet, wenn sie typische Humorelemente beinhaltet (etwa Inkongruenzen, Überraschungswerte etc.) sowie eine 'komische' Absicht erkennen läßt. Sie muß also geeignet sein, bei den Rezipienten humorige Reaktionen wie beispielsweise ein Lachen auszulösen (vgl. Spieker 1985, S. 9ff.).

Im Rahmen der Kommunikation stellt der Humor jedoch kein Element dar, das als selbständiger Motivationsfaktor wirkt. So trat der Humor etwa im Rahmen von Untersuchungen zu den Ursachen und zugrundeliegenden

Motiven diverser Konsumentenreaktionen auf Fernseh-Werbestimuli in keinem Fall als eigenständiger Faktor auf. Vielmehr stellte er nur eines von mehreren Stimuluselementen dar, durch das eine Werbebotschaft aufmerksamkeitserregend und interessant wird (vgl. Rossiter und Percy 1987, S. 244). Erst in Verbindung mit einem weiteren 'Werbe-Appell' (engl. advertising appeal), der eine der Grundmotivationen (etwa das Bedürfnis nach Sicherheit) der Rezipienten anspricht, kann der Humor die intendierten Konsumentenreaktionen hervorrufen (vgl. ebenda).

Dennoch gewinnt der Humor als 'markante Kommunikationsform' durchaus eine eigene Dimension, da er die eigentliche Aussage entscheidend beeinflußt: die Atmosphäre, die der Humor ausstrahlt, überträgt sich auf den Inhalt der Kommunikation, so daß letztlich das Image des Produkts davon profitieren kann (vgl. Hytha 1975, S. 275). Dabei kann grundsätzlich jegliche Thematik bzw. Situation auf humorige Art dargestellt werden (vgl. Berlyne 1972, S. 44), die jedoch unterschiedlich geeignet für die Nutzung in der Werbung sein kann.

Um die von der Werbung angestrebte 'Endwirkung' des Kaufverhaltens zu erzielen, ist es unabdingbar, daß die Werbebotschaft in einer ersten Stufe von den Rezipienten wahrgenommen wird. Darüber hinaus soll sie deren Informationsverarbeitung anregen und eine Kaufabsicht auslösen, die in der konkreten Kaufsituation wirksam wird (vgl. zu Stufenmodellen der Werbewirkung etwa Kroeber-Riel 1992, S. 617). Dazu muß sie Emotionen und Motive der Betrachter ansprechen und eine positive, differenzierte Einstellung zu dem Erzeugnis hervorrufen. In diesem Kontext ist der Beitrag humorvoller Elemente darin zu sehen, ein attraktives Wahrnehmungsklima zu gewährleisten. Dies wird möglich, indem sie positive, den ästhetischen Bedürfnissen der Menschen entsprechende Gefühlswerte hervorrufen und den Konsumenten in eine positive 'Stimmung' versetzen (vgl. Diehl 1984, S. 9f.). Die Gefühlswerte müssen dabei angenehmer Art sein, um Wirkungen herbeizuführen, die der Beeinflussungsabsicht entsprechen. Humorformen, die etwa Angst oder Ärger auslösen, eignen sich somit i.d.R. nicht zur werblichen Nutzung, da die Reaktion des Lachens in dieser Beziehung einen negativen Ausdruck i.S.v. 'jemanden bloßstellen' impliziert. Insbesondere Satire, Ironie, Karikaturen oder klischeehaft dargestellte, 'zweideutige'

Anspielungen können oftmals verletzend und peinlich wirken, wenn sie (ungewollte) negative Assoziationen hervorrufen oder unmittelbar 'zu Lasten anderer gehen' (vgl. ebenda). Denn bekanntlich „hört beim Humor der Spaß auf" (Dittmann 1978, S. 5).

3. Zur Wirksamkeit humorvoller Elemente in Werbepräsentationen

Die Werbewirkung humorvoller Stimuli kann auf zwei unterschiedlichen Ebenen betrachtet werden: Zum einen auf der Beurteilungsebene. Hier geht es um die Frage, wie Humor die Einschätzung eines Kommunikators bzw. einer Kommunikation durch den Rezipienten beeinflußt (Quelleneffekte). Zum anderen ist hier die Verarbeitungsebene zu nennen, d.h. wie humorvolle Stimuli die Verarbeitung der Werbebotschaft durch den Rezipienten beeinflussen.

3.1 Quelleneffekte humorvoller Stimuli

Während im Rahmen der Akzeptanz- und Präferenzforschung einer Quelle affektive Gesichtspunkte im Vordergrund der Analyse stehen, werden bei Untersuchungen zur Glaubwürdigkeit der Quelle kognitive Aspekte wie beispielsweise das Vertrauen in die Werbung oder das wahrgenommene Expertentum analysiert.

a) Affektive Quelleneffekte: Einfluß auf Sympathie und Akzeptanz der Werbung

Sternthal und Craig (1973, S. 17) vertreten die Auffassung, daß die Verwendung von Humor die Beliebtheit und damit die Akzeptanz einer Quelle (engl.: source liking) steigert. In diesem Kontext hat sich gezeigt, daß insbesondere die Selbstironie als Form des Humors dazu beitragen kann, skeptische Reaktionen der Rezipienten zu verringern, so daß die Akzeptanz einer Quelle gefördert wird (vgl. Apte 1987, S. 30, 36). Diese These konnte durch weitere Arbeiten in der Werbeforschung ebenso wie durch Beiträge aus anderen Wissenschaftsgebieten gestützt werden (vgl. diesbezüglich etwa

Weinberger und Gulas 1992, S. 44ff.). Forschungen im Bereich des Marketing belegen zwei Effekte: eine höhere Beliebtheit der Werbung (vgl. ebenda) sowie eine stärkere Präferenz für das Produkt bzw. die Marke (vgl. Gelb und Zinkhan 1986, S. 19). Auch Studien außerhalb des Werbekontexts belegen die positiven Wirkungen humorvoller Kommunikation. So zeigen etwa Studien zur Effektivität von Lehrkörpern, daß Lehrern, die Humor in ihre Vortragsweise integrieren, bei Persönlichkeitsbeurteilungen durch ihre Schüler signifikant höhere Eigenschaftswerte in bezug auf Autorität, Respekt u.ä. zugesprochen werden als Erziehern, die den Humor nicht als rhetorisches Stilmittel einsetzen (vgl. u.a. Bryant et al. 1980, S. 517f.). Die Verwendung von Humor im Rahmen von Lehrveranstaltungen wirkt sich nicht nur positiv auf die Wertschätzung der Lehrer aus, sondern darüber hinaus auch auf die Einstufung der Lehrinhalte sowie des Lehrmaterials (vgl. dazu z.B. Bryant und Zillmann 1989, S. 77f.; Bryant et al. 1981, S. 56f.). Insgesamt weisen die vorliegenden Untersuchungen zum Einfluß von Humor auf die Sympathie und Akzeptanz eines Kommunikators vernachlässigbare neutrale und keine negativen Befunde auf (vgl. Weinberger und Gulas 1992, S. 46f.).

Während vornehmlich in älteren Arbeiten die Auffassung vertreten wird, daß die Beliebtheit und Akzeptanz eines Kommunikators bzw. einer Kommunikation nichts oder nur wenig über die Effektivität einer Werbepräsentation aussagt (vgl. Gelb und Pickett 1983, S. 38ff.), deuten neuere Studien auf Gegenteiliges hin (vgl. hierzu Weinberger und Gulas 1992, S. 47). Dabei erweisen sich insbesondere Beliebtheits- bzw. Sympathiemaße als zuverlässige Indikatoren für den Verkaufserfolg der beworbenen Leistungsangebote und zeigen sich im Vergleich zu weiteren betrachteten Meßgrößen als überlegen (vgl. diesbezüglich die „Future Youth"-Studie, in: Stockmann 1996, S. 98). In diesem Zusammenhang ist zu vermuten, daß der Humor einen eher vermittelnden Einfluß auf höhere Werbewirkungsstufen wie etwa die Einstellung zum Produkt oder die Kaufabsicht ausübt: Indem er i.d.R. zu einer positiven Einstellung bezüglich der Werbebotschaft führt, trägt er dazu bei, günstige Effekte im Hinblick auf die Gesamtwirkung einer Werbekommunikation einzuleiten (vgl. Spieker 1985, S. 37).

b) Kognitive Quelleneffekte: Die Glaubwürdigkeit der Quelle

Es wird oft konstatiert, daß aus der Verwendung von Humor negative Auswirkungen auf das Image des Senders einer Werbebotschaft, insbesondere im Hinblick auf seine Seriosität und Glaubwürdigkeit, resultieren (vgl. Madden und Weinberger 1984, S. 25). Da sich mit zunehmender Glaubwürdigkeit des Kommunikators die Wahrscheinlichkeit erhöht, daß eine Kommunikation wirksam wird (vgl. Kroeber-Riel 1992, S. 516f.), muß dieser Aspekt näher betrachtet werden. Werbestudien, die sich mit den diesbezüglichen Effekten des Humors auf das Image des Senders einer Werbebotschaft beschäftigten, weisen ein widersprüchliches Bild auf: Sowohl positive, indifferente als auch negative Auswirkungen des Humors auf die Glaubwürdigkeit der Quelle wurden nachgewiesen (vgl. Wagle 1985, S. 225; Weinberger und Gulas 1992, S. 45). Ähnliche Ergebnisse fanden sich auch in Studien, die Humor nicht im Kontext von Werbepräsentationen analysierten (vgl. ebenda).

Für diese heterogenen Befunde scheinen mehrere Faktoren verantwortlich: Bedeutsam ist die Person, die das Produktangebot präsentiert. Während einerseits der Einsatz von Humor bei sehr glaubwürdigen Kommunikatoren die Überzeugungskraft einer Botschaft steigern kann (vgl. Sternthal und Craig 1973, S. 15f.), können andererseits vorwiegend solche Sender vom Humor profitieren, deren Image ursprünglich nicht sehr hoch eingeschätzt wurde (vgl. Unger 1996, S. 148). Nach Kroeber-Riel (1992, S. 516f.) ist im allgemeinen davon auszugehen, daß ein Kommunikator, der „...in den Augen der Kommunikanten von Berufs wegen darauf aus ist, andere zu seiner Meinung zu bekehren", als eher weniger vertrauenswürdige Quelle einer Nachricht wirkt. Sternthal und Craig (1973, S. 17) zufolge kann hier die Verwendung humoriger Elemente in einer Werbung zu wünschenswerten Quelleneffekten führen. Denn Humoriges erzeugt in erster Linie Sympathien und Vertrauen (vgl. Phillips 1992, S. 56). Tamborini und Zillmann (1981, S. 430f.), die im Rahmen der Erziehungswissenschaften den Einfluß des Humors auf das Ansehen einer Lehrkraft seitens ihrer Zuhörer analysierten, heben insofern hervor, daß sich Humor zwar generell positiv auf das Meinungsbild auswirke, das die Rezipienten von dem Kommunikator besitzen. Der Humor beeinflusse jedoch nicht die Einschätzung seiner Intelligenz.

Daß ein Sender als glaubwürdig gilt, hängt offenbar insbesondere mit der Art des verwendeten Humors zusammen. Speck (1987) untersuchte im Rahmen seines auf die Werbung bezogenen Forschungsbeitrags die Auswirkungen humorvoller Elemente auf zwei Aspekte der Glaubwürdigkeit einer Quelle. Er überprüfte zum einen die Kompetenz i.S.v. vorhandenem Fachwissen (Expertentum) und zum anderen die Vertrauenswürdigkeit des Kommunikators. Obwohl alle Quellen in seinem Experiment von den Probanden als zumindest gemäßigt kompetent angesehen wurden, attestierten die Versuchspersonen den 'ernsten' Kommunikatoren eine größere Kompetenz als den 'humorigen'. Jedoch zeigte sich, daß die Vertrauenswürdigkeit durch den Einsatz aussagerelevanten Humors im Vergleich zu 'ernsten' Varianten stieg (vgl. Weinberger und Gulas 1992, S. 42ff.).

Diesen Forschungsergebnissen entsprechend scheint die Verwendung humorvoller Präsentationen nicht ausnahmslos zu einer verbesserten Glaubwürdigkeit der Quelle zu führen und sollte in dieser Hinsicht kritisch distanziert betrachtet werden (vgl. hierzu auch die Einschätzungen von Werbefachleuten bei Madden und Weinberger 1984, S. 25; Weinberger und Spotts 1989, S. 43).

3.2 Wirkungen des Humors auf den Informationsverarbeitungsprozeß

Nachdem bisher vorwiegend 'emotionale Vorgänge' der Rezipienten im Mittelpunkt der Betrachtung standen, soll im folgenden verstärkt auf kognitive Verarbeitungsprozesse eingegangen werden. Von Interesse ist in diesem Zusammenhang, welche Auswirkungen humorige Stimuli auf die Aufnahme, Verarbeitung und Speicherung der von der Werbung dargebotenen Informationen seitens der Rezipienten haben. Hierzu erscheint es sinnvoll, den Beeinflussungsprozeß in einzelne Phasen der Informationsverarbeitung zu unterteilen. Die gewählten Gliederungspunkte orientieren sich an gängigen Zielen der Verhaltensbeeinflussung, die für das werbende Unternehmen von Interesse sind.

a) Erregung von Aufmerksamkeit

Es scheint nach dem gegenwärtigen Stand der Literatur eine weitgehende Einigkeit darüber vorzuliegen, daß humorvolle Stimuli als Mittel zur Erzielung von Aufmerksamkeit aufgrund ihrer allgemeinen Beliebtheit über sehr gute Qualitäten verfügen (vgl. Weinberger und Gulas 1992, S. 36). Sie werden von den Rezipienten bevorzugt wahrgenommen und gewinnen leicht das Interesse der Betrachter (vgl. Markiewicz 1974, S. 413).

Eine weitere Erklärung für die aufmerksamkeitsgewinnenden und -konservierenden Effekte humorvoller Präsentationen stellt die involvierende Natur des Humors dar, die sich mit einem Konzept aus der *Gestalt-Psychologie* erklären läßt: Der Rezipient strebt nach Konsistenz und Vollständigkeit, da er seine Umwelt als eine organisierte Gesamtheit wahrnimmt. Dieser psychologische Mechanismus führt dazu, daß er auf kognitiver Ebene versucht, seine Wahrnehmung zu komplettieren, wenn ihm ein unvollständiger oder doppeldeutiger Stimulus präsentiert wird. Viele Formen des Humors erzeugen so eine innere Erregung oder Spannung, die sich erst nach dem Verstehen der Pointe abbaut. Allerdings spürt der Empfänger der lustigen Werbebotschaft, insbesondere wenn er sich in Gesellschaft befindet, ein Unbehagen, wenn er (als einziger) den Witz nicht verstanden hat (vgl. Unger 1996, S. 147). Um die beschriebene Wirkung zu erhöhen, kann der Werbetreibende überdies auf einen humorigen Werbespot, der in zwei Teilen ausgestrahlt wird, zurückgreifen. Während der erste Teil den Konsumenten über die Pointe im unklaren läßt, trägt der zweite leicht zeitversetzte Teil dazu bei, die Inkongruenzen und somit die aufgebaute Spannung aufzulösen.

Vor diesem Hintergrund erscheinen die Ergebnisse einer Befragung von US-amerikanischen Werbetreibenden verständlich: 94% der Befragten gaben an, daß Humor Aufmerksamkeit erregt, und 55% der Werbeforscher gelangten zu der Auffassung, daß amüsant präsentierte Werbungen ernsteren Versionen im Hinblick auf die Erregung von Aufmerksamkeit überlegen sind (vgl. Madden und Weinberger 1984, S. 24ff.). Die Einschätzung seitens der Praktiker wird auch durch empirische Befunde gestützt. In spezifischen Forschungsarbeiten über aktuelle Zeitschriften- (siehe hierzu Madden und Weinberger 1982), Radio- (siehe Weinberger und Campbell 1991) wie auch

Fernsehwerbungen (siehe Stewart und Furse 1986) konnte der positive Einfluß des Humors nachgewiesen werden. Umfassende Laboruntersuchungen, die mehrere Aufmerksamkeitsdimensionen in die Analyse integrierten (siehe Speck 1987)[2], als auch Forschungsergebnisse aus anderen Bereichen wie etwa 'Using Humor to Promote Learning in the Classroom' (siehe Bryant und Zillmann 1989, S. 77f.), wiesen tendenziell ähnliche Resultate auf.

Diese Untersuchungen berücksichtigen jedoch nicht die Produktbezogenheit des Humors. Weinberger et al. (1995) haben diesem Aspekt Rechnung getragen und die Wirkung von Humor innerhalb verschiedener Mediengattungen hinsichtlich einzelner Produktgruppen ermittelt. In dieser Untersuchung wenden die Forscher die von Weinberger et al. entwickelte „Produkt-Farben-Matrix" (PFM) [3] an, um wesentliche Produktunterschiede, die bei der Entwicklung einer Werbestrategie von Bedeutung sind, hervorzuheben. Den Untersuchungsergebnissen zufolge stellt eine nichtproduktbezogene Humorwerbung im Radio eine risikoreiche Strategie bezüglich aller Produktgruppen dar, wenn lediglich die Aufmerksamkeit der Rezipienten erzeugt werden soll. Der produktbezogene Humor hingegen wirkt mit Ausnahme der „White goods" für jede weitere Produktkategorie („Yellow goods", „Red goods", „Blue goods") aufmerksamkeitssteigernd. Im Hinblick auf die Zeitschriftenwerbung bestehen mit Ausnahme der „Blue goods" generell positive, d.h. aufmerksamkeitssteigernde Effekte humorvoller Präsentationen, wobei die Produktbezogenheit des Humors hier scheinbar unbedeutsam ist (vgl. Weinberger et al. 1995, S. 52f.). Grundsätzlich zeigt sich

---

[2] Speck (1987) verglich in seiner Untersuchung humorige mit ernsten Versionen im Hinblick auf die Aufmerksamkeitsmaße 'anfängliche', 'anhaltende', 'projizierte' und 'insgesamte Aufmerksamkeit'.
[3] Sog. 'White goods' stellen Produkte mit funktionalem Nutzen und hohem Kaufrisiko (bspw. Versicherungen, große Einrichtungsgegenstände) dar. 'Blue goods' dagegen sind Verbrauchsgegenstände mit geringer Bedeutung und daher niedrigem Kaufrisiko (bspw. Grundnahrungsmittel, Wasch- oder Putzmittel). Demgegenüber bezeichnet der Begriff der 'Red goods' Güter mit hohem (affektivem) Zusatznutzen bzw. Luxusartikel mit hohem Kaufrisiko (bspw. Sportwagen, Modeartikel). Unter 'Yellow goods' werden Güter mit (affektivem) Zusatznutzen, aber geringem Kaufrisiko verstanden (kleinere 'Annehmlichkeiten' wie bspw. Süßigkeiten, Alkohol) (vgl. ausführlicher Weinberger et al., 1995, S. 47).

außerdem, daß das bloße Hinzufügen von 'aufgesetztem' (engl.: canned) Humor zu einer existierenden Werbung kaum gleichstarke Aufmerksamkeitseffekte erlangen wird, wie dies im Falle von in die Werbeaussage integriertem, strategisch geplantem Humor gegeben ist (vgl. Weinberger und Gulas 1992, S. 36).

Bei der Umsetzung der Werbeidee muß u.a. darauf geachtet werden, daß die schnelle Erkennbarkeit des humorigen Charakters einer Werbung gewährleistet ist, damit der Humor seine aufmerksamkeitssteigernden Qualitäten entfalten kann. Denn in einem engen Zusammenhang mit der Aufmerksamkeit steht die *Orientierungsreaktion*, d.h. die „... unmittelbare, reflexartig verlaufende Zuwendung zu einem 'neuen' Reiz" (Kroeber-Riel 1992, S. 59). In diesem Zusammenhang birgt insbesondere die Humorwerbung die Gefahr, daß die in ihr verwendeten Reize nicht aktivierungswirksam werden, weil sie nicht in der Lage sind, die Orientierungsreaktion zu gewährleisten (vgl. Berlyne 1974, S. 45f.); äußere Reize lösen erst dann eine Aktivierung aus, wenn sie durch das Individuum grob entschlüsselt sind und ihre subjektive Bedeutung verstanden wurde (vgl. Kroeber-Riel 1992, S. 67). Dies ist über den Einsatz kontextueller Hinweise realisierbar.

b) Auswirkungen auf das Verstehen der werblichen Kernaussage
Es wird häufig darauf hingewiesen, daß humorige Elemente das Verständnis der in der Werbebotschaft enthaltenen Aussagen beeinträchtigen können (vgl. u.a. Lammers et al. 1983, S. 182). Dies würde bedeuten, daß die gesamte Werbewirkung in Frage zu stellen wäre (vgl. Spieker 1985, S. 31f.). Um dieser Situation entgegenzuwirken, sind mehrere Faktoren zu berücksichtigen: Ein zu überwindendes kritisches Moment sind die humorigen Elemente selbst, d.h. der Rezipient muß die Inkongruenzen nicht nur erkennen und lösen, sondern er muß sich auch den 'komischen' Hintergrund vergegenwärtigen (vgl. ebenda). Das Verstehen einer Pointe hängt unter Rückgriff auf *komplexitätstheoretische Überlegungen* (vgl. Katz 1983, S. 178ff.) i.d.R. von vier Faktoren ab:

1. der kognitiven Komplexität, d.h. den persönlichen (endogenen) kognitiven Fähigkeiten der Konsumenten zur Aufnahme und Verarbeitung von Informationen,
2. der Informationskomplexität, die sich zusammensetzt aus der Menge, der Vielfalt und Veränderungsrate der Informationen sowie deren syntaktischem und semantischem Niveau,
3. der Situationskomplexität, die einerseits durch das Ausmaß der positiven und negativen Konsequenzen, die mit einem Verhalten in Zusammenhang stehen und andererseits durch das jeweilige Situationsinvolvement determiniert wird sowie von
4. den situativen Determinanten einer Informationsaufnahme, wie den bereits vorhandenen Vorkenntnissen und Erfahrungen eines Individuums, dem augenblicklichen Zeitdruck zur Bearbeitung des humorigen Materials, aktuellen Gefühlszuständen (vgl. Leventhal und Safer 1977, S. 345) oder motivationalen Faktoren.

Mit steigender Komplexität des lustigen Sachverhalts nehmen die Verständnisprobleme zu (vgl. Wyer und Collins 1992, S. 676ff.). Dies ist insbesondere der Fall, wenn Satire, Ironie, Sarkasmus oder Zynismus als Stilmittel eingesetzt werden. Sie gelten als Formen des Komischen, die leicht mißverständlich aufgefaßt werden können (vgl. Zillmann und Bryant 1983, S. 185f.). Gleichwohl existieren viele praktische Beispiele wie etwa Anti-Raucherwerbungen ironischen Inhalts, die die Gefahr des Mißverstehens dadurch reduzieren, daß sie auf einfache Illustrationen zurückgreifen.

Bedeutungsvoller erscheint jedoch die Frage, inwieweit humorvolle Elemente das Gesamtverständnis einer Werbebotschaft beeinflussen, d.h. ob im Vergleich zu ernsten Darstellungen nachteilige Effekte auftreten (vgl. Spieker 1985, S. 32). Die diesbezüglichen Forschungsergebnisse sind sehr uneinheitlich. Sternthal und Craig (1973, S. 13f.) mutmaßten, daß Humor die Verständlichkeit der Werbung beeinträchtigen würde. Diese Auffassung entspricht der Überzeugung einer Vielzahl (64%) von Werbeforschern US-amerikanischer Werbeagenturen (vgl. Madden und Weinberger 1984, S.

28).[4] Weitere Studien kamen zu ähnlichen negativen Ergebnissen (vgl. stellvertretend Gelb und Zinkhan 1986, S. 19f.). Jedoch stehen diese im Gegensatz zu Forschungsergebnissen, die einen positiven Zusammenhang zwischen Humor und Verständnis festgestellt haben (vgl. stellvertretend Zhang und Zinkhan 1991, S. 817f.). Keine Unterschiede konnte Madden (1982) im direkten Vergleich zwischen ernsten und humorvollen Werbepräsentationen nachweisen.

Die Diskrepanz solcher Ergebnisse kann zum einen darauf zurückgeführt werden, daß unterschiedliche Auffassungen darüber existieren, wie Verständnis definiert und gemessen werden soll und zum anderen auf die Verwendung unterschiedlicher Humortypen im Zuge der Forschungsarbeiten. Außerdem werden in vielen Studien zu dieser Thematik grundlegende Einflußgrößen wie etwa die Produktbezogenheit des Humors nicht oder nur in unzureichendem Maße berücksichtigt (vgl. Weinberger und Gulas 1992, S. 38f.). Nachdem Weinberger et al. (1995, S. 52) sowohl unterschiedliche Produkttypologien als auch die Produktbezogenheit des verwendeten Humors in die Analyse integrierten, ergibt sich ein vielschichtigeres und detaillierteres Bild zur Thematik der Verständlichkeit. So hat produktbezogener Radiohumor bis auf die „White goods"-Produktgruppe stets positive Auswirkungen auf die Verständlichkeit der Werbebotschaft. Der Humor in gedruckten Medien weist lediglich im Falle der „Yellow goods" derartige Effekte auf. Bei allen anderen Produktgruppen bestehen für die Konsumenten Probleme, die Werbung mit der Marke zu assoziieren. Damit stehen diese Befunde wiederum im Einklang mit Ergebnissen aus den Erziehungswissenschaften, die auf nicht-werblichem Gebiet überwiegend positive, kaum neutrale und in keinem Fall negative Auswirkungen des Humors auf die Verständlichkeit ermitteln konnten (vgl. Weinberger und Gulas 1992, S. 38).

Grundsätzlich wird darauf hingewiesen, daß die Gefahr von Ablenkungseffekten berücksichtigt werden muß, die das Verständnis der gesamten Werbebotschaft beeinträchtigen können (vgl. u.a. Cantor und Venus 1980, S.

---

[4] Die in der gleichen Studie befragten Werbetexter waren gegenteiliger Meinung.

14): Rezipienten, die Humorbotschaften nur beiläufig wahrnehmen, sind der Möglichkeit ausgesetzt, Inkongruenzen nicht als solche zu erkennen, so daß eine konfuse Wahrnehmung entstehen kann (vgl. Zillmann und Bryant 1983, S. 185). Um dies zu vermeiden, müssen humorige Elemente leicht als solche zu erkennen sein. Nur dann erscheint die Wahrnehmung gesichert und die Möglichkeit der Erinnerung an die Werbebotschaft gegeben.

c) Auswirkungen auf die Lern- und Gedächtnisleistungen der Rezipienten
Dem Humor wird auch im Hinblick auf die Lernfähigkeit der Rezipienten oftmals ein positiver Einfluß zugesprochen. Dies beruht darauf, daß er aufgrund seiner Qualitäten zur Aufmerksamkeitsgewinnung eine wichtige Voraussetzung zur gewünschten Verarbeitung der Werbebotschaft erfüllt (vgl. Weinberger und Campbell 1991, S. 45). Im Hinblick auf die Werbewirkung interessiert im Falle des Lernens, „... daß die einzelnen Elemente der Werbung ... nicht nur wahrgenommen, sondern speziell i.S.d. Werbebotschaft und der mit ihr verfolgten Ziele verstanden, verarbeitet und gespeichert werden" (Spieker 1985, S. 33).

Der Einfluß des Humors kann mittels verschiedener Lernmodelle erklärt werden: Im Rahmen des *Kontiguitätsprinzips* wird das Lernen als Ergebnis des gemeinsamen Auftretens zweier Reize verstanden, wobei es aus Sicht dieser Theorie plausibel erscheint, daß der Humor i.s.d. emotionalen Konditionierung die Stellung des unbedingten Reizes einnimmt. Er löst dabei eine positive affektive Reaktion aus, die sich auf das Produkt als konditionierten Reiz überträgt (vgl. Spieker 1985, S. 33; Unger 1996, S. 148f.).

Das Lernen nach dem *Verstärkerprinzip* beschreibt den Lernprozeß hingegen als Ergebnis der Verstärkung, die ein Verhalten erfährt. Aus diesem Blickwinkel kann der Humor i.S.d. operanten oder instrumentellen Konditionierung als ein ‚positiver Verstärker' gesehen werden, der - in Verbindung mit der Werbebotschaft als Belohnung empfunden - die Wahrscheinlichkeit eines Verhaltens ändert. Er kann z.B. zur Aufmerksamkeitssteigerung oder zur genaueren Erinnerung an den Werbeinhalt beitragen oder grundsätzlich die Bereitschaft, sich mit Werbung auseinanderzusetzen, fördern (vgl. Zinkhan und Gelb 1990, S. 439).

I.d.R. wird bei der Erklärung der Lernvorgänge davon ausgegangen, daß die aufmerksamkeitserhöhenden Effekte des Humors die Informationsaufnahme verbessern und erleichtern (vgl. zum Humor im pädagogischen Bereich Brown und Bryant 1983, S. 166). Dies sollte insbesondere im Rahmen der Werbung relevant sein, da bei ihr die Aufmerksamkeit der Zuschauer fortlaufend gesucht und aufrechterhalten sowie deren Erinnerungsleistung stimuliert werden muß. Zumindest auf werblichem Gebiet können die bisher verfügbaren Daten solche positiven Effekte jedoch nicht belegen (vgl. stellvertretend Artl 1992, S. 50). Cantor und Venus (1980, S. 20) bescheinigen dem Humor sogar negative Einflüsse. In der Mehrzahl der Studien erscheint jedoch die angewandte Methodik zur Überprüfung der Problemstellung nicht angemessen; so wurden z.B. Recall- und Recognition-Tests i.d.R. einen Tag nach der Präsentation durchgeführt. Es liegen jedoch Hinweise vor, daß die Erinnerung an humorige Zusammenhänge nach einiger Zeit besser ist als unmittelbar nach der Wahrnehmung (vgl. Kaplan und Pascoe 1977, S. 65). In diesem Zusammenhang stellten Lammers et al. (1983, S. 174ff.) die Hypothese des „*Humor-Sleeper-Effekts*" auf. Danach ist ein Individuum unter der Bedingung starker Aktivierung vorerst nur eingeschränkt in der Lage, kognitive Leistungen zu vollbringen. Nach ausreichender Zeit schwächt sich dieser Effekt wieder ab, so daß sich humorige Reize auf längere Sicht den ernsteren als überlegen erweisen. Nach Auffassung von Gelb und Zinkhan dürfte ein entscheidender Anteil der differierenden Erinnerungsleistungen innerhalb der Studien auf die unterschiedliche Intelligenz der Individuen zurückzuführen sein (vgl. Gelb und Zinkhan 1986, S. 20).

Aufgrund der geringen Zahl und unter Berücksichtigung methodischer Unzulänglichkeiten der Studien erscheint eine Verallgemeinerung der Befunde fraglich oder zumindest verfrüht. Darüber hinaus deutet vieles darauf hin, daß wichtige Zusammenhänge, die die hohen Bekanntheitsgrade humoriger Werbung erklären können, bisher noch nicht erforscht sind (vgl. Weinberger und Campbell 1991, S. 51).

Daher erscheint es sinnvoll, auf Ergebnisse anderer Disziplinen, die sich mit der Wirkung humorvoller Stimuli beschäftigt haben, zurückzugreifen, um weitere Erkenntnisse zu gewinnen. Die Experimente von Ziv (1988, S. 5f.) erbrachten den Nachweis, daß der Humor signifikant zu Lernverbesserungen beitragen kann. Studenten, die einer auf humorvolle Art präsentierten Statistikvorlesung beiwohnten, wiesen am Ende des Semesters einen eindeutig größeren Wissenszuwachs auf als ihre Kommilitonen, denen eine ernste Version präsentiert wurde. Sowohl Vorlesungsmaterial als auch der Kommunikator blieben in dem Experiment unverändert. Dieser Zusammenhang konnte allerdings nicht erkannt werden, wenn von seiten der Rezipienten schon ein ausreichendes Interesse vorhanden war. In diesem Falle verschlechterten die humorigen Elemente sogar teilweise die Resultate. Erwähnt werden sollte auch, daß die Lernverbesserungen in Abhängigkeit zum Alter der Rezipienten und zur Problemrelevanz des Humors stehen. Spürbare Lernverbesserungen zeigen sich besonders deutlich bei Kindern im Grundschulalter. Mit zunehmendem Alter lassen die Wirkungen offenbar deutlich nach (vgl. Brown und Bryant 1983, S. 165).

Darüber hinaus kann es in Lernsituationen zu Ablenkungen kommen, wenn der verwendete Humor entweder problemirrelevant ist oder überdosiert eingesetzt wird, da im ersten Fall die Argumentation unterbrochen zu sein scheint (vgl. Zillmann und Bryant 1983, S. 177ff.) und im zweiten Fall die eigentliche Kernaussage nicht mehr ernst genug genommen wird (vgl. Cantor und Venus 1980, S. 14f.). Gemäßigt eingebrachte Formen des Humors erwiesen sich jedoch i.d.R. als effektiv (vgl. Zillmann und Bryant 1983, S. 184).

Die nachteiligen Ergebnisse dürften jedoch bei einer Übertragung auf den Bereich der Werbung dadurch zu relativieren sein, daß sich die erwähnten Studien auf komplexe Kommunikationen beziehen, die insbesondere Lehr- und Erziehungsabsichten verfolgen. In der Fernsehwerbung sind solche eingehenden Argumentationen jedoch nur selten vorzufinden, so daß die genannten Beeinträchtigungen hier geringer ausfallen sollten (vgl. Spieker 1985, S. 35).

Weiterhin wird Werbebotschaften, die das Kommunikationsinstrument des Humors verwenden, i.d.R. eine gute Erinnerbarkeit unterstellt (vgl. etwa Madden und Weinberger 1984, S. 25). Dabei ist weniger von Interesse, ob der Konsument die Pointe wiedergeben kann, sondern vielmehr, ob der positive Eindruck, der in Zusammenhang mit dem Produkt entsteht, im Gedächtnis vorhanden bleibt (vgl. Phillips 1992, S. 56). Denn dadurch wird die Wahrscheinlichkeit erhöht, im *Evoked Set* der Rezipienten verankert zu sein.

Die verfügbaren Daten können jedoch nur bedingt die vermuteten positiven Ergebnisse nachweisen. Sowohl in der Theorie als auch in der Praxis gibt es zwar Belege, daß die Effekte des Humors über die kurzfristige Belustigung hinweg andauern und sich positiv auf die Erinnerungsleistungen auswirken (vgl. etwa Aaker et al. 1992, S. 241; Zhang und Zinkhan 1991, S. 817). Demgegenüber stehen indessen zahlreiche Befunde, die entweder negative oder den ernsthaften Botschaften entsprechende Resultate hervorbrachten (vgl. Gruner 1970, S. 160f.; Belch und Belch 1984, S. 9; Gelb und Zinkhan 1986, S. 20). Unger (1996, S. 153) führt die negativen Erinnerungsleistungen u.a. darauf zurück, daß sich Menschen in positiver Stimmung weniger gut erinnern können.

d) Auswirkungen auf die Produktbeurteilung: Die Überzeugungskraft des Humors

Ob Humor in Werbebotschaften ohne jegliches Auftreten weiterer kommunikativer Elemente einen Konsumenten von der Vorteilhaftigkeit eines Produktes überzeugen kann oder ob er wenigstens dazu beitragen kann, ist umstritten. Sternthal und Craig (1973, S. 17) gingen davon aus, daß die Ablenkung von der Verkaufsabsicht zur Überzeugungsfähigkeit des Humors beitragen könnte. Allerdings stellten sie einschränkend fest, daß die Überzeugungsqualitäten dieses Werbeelements im optimalen Fall denen ernsthafter Werbevarianten gleichkämen. Während amerikanische Werbetreibende diese Auffassung i.d.R. teilten, stuften deren britische Kollegen das Element des Humors im Vergleich zu ernsten Darstellungen als überzeugender ein (vgl. Weinberger und Spotts 1989, S. 42). Diese Auffassung der britischen Werbepraktiker wird etwa durch die Studie von Zhang und Zinkhan (1991, S. 817) untermauert.

Aaker et al. (1992, S. 242) sehen den genannten Ablenkungseffekt als eine mögliche Ursache für die erhöhte Überzeugungskraft. Dazu greifen sie auf die bereits im Jahr 1964 von Festinger und Maccoby diskutierte *Ablenkungshypothese* zurück. Derzufolge werden Verkaufsargumente weniger hinterfragt, weil der Humor den Konsumenten davon ablenkt, Gegenargumente zu generieren, indem er - vergleichbar mit anderen Stimuli wie etwa der Hintergrundmusik - eine angenehme Atmosphäre schafft. Dadurch, daß eine humorvolle Präsentation von der verfolgten Beeinflussungsabsicht ablenkt (vgl. Diehl 1984, S. 10), kann zudem eine etwaige Abwehrstellung gegenüber der Werbung umgangen bzw. gebrochen werden (vgl. Spieker 1985, S. 28).

Der wohl deutlichste Nachweis zugunsten einer überzeugenden Wirkung des Humors findet sich in der Arbeit von Scott et al. (1990, S. 501), die, im Gegensatz zur Mehrzahl der übrigen Studien, verhaltensorientierte Größen zur Operationalisierung der Überzeugungskraft anwendeten. In Abhängigkeit von dem jeweilig beworbenen sozialen Ereignis führten witzig gestaltete Ankündigungen im Vergleich zu ernsten Ankündigungen zu einer erhöhten Teilnahmebereitschaft: Während heitere Einladungen zu einem öffentlichem Picknick auf erhöhtes Interesse stießen, traf dies in bezug auf Gemeinderatsversammlungen nicht zu. Hier zeigte sich die ernste Version als effektiver. Demnach übt der 'ernste Hintergrund' des beworbenen Ereignisses einen bedeutenden Einfluß auf die Überzeugungskraft des Humors aus.

Unumstritten kann dem Humor hinsichtlich seiner Überzeugungsfähigkeit dann ein größerer positiver Effekt zugesprochen werden, wenn die Empfänger der Werbebotschaft bereits eine positive Einstellung zum beworbenen Produkt besitzen (vgl. Chattopadhyay und Basu 1990, S. 475). Damit erweist sich der Einsatz von Humor explizit für die sog. ‚erinnernde Werbung'[5] bzw. die ‚Bestätigungswerbung' zur Vermeidung von Nachentscheidungsdissonanzen als geeignet. Ist die bestehende Einstellung dagegen negativ, zeigt sich die humorlose Werbung effektiver (vgl. ebenda), so daß der Einsatz humorvoller Werbung ungeeignet erscheint, um Vorurteilen zu begegnen. Als subtile Verkaufsstrategie (engl.: soft sell model) besitzt der Humor auch im Hinblick auf die ‚Markenwechsel-Werbung' Vorteile, da

---

[5] Die Aufgabe der *erinnernden Werbung* (engl. reminder advertising) liegt vorwiegend darin, den Konsumenten unmittelbar zum Kauf oder Gebrauch des beworbenen Produkts zu bewegen oder konkurrierender Werbung entgegenzutreten (vgl. Aaker et al. 1992, S. 299).

sich diese Form hier als besonders geeignet erwiesen hat (vgl. etwa die Studie von McCullough und Taylor 1993, S. 19).

Angesichts zahlreicher anderslautender Forschungsergebnisse ist diese befürwortende Darstellung der gesteigerten Überzeugungsfähigkeit distanziert zu betrachten (vgl. Weinberger und Gulas 1992, S. 42). So belegen diverse empirische Studien Wagle (1985, S. 224f.) zufolge eindeutig, daß der Humor bezüglich eines Objekts oder Subjekts keine überdurchschnittliche Überzeugungsarbeit leisten kann. Die gewonnenen Ergebnisse sagen nach Auffassung von Wagle lediglich aus, daß eine identische Information unabhängig vom Humor gleich überzeugend auf die Rezipienten wirke und nicht, daß das Stilmittel Humor dieselben Überzeugungsqualitäten hinsichtlich der kommunizierten Information besitzt wie sein seriöses Pendant.

Zur Frage nach der Überzeugungswirkung des Humors besteht weiterhin Forschungsbedarf. Bei nachfolgenden Analysen sollte jedoch auf unterschiedliche 'Spielarten' des Humors eingegangen werden sowie dessen jeweilige Problembezogenheit Berücksichtigung finden. Weinberger und Campbell (1991, S. 51) gehen zudem davon aus, daß insbesondere die Einbeziehung diverser Produktkategorien die widersprüchlichen Ergebnisse der Vergangenheit aufklären dürfte. Das Stilelement des Humors sollte also zunehmend unter Berücksichtigung möglicher Einflußfaktoren erforscht werden.

4. Einflußgrößen der Werbewirkung humoriger Stimuli

Nachdem im vorangegangenen Kapitel grundlegende Werbewirkungseinflüsse des Humors auf die psychischen Determinanten des Konsumentenverhaltens dargestellt wurden, werden im folgenden wesentliche Rahmenbedingungen sowie relevante Entscheidungstatbestände hinsichtlich diverser Gestaltungsparameter skizziert, die einen nachhaltigen Einfluß auf die Effektivität einer Humorwerbung ausüben.

4.1 Einflußfaktoren im Kontext der Werbegestaltung und -umsetzung

Die Wirkung der humorigen Werbebotschaft hängt entscheidend vom Inhalt und der Art der Umsetzung einer Werbeidee ab. Die zur Verfügung stehenden Typen des Humors erzeugen aufgrund ihres mehr kognitiven bzw. emotionalen Charakters jeweils unterschiedliche Kommunikationswirkungen, die es zu beachten gilt.

a) Der Humortyp
Sowohl Gelb und Pickett (1983, S. 41) als auch Speck (1987)[6] weisen nach, daß bezüglich der am häufigsten auftretenden humorigen Stilarten signifikante Unterschiede bestehen. Die einzelnen Humorstile erzeugen nicht nur uneinheitliche Intensitäten wahrgenommener Humorigkeit, sondern unterscheiden sich auch in ihrer 'Qualität' den Rezipienten effektiv beeinflussen zu können. So wird etwa die Satire häufig als sehr humorig eingestuft. Sie ruft jedoch im Vergleich zu alternativen Formen des Humors (in der Studie als 'non-satiric' bezeichnet) weitaus seltener eine konkrete Kaufabsicht hervor (vgl. Gelb und Pickett 1983, S. 41). Im Hinblick auf diverse Kommunikationsziele (etwa die Erregung von Aufmerksamkeit oder die Erzielung positiver Quelleneffekte) stellte Speck (1987) je nach verwendetem Humortypus ('sentimentaler' Humor, Satire, 'herabsetzender' Humor etc.) sowohl negative als auch positive Wirkungen fest. Beispielsweise eignet sich der 'sentimentale' Humor eindeutig eher zur Verbesserung des Sponsor- bzw. Markenimage als die mehr 'aggressive' Humorart der Satire. Zu bemerken bleibt ferner, daß die untersuchten Humortypen spezifische Vor- und Nachteile bezüglich der verschiedenen Kommunikationsziele aufweisen, da kein einziger Humortypus generell positive oder negative Effekte erzielt.

Alden und Hoyer (1993, S. 35) gaben nach der Analyse der den Humorarten zugrundeliegenden kognitiven Elemente und deren Wirkungen auf den Konsumenten die Empfehlung, daß Werbetreibende bei dem Versuch, humorige Reaktionen auszulösen, grundsätzlich auf solche Kontraste zurück-

---

[6] Zitiert nach Weinberger und Gulas 1992, S. 49.

greifen sollten, die zum einen unerwartet und zum anderen wirklich überraschend sind, da sie sich im Vergleich am effektivsten erwiesen haben.

Untersuchungen, die relevanten mit irrelevantem Humor[7] direkt verglichen haben, kamen jeweils - im Einklang mit der Meinung vieler Werbepraktiker (vgl. Madden und Weinberger 1984, S. 27) - zu dem Ergebnis, daß der relevante dem irrelevanten überlegen ist (vgl. stellvertretend Weinberger und Campbell 1991, S. 45).

Neben der Art des verwendeten Humortypus kann dem Werbemedium ein Einfluß auf die Wirksamkeit humoriger Darstellungen zugesprochen werden, da verschiedene Mediengattungen über spezifische Vor- bzw. Nachteile zur Umsetzung einer Humorbotschaft verfügen.

b) Die Werbemedien

Die Leistungsfähigkeit verschiedener Mediengattungen in bezug auf die effektive Darbietung einer humorvollen Botschaft variiert beachtlich. Dafür dürften zwei Kriterien entscheidend sein: „zum einen die technischen Voraussetzungen und Möglichkeiten und zum anderen die jeweils vorherrschenden Motive für die Verwendung eines Mediums" (Spieker 1985, S. 61).

Weinberger et al. (1995, S. 51) ermittelten in ihrer Studie, daß 30,6% der Radio- und 24,4% der Fernsehwerbespots Humor als Stilmittel verwenden. Damit bestätigt die Untersuchung die Einschätzungen vieler Werbetreibender, die die Funkmedien, also Fernsehen und Radio, für die Plazierung humoriger Werbung als deutlich geeigneter ansehen als die gedruckten Medien (vgl. Madden und Weinberger 1984, S. 25). Tatsächlich kann mit dem Aufkommen der Funkmedien ein 'Aufblühen' des Humors in der Werbung

---

[7] Unter der allgemein geäußerten Forderung der Produkt- bzw.. Aussagebezogenheit ist die Prämisse zu verstehen, daß der eingesetzte Humor in einer direkten Beziehung zu den verfolgten Werbezielen stehen und vollständig in die Werbebotschaft integriert sein sollte, um die gewünschten positiven Effekte zu entfalten (vgl. Zillmann und Bryant 1983, S. 184 und 187). Der Humor trägt nur dann zur eigentlichen Kernaussage der Werbung bei, wenn der Witz in irgendeiner Weise vom Produkt bzw. von der Situation abhängig ist und in einem anderen Kontext nicht die gleiche Lustigkeit entfalten würde (vgl. Weinberger und Gulas 1992, S. 49).

verzeichnet werden (vgl. Zinkhan und Gelb 1990, S. 438). Insbesondere im Fernsehen hat der Werbetreibende den Vorteil, die Humorbotschaft lebensechter darstellen zu können, indem ihm sowohl auditive als auch visuelle Gestaltungselemente zur Verfügung stehen (vgl. Rossiter und Percy 1987, S. 239 und 398f.). Weitere Vorteile gegenüber den gedruckten Medien stellen die Möglichkeiten der direkten Kommunikation zu einem 'Gruppen-Publikum' (mehr als eine Person) und die aus Sicht der Zuschauer 'ungewollte Wiederholung' (engl.: unsought repetition) einer Werbebotschaft dar (vgl. Zinkhan und Gelb 1990, S. 439).

Bei den gedruckten Medien hingegen konnten nur in 9,9% der Fälle humorvolle Stimuli nachgewiesen werden (vgl. Weinberger et al. 1995, S. 51). Dies dürfte darauf zurückzuführen sein, daß die genannten Vorteile der Funkmedien zur Umsetzung humoristischer Werbeideen für Zeitungen, Zeitschriften sowie die Plakatwerbung nicht zutreffen: Die Tatsache, daß eine Werbebotschaft als 'stehende' Aussage mit fixiertem Text-, Graphik- und Bildmaterial konzipiert werden muß, erschwert die wirkungsvolle Darbietung humoriger Zusammenhänge beträchtlich. Damit wird die Werbung in erheblichem Umfang von der situationsbedingten Interpretationsbereitschaft der Rezipienten abhängig (vgl. Hytha 1975, S. 275). Nichtsdestoweniger glauben immer mehr Werbepraktiker an das (eventuell noch brachliegende) Potential des Humors auch für die gedruckten Medien (vgl. etwa Weinberger und Spotts 1989, S. 41).

c) Das Werbeumfeld

Auch der Werbekontext, in den eine humorvolle Botschaft integriert ist, kann einen Einfluß auf die Werbewirkung ausüben. So beeinflussen interessante und lustige Programme die Wirkung der eingeschalteten Fernsehspots zumeist in eine positive Richtung: Goldberg und Gorn (1987, S. 398ff.) berichteten, daß lustige Programme die Zuschauer in eine bessere Stimmung versetzten und sie veranlaßten, humorvolle 'Unterbrecher'-Werbungen insbesondere emotionaler Art als effektiver zu bewerten. Darüber hinaus gaben deutlich mehr Rezipienten erheiternder Fernsehprogramme an, nach dem Betrachten humorvoller Werbungen eine konkrete Kaufabsicht zu besitzen als die Betrachter von weniger erheiternden Fernsehprogrammen. Der

Großteil der Werbeliteratur, die sich direkt auf den Humor bezieht, kommt jedoch zu dem Ergebnis, daß der Einfluß von Interferenzwirkungen eher gering ausfällt (vgl. Weinberger und Gulas 1992, S. 50). Vereinzelte konträre Meinungen bleiben bisher spekulativer Art. Während Murphy et al. (1979, S. 21) in Anwendung der *Kontrast-Theorie* Vorteile bezüglich der Aufmerksamkeitsgewinnung erwarten, wenn die Humorwerbungen mit den Programmen, in die sie eingebettet sind, kontrastieren, vertreten Sternthal und Craig (1973, S. 17) in Anlehnung an die *Kongruenz-Hypothese* die Auffassung, daß sie eher in entsprechenden humorigen Kontexten plaziert werden sollten, da dann eine verstärkende Wirkung zu erwarten sei[8].

4.2 Konsumentenbezogene Einflußfaktoren

Obwohl davon auszugehen ist, daß der Einsatz von Humor in der Werbung grundsätzlich akzeptiert und erwünscht ist, liegt eines der Hauptprobleme bei der Arbeit mit Humor darin, daß die diversen Humorvarianten von den Rezipienten unterschiedlich stark akzeptiert werden (vgl. Madden und Weinberger 1984, S. 23). Humor wird seine positiven Wirkungen aber nur dann voll entfalten können, wenn er bei der anvisierten Zielgruppe auf Akzeptanz trifft (vgl. Phillips 1968, S. 26). Daher ist es für den Werbetreibenden bedeutsam, diejenigen Determinanten zu kennen, die im einzelnen für Vorlieben und Aversionen bezüglich des Instruments des Humors verantwortlich zeichnen.

McGhee (1983, S. 114ff.) zufolge können die Humorpräferenzen der Rezipienten in engem Zusammenhang mit der Entwicklung ihrer geistigen Fähigkeiten und Verständnismöglichkeiten sowie den gesammelten Erfahrungen gesehen werden: Mit zunehmendem Alter erhöhen sich einerseits die Ansprüche an komische Stimuli und andererseits entstehen auch unabhängig von der geistigen Entwicklung differenziertere und individuell verschiedene Vorlieben. Dabei ist zu erwähnen, daß andere Faktoren wie z.B. der Einfluß von Bezugsgruppen an Bedeutung gewinnen. Im Seniorenalter läßt

---

[8] Siehe hierzu auch den Artikel von Axel Mattenklott im vorliegenden Band.

die geistige Kapazität der Konsumenten wieder nach, die Wertschätzung des Humors steigt aber eher an (vgl. ebenda, S. 115).

Neben dem Alter bestätigen mehrere Studien einen Einfluß des Geschlechts auf unterschiedliche Humorreaktionen (vgl. hierzu detailliert Weinberger und Gulas 1992, S. 51f.). Allerdings werden hier die unterschiedlichen Präferenzen offenbar weniger über biologische als vielmehr über kulturelle und erziehungsbedingte Ursachen erklärt (vgl. ebenda, S. 52). So erhielten etwa Courtney und Whipple (1979, S. 104) in ihrer Studie, in der sie sich mit den Humorkategorien des 'harmlosen Inkongruitätshumors' bzw. Nonsens, dem 'herabsetzendem' und dem 'sexuellen Humor' beschäftigt haben, folgendes Ergebnis: Männer weisen eine größere Vorliebe für aggressiven, herabsetzenden sowie sexuellen Humor auf als Frauen. Diese bevorzugen eher einen harmlosen und Nonsenswitz. Courtney und Whipple geben in diesem Zusammenhang (1981) zu bedenken, daß diese Befunde nicht eindeutig sind, da sich die Humorvorlieben möglicherweise im Einklang mit Einstellungsveränderungen in der Gesellschaft verändern würden (vgl. Weinberger und Gulas 1992, S. 52).

Eine entscheidende Rolle bei der Akzeptanz und dem ‚Gefallen-Finden' an einem Witz durch einen Rezipienten scheint dem sozialen Hintergrund seines Autors zuzukommen. Denn das Verständnis für Humor ist eng verknüpft mit der Kultur und den Erfahrungen, die der Kommunikator mit seinem Publikum teilt (vgl. Leventhal und Safer 1977, S. 337). Vor diesem Hintergrund wird es verständlich, warum verschiedentlich konstatiert wird, daß Männer Humoriges grundsätzlich lustiger fänden als Frauen. Denn zumindest zum Teil läßt sich dies damit begründen, daß die mit Abstand meisten humorvollen Publikationen männlichen Ursprungs sind (vgl. Cantor 1977, S. 306, 309). Gallivan (1991) konnte dieser Argumentation entsprechende Resultate vorlegen, die verdeutlichen, daß die typische Reaktion auf sexuelle Witze unter entgegengesetzten Vorzeichen erfolgt, sobald die Urheberin des Witzes eine Frau ist (vgl. Weinberger und Gulas 1992, S. 52).

Die Frage nach dem Einfluß von Persönlichkeitsmerkmalen der Kommunikanten auf individuelle Humorpräferenzen hat in der bisherigen wissenschaftlichen Forschung nur vereinzelt Beachtung gefunden. Gemäß den komplexitätstheoretischen Überlegungen erscheint es jedoch nachvollziehbar, daß insbesondere die Intelligenz ebenso wie die jeweilige Schulbildung der Rezipienten entscheidend dafür verantwortlich sind, ob Inkongruenzen einer Humoreske gelöst werden können und welche Humortypen von dem jeweiligen Betrachter präferiert werden (vgl. Nerhardt 1970, S. 185f.). Denn das Verstehen von Humor erfordert kognitive Anstrengungen, die jeder Mensch in unterschiedlich starkem Ausmaß erbringen kann bzw. zu erbringen bereit ist (vgl. Moser 1994, S. 204). Dementsprechend zeigte sich bei einer Untersuchung zu Reaktionen auf Humorwerbungen in Abhängigkeit von dem Bedürfnis nach Kognition, daß Probanden mit einem hohen Bedürfnis kognitiv-humorige Werbespots vergleichsweise besser beurteilten als affektiv-humorige (vgl. Moser 1994, S. 210). Grundsätzlich darf es für die Rezipienten weder zu leicht noch zu schwer sein, humorige Aussagen zu verstehen (vgl. Alden und Hoyer 1993, S. 32). So bereitet es bis zu einem gewissen Maß Vergnügen, sich kognitiv anzustrengen, wenn anschließend (quasi als Belohnung) der Erfolg erlebt wird, die Pointe zu verstehen (vgl. Meyers-Levy und Tybout 1989, S. 40).

Apter (1982) stellt im Rahmen seiner *Reversal-Theorie* die Hypothese auf, daß die Ziele (Motivationen), die mit einer Informationsverarbeitung verfolgt werden, einen Einfluß auf die Art der Humorreaktionen ausüben. Demnach bestehen die optimalen Voraussetzungen für die uneingeschränkte Entfaltung einer humorigen Botschaft darin, daß sich die Rezipienten der Informationsverarbeitung ausschließlich mit dem Ziel widmen, die Information zu verstehen und zu genießen (vgl. Wyer und Collins 1992, S. 668). Sobald sie spezifischere Ziele verfolgen, beeinträchtigen die dazu aufgewandten kognitiven Aktivitäten die allgemeinen Verständnisprozesse der Stimulusverarbeitung, die eine Belustigung hervorrufen. Diese Konzeption liefert die Erklärung für viele individuelle und situationsabhängige Unterschiede in der Generierung humorvoller Reaktionen, wie z.B. die verschiedenartigen Reaktionen unterschiedlicher Personen auf einen identischen Stimulus (vgl. ebenda, S. 669ff.).

Vor dem Hintergrund zunehmender Globalisierungstendenzen auf zahlreichen Märkten zeigen viele Unternehmen Interesse an der Frage, wie das Überschreiten von Ländergrenzen die Humorpräferenzen und die Werbeeffektivität beeinträchtigt. Grundsätzlich scheint das Instrument des Humors wichtige Anforderungen zu erfüllen, die es für standardisierte internationale Werbekampagnen als geeignet erscheinen lassen. So müssen die Elemente des Werbetexts häufig universell ausgerichtet sein, um den Produktnutzen sowie das Produktimage länder- bzw. kulturübergreifend zu propagieren. Der Humor als Stilmittel ist imstande, diese Universalität zu gewährleisten, da er als menschliche Eigenschaft, abgesehen von seiner variierenden Form, gesellschaftsübergreifend vorzufinden ist (vgl. Unger 1996, S. 143). Die Tatsachen, daß Witze und Komödien immer wieder ohne Verzögerung von Kultur zu Kultur diffundieren (vgl. Mintz 1983, S. 131ff.) und daß bestimmte 'inkongruente kognitive Strukturen' humoriger Stimuli sich in nahezu allen Ländern nachweisen lassen (vgl. Alden et al. 1993, S. 72ff.), scheinen dessen Eignung zu bestätigen.

Trotz der dargestellten 'internationalen Gemeinsamkeiten' weisen vorwiegend Praktiker der Werbewirtschaft darauf hin, daß nach wie vor kulturbedingte, länder- sowie regionalspezifische Unterschiede bestehen, die zu berücksichtigen seien. Dies betrifft sowohl die Wertschätzung des Humors im allgemeinen, die Vorlieben für bestimmte Humorarten (vgl. McCullough und Taylor 1993, S. 19), die Situationen, in denen Humor angebracht erscheint, als auch die Bereitschaft der Werbeverantwortlichen, den Humor als ein kreatives Stilmittel der Werbung zu akzeptieren und entsprechend seiner Vorzüge einzusetzen. Um keine Verständnisschwierigkeiten und Akzeptanzproblemen auftreten zu lassen, greifen international erfolgreiche Werbekreative deshalb zumeist die eher 'kleinen Dinge des Lebens' humorig auf. Dieses Vorgehen entspricht Befunden, die eine gemeinsame Alltagserfahrung als Schlüsselelement für erfolgreiche Humorwerbung identifiziert haben (vgl. Brown und Bryant 1983, S. 144).

Darüber hinaus liegen Hinweise vor, daß Humor eng mit der jeweiligen Sprache verbunden ist. In diesem Kontext ist es nach Auffassung von Mintz (1983, S. 132) bedeutsam, daß Humorarten problemlos 'übersetzt' werden können bzw. daß die humorigen Textbeiträge in einer internationalen Sprache (z.B. Englisch) intentionsgemäß verstanden werden können, wenn eine Werbekampagne länderübergreifend vereinheitlicht werden soll. Verwendet die humorige Werbung auf nationaler Ebene bestimmte Dialekte, kann die Gefahr der Diskriminierung eine Rolle spielen. Daher ist hier zu empfehlen, die dargestellten Personen in keinem 'schlechten Licht' erscheinen zu lassen.

Jedoch üben nicht nur die 'Eigenschaften' der Konsumenten einen Einfluß auf die Effektivität humorvoller Präsentationen aus. Auch den 'Eigenschaften' des beworbenen Produkts wird hier ein hoher Stellenwert zuteil.

4.3 Produktbezogene Einflußfaktoren

Humorvolle Werbepräsentationen scheinen grundsätzlich unabhängig vom beworbenen Produkt als Kommunikationsinstrument geeignet: So zeigt die Praxis, daß sich kaum eine Produktkategorie per se ausschließen läßt (vgl. Spieker 1985, S. 55). Diese beinahe universale Eignung läßt sich sicher auf die Tatsache zurückführen, daß „das Komische als Stilmittel den Vorteil bietet, Informatives mit Unterhaltsamem zu verbinden" (ebenda).

Eine Untersuchung zur Häufigkeit der Verwendung von Humor in der Werbung diverser Produktgattungen in unterschiedlichen Werbemitteln (Fernsehen, Radio und Zeitschriften) ergab jedoch, daß überwiegend Low-Involvement-Produkte auf humorvolle Weise beworben werden. Dies gilt insbesondere für Erzeugnisse mit einem hohen Grad an expressivem Gehalt („Yellow goods" wie bspw. Bier), da für sie die höchsten Einsatzraten humorvoller Elemente vorliegen (vgl. Weinberger et al. 1995, S. 51f., 54). Daneben trifft dies in leicht eingeschränktem Maß auch für solche Artikel zu, die aus zweckgebundenen Gründen gekauft werden („Blue goods" wie bspw. Waschmittel). Die Einschätzungen US-amerikanischer sowie britischer Werbepraktiker bezüglich der Eignung verschiedener Produktkategorien zur humorvollen 'Bewerbung' unterstützen diese Befunde (vgl. Madden und Weinberger 1984, S. 27 und Weinberger und Spotts 1989, S. 41). Der Grund für die besondere Eignung der Low-Involvement-Güter liegt in der Tatsache begründet, daß die Werbung „dank der einfachen Beschaffenheit und der i.d.R. weithin bekannten Anwendungsmöglichkeiten der Produkte auf die Darstellung einfacher Sachverhalte beschränkt bleiben kann. Dies ermöglicht einen relativ problemlosen Einbau humoriger Elemente in die Werbebotschaft" (Spieker 1985, S. 56).

Andere Ergebnisse zeigte die Studie von Weinberger et al. (1995, S. 51f., 54) im Hinblick auf High-Involvement-Produkte. Werbebotschaften für derartige Erzeugnisse, wie Kücheneinrichtungen, die eher zweckorientiert erworben werden („White goods"), enthalten mit Ausnahme der Fernsehbotschaften weitaus weniger humorige Elemente. Dies scheint sowohl auf den vom Rezipienten wahrgenommenen höheren Risikogehalt des Kaufs zurückführbar zu sein als auch auf die mit dem jeweiligen Produkt verbundenen Erwartungen. In den Fällen, in denen bereits Interesse an dem Produkt besteht sowie Informationen über seine technische Beschaffenheit, Qualität und Anwendungsmöglichkeiten vorliegen, empfinden die Rezipienten Humor vor allem in komplexeren Zusammenhängen eher als störend oder unpassend (vgl. Spieker 1985, S. 56). Dennoch erscheint es nicht sinnvoll, die Verwendung von Humor bei High-Involvement-Produkten per se auszuschließen. So läßt sich der Konsumentennutzen von Erzeugnissen wie etwa Heizgeräten, deren Technik und Leistungsfähigkeit sich für die Konsumenten als sehr kompliziert darstellen kann, durch humorige Präsentation anschaulich und leicht verständlich verdeutlichen (vgl. Hytha 1975, S. 274).

Die geringste Verwendung zeigt Humor in den Produktwerbungen von Artikeln, die infolge des selbstdarstellenden Charakters neben dem hohen finanziellen auch ein hohes soziales Kaufrisiko beinhalten, wie etwa Kosmetikartikel („Red goods") (vgl. Weinberger et al. 1995, S. 51, 54). Die dargestellten Ergebnisse wurden durch Weinberger und Campbell (1991) in einer weiteren Studie bestätigt, im Rahmen derer sie mehr als 1.600 Radiowerbungen analysierten.

Trotz häufig geäußerter Zweifel von Praktikern (vgl. stellvertretend McCullough und Taylor 1993, S. 18), kann Humor auch im Investitionsgüterbereich zur Erreichung der Kommunikationsziele beitragen (vgl. ebenda, S. 17, 24). Bezogen auf die klassische Investitionsgüterwerbung leistet er insbesondere dann wertvolle Dienste, wenn die Verbesserung des allgemeinen Firmenimages als Ziel vorliegt (vgl. Wagle 1985, S. 225). Die Verwendung kreativer Konzepte wirkt sich in der Industriewerbung folglich auf das Gebiet der Öffentlichkeitsarbeit aus, da die Rezipienten auf eine aufgeschlossene Geschäftsführung und damit auf moderne Geschäfts- und Produktpolitik schließen dürften (vgl. Dittmann 1978, S. 5). Wagle (1985, S.

221ff.) zufolge kann der Humor insbesondere als unterstützendes Managementinstrument im Rahmen des 'persönlichen Verkaufs' (engl. personal selling) für die verschiedenen Stufen der Interaktionsbeziehungen gewinnbringend eingesetzt werden, um den Aufbau langfristiger Geschäftsbeziehungen zu fördern.

Des weiteren variiert der Einfluß des Humors auf die Werbewirkung in Abhängigkeit von der Lebenszyklus-Phase, in der sich das jeweilige Produkt befindet. So ist die Eignung humoriger Kampagnen bei der werblichen Unterstützung von Produktneuheiten umstritten (vgl. Weinberger und Gulas 1992, S. 54). Die Mehrzahl der von Madden und Weinberger (1984, S. 24ff.) befragten Praktiker gab an, grundsätzlich eine gute Möglichkeit zu sehen, ein neues Produkt vorzustellen und bekanntzumachen. Demgegenüber sieht Spieker (1985, S. 57) Humor bei solchen Produktneuheiten nicht als adäquate Alternative an, die von ihrer Technologie und Anwendungsmöglichkeit her noch völlig unbekannte Produkte darstellen. Denn in diesem Falle würde das Informationsbedürfnis der Konsumenten dominieren und Humor eher als ablenkend empfunden. Daneben sehen Chattopadhyay und Basu (1990, S. 475) das Problem, daß für derartige Produkte noch keine Schemata existieren, die die Informationsverarbeitung der Rezipienten leiten könnten, und raten daher grundsätzlich von der Verwendung humoriger Elemente ab. Gelb und Zinkhan (1985, S. 13) sind jedoch der Meinung, daß die humorige Ansprache insbesondere bei unbekannten Neuprodukten besonders effektiv sein sollte. Sie trage dazu bei, die aufgrund der (noch) nicht verfügbaren Informationen bestehende Hemmschwelle des wahrgenommenen Risikos zu überwinden, indem sie das Mißtrauen der Betrachter verringert.

Im Gegensatz zu den widersprüchlichen Aussagen zu der Eignung humorvoller Werbepräsentationen bei Produkten, die am Beginn des Lebenszyklus' stehen, scheint Humorwerbung auf jeden Fall für solche Produkte geeignet, die sich aufgrund ihrer veralteten Technologie und Konzeption am Ende des Produktlebenszyklus' befinden. Zumindest zeitweise dürften hier wieder neue Interessen und Sympathien geschaffen werden (vgl. Hytha 1975, S. 174).

5. Störfaktoren der Werbewirkung humoriger Stimuli

Neben den genannten Einflußfaktoren, die die Wirkung einer humorigen Werbepräsentation sowohl fördern als auch beeinträchtigen können, existieren weitere Faktoren, die die beabsichtigte Werbewirkung einer Humorwerbung stören oder verhindern dürften.

Forschungsergebnisse (vgl. etwa Gelb und Zinkhan 1985, S. 20) ebenso wie die Erfahrung befragter Werbepraktiker (vgl. Madden und Weinberger 1984, S. 27) deuten darauf hin, daß humorvolle Werbebotschaften im Vergleich zu ernsten Präsentationen deutlich größere 'Abnutzungserscheinungen' aufweisen. Das scheint insofern nachvollziehbar, als die Wirkung der meisten Humorwerbungen auf ein Überraschungselement aufgebaut ist, das seine volle Wirkung bei den Rezipienten i.d.R. nur bei der ersten Konfrontation entfaltet („Aha-Effekt") (vgl. Keith-Spiegel 1972, S. 9). Außerdem nimmt mit der Anzahl der Wiederholungen die Tendenz zu, daß der Humor den Betrachter irritiert. Diesem Problem kann jedoch bedingt entgegengetreten werden, indem wenig modifizierte Versionen einer Werbekampagne geschaltet werden (vgl. Aaker et al. 1992, S. 242). Allerdings finden sich auch solche Ergebnisse, nach denen sich humorvolle Werbeaussagen ebenso stark abnutzen wie ernste (vgl. Belch und Belch 1984, S. 9f.) oder solche, nach denen der wahrgenommene Humor nicht 'verschleißt' (vgl. Zhang und Zinkhan 1991, S. 817). Zinkhan und Gelb (1990, S. 440) zufolge verlieren nach mehrmaliger Schaltung nicht alle humorbeinhaltenden Werbungen im gleichen Maße ihren Anreiz. Bei einigen wird der Abnutzungsvorgang durch den Effekt gemildert, daß sich bei der zweiten Konfrontation in Antizipation der nachfolgenden Darstellungen schon vorab eine humorvolle Reaktion einstellt. Weiterhin gehen sie davon aus, daß die soziale Umwelt die Art der humorvollen Reaktion beeinflußt (vgl. auch Hassett und Houlihan 1979, S. 70). So wird der Humor nicht nur als witziger wahrgenommen, sondern es verlangsamen sich überdies seine Abnutzungserscheinungen, wenn er zusammen mit anderen erlebt wird (vgl. Zhang und Zinkhan 1991, S. 817).

Seit einigen Jahren beunruhigt die Vermeidung von Werbekontakten die Werbewirtschaft. Dieses Verhaltensphänomen, das die Effizienz der Werbung beeinträchtigt, wird bei elektronischen Medien als 'Zapping' bezeichnet. Da als Gründe für dieses Verhalten neben der Informationsüberlastung immer wieder die Werbequalität in Form von langweiligen und verärgernden Werbespots als auch das ständige Wiederholen derselben angeführt werden (vgl. Brockhoff und Dobberstein 1989, S. 27f.), sollte nach problemmildernden Qualitäten des Humors gefragt werden. Gruner äußerte diesbezüglich, daß der Konsument sich kaum einer Werbung entziehen dürfte, wenn ein Radio- oder TV-Spot vergnügliche und amüsante Unterhaltung verspricht. Genauso wenig sei zu erwarten, daß der Zuschauer seine Gedanken schweifen läßt bzw. geistig „abschaltet", wenn er den Werbespot betrachtet (vgl. Gruner 1976, S. 303). Die Tatsache, daß der Rezipient den Humor i.d.R. mag und genießt, kann ferner zu einer größeren Toleranzschwelle bezüglich der Wiederholung von Werbespots führen. In Abhängigkeit von der empfundenen Lustigkeit des verwendeten Humors sollte der Vorteil der humorigen Werbespots darin liegen, daß es länger dauert, bis sie den Betrachter langweilen.[9] Wird zusätzlich die Ausführung einzelner Spots innerhalb einer Werbekampagne variiert, so dürfte eventuell der Vermeidung von Werbekontakten wirksam begegnet werden.

6. Zusammenfassung und Ausblick

Obwohl die skizzierten Ergebnisse erkennen lassen, daß im Hinblick auf die Erforschung der Wirkung von Humor in der Werbung weiterer Forschungsbedarf besteht, hat die theoretische Diskussion zur Werbewirksamkeit humorvoller Elemente gezeigt, daß ihnen allgemein ein positiver Einfluß auf die Werbewirkung zugesprochen werden kann.

Diese positiven Effekte lassen sich weitestgehend durch die Fähigkeit des Humors, Aufmerksamkeit zu erregen, erklären (vgl. Brown und Bryant 1983, S. 167): Indem er die Rezipienten aktiviert, wird die Aufmerksamkeit gegenüber einem Werbespot gesteigert. Obwohl die Aufmerksamkeitsge-

---

[9] Die Annahmen gehen auf Cantor und Venus (1980, S. 14 und 21) zurück.

winnung auch mit alternativen Stilmitteln erreicht werden kann, besitzt der Humor als markante Darstellungsform den Vorzug, zusätzlich positive Gefühle wie Heiterkeit oder Lachen hervorzurufen, die eine entspannte Rezeptionssituation entstehen lassen und so wesentlich zur gewünschten Beeinflussung der (potentiellen) Konsumenten beitragen können. Nicht zuletzt besitzt der Humor als Stilmittel den bedeutenden Vorteil, daß mit ihm alle denkbaren ('problematischen') Themen und Sachverhalte angesprochen und auf eine angenehme Art und Weise dargestellt werden können. Darüber hinaus trägt humorige Werbung dem Unterhaltungsbedürfnis der Konsumenten Rechnung.

Dennoch stellt die witzige und unterhaltsame Darstellung der Werbebotschaften keine Garantie für effektivere Werbung dar (vgl. Weinberger et al. 1995, S. 55): Der Humor entfaltet seinen positiven Einfluß nur dann, wenn er 'ankommt'. Außerdem kann eine nette, amüsante Werbung die schlechte Qualität eines Produktes langfristig nicht verdecken (vgl. Diehl 1984, S. 8). Es ist ebenfalls zu bedenken, daß eine Übersättigung der Konsumenten mit humorvollen Werbedarstellungen - indem viele Unternehmen auf den Humor als Erfolgsfaktor setzen - den Rezipienten zur Gleichgültigkeit veranlassen kann, so daß sich keine positiven Effekte mehr entwickeln können.

Für den letztlichen Erfolg einer Werbekampagne zeichnet somit die möglichst gründliche Analyse der Kommunikationssituation unter Berücksichtigung der relevanten Einflußgrößen und eine dementsprechend angepaßte Umsetzung der Werbeaussagen verantwortlich. Dabei gibt es keine allgemeingültige Regel für den Einsatz von Humor. Erfolgreiche Humorwerbungen der Vergangenheit lassen sich aufgrund veränderter Rahmenbedingungen nicht ohne weiteres auf heutige Verhältnisse mit dem gleichen Ergebnis übertragen. Trotzdem scheint es notwendig, daß Werbetreibende einige Grundregeln bei der Umsetzung beachten. So hat es sich als vorteilhaft erwiesen, grundsätzlich produktbezogenen und in die Kernaussagen integrierten Humor zu verwenden, um einerseits Ablenkungseffekte zu vermeiden und andererseits die Wahrnehmung der relevanten Teile der Werbebotschaft gewährleisten zu können. Hinzu kommt, daß aufgrund der relativ schnellen Abnutzung einzelner Motive entsprechend viele Ideen für eine Kampagne vorliegen sollten.

Angesichts der großen Geschmacksunterschiede der Konsumenten und der latenten Gefahr, potentielle oder existente Kunden zu verstimmen, erweist sich die Realisierung humorvoller Werbung auch zukünftig als problematisch. Insofern dürften werbetreibende Unternehmen auf die erwiesenen positiven Effekte des Humors nach dem Motto „If you're in doubt, leave it out!" (Phillips 1992, S. 56) verzichten, sobald begründete Zweifel bestehen.

7. Literatur

Aaker, David A.; Rajeev Batra; John G. Myers: Advertising Management, 4. Aufl. New Jersey 1992.

Alden, Dana L.; Wayne D. Hoyer: „An Examination of Cognitive Factors Related to Humorousness in Television Advertising", in: Journal of Advertising, Vol. 22 (1993), Nr. 2, Juni, S. 29-37.

Alden, Dana L.; Wayne D. Hoyer; Chol Lee: „Identifying Global and Culture-Specific Dimensions of Humor in Advertising: A Multinational Analysis", in: Journal of Marketing, Vol. 57 (1993), Nr. 4, S. 64-75.

Apte, Mahadev L.: „Ethnic Humor Versus „Sense of Humor" - An American Socio-cultural Dilemma", in: American Behavioral Scientist, Vol. 30 (1987), Nr. 1, Januar/Februar, S. 27-41.

Apter, Michael J.: The experience of motivation: The theory of psychological reversals. San Diego 1982, CA.

Artl, Karl: „TV-Spots - Die (un)heimliche Unterhaltung?", in: Werbeforschung & Praxis (1992), Nr. 2, S. 49-51.

Belch, George E.; Michael A. Belch: „An Investigation of the Effects of Repetition on Cognitive and Affective Reactions to Humorous and Serious Television Commercials", in: Thomas C. Kinnear (Hrsg.): Advances in Consumer Research, Vol. 11 (1984), Provo, UT, Chicago: Association for Consumer Research, S. 4-10.

Berlyne, Daniel E.: „Humor and Its Kin", in: Goldstein, Jeffrey H.; Paul E. McGhee (Hrsg.): The Psychology of Humor. New York 1972, S. 43-60.

Berlyne, Daniel E.: Konflikt, Erregung, Neugier. Zur Psychologie der kognitiven Motivation". [Aus d. Amerik.]. Stuttgart 1974.

Brockhoff, Klaus; Nikolai Dobberstein: „Zapping - Zur Umgehung von TV-Werbewahrnehmung", in: Marketing-ZFP, Heft 1, I. Quartal 1989, S. 27-40.

Brown, Dan; Jennings Bryant: „Humor in the Mass Media", in: Paul E. McGhee; Jeffrey H. Goldstein (Hrsg.): Handbook of Humor Research, Bd. 2. New York 1983, S. 143-172.

Bryant, Jennings; Paul W. Comisky; Jon S. Crane; Dolf Zillmann: „Relationship Between College Teachers' Use of Humor in the Classroom and Students' Evaluation of their Teachers", in: Journal of Educational Psychology, Vol. 72 (1980), Nr. 4, S. 511- 519.

Bryant, Jennings; Dolf Zillmann: „Using Humor to Promote Learning in the Classroom", in: Journal of Children in Contemporary Society, Vol. 20 (1989), S. 49-78.

Cantor, Joanne: „Tendentious Humour in the Mass Media", in: Chapman, Antony J.; Hugh C. Foot (Hrsg.): It's a funny Thing, Humour. New York 1977, S. 303-310.

Cantor, Joanne; Pat Venus: „The Effect of Humor on Recall of a Radio Advertisement", in: Journal of Broadcasting, Vol. 24 (1980), Nr. 1, S. 13-22.

Chattopadhyay, Amitava; Kunal Basu: „Humor in Advertising: The Moderating Role of Prior Brand Evaluation", in: Journal of Marketing Research, Vol. 27 (1990), Nr. 11, S. 466-476. Übersetzt und zusammengefaßt auch unter dem Titel „Humor in der Werbung (II)" in: Viertel-Jahresheft für Media und Werbewirkung (1991), Nr. 2, S. 33-36.

Courtney, Alice E.; Thomas W. Whipple: „Advertising Implications of Gender Differences in the Appreciation of Humor", in: S. E. Permut (Hrsg.): Advances in Advertising Research and Management, Proceedings of the Annual Conference of the American Academy of Advertising. New Haven/Connecticut 1979, S. 103-106.

Diehl, Ute: „Plädoyer für mehr Humor", in: Werben und Verkaufen (1984), Nr. 34, S. 8-10.

Dittmann, Klaus: „Humor in der Industriewerbung", in: Markt und Kommunikation (Forum der Industriewerbung) 8 (1978), März, S. 4-7.

Encyclopædia Britannica, The University of Chicago (Hrsg.), 15 Aufl., 1989, 3. Bd., S. 145.

Festinger, Leon; Nathan Maccoby: „On Resistance to Persuasive Communications", in: Journal of Abnormal and Social Psychology, Vol. 68 (1964), April, S. 359-366.

Gallivan, Joanne: „What is Funny to Whom, and Why?", Arbeitspapier der Ninth International Conference on Humour and Laughter, Brock University, St. Catherines. Ontario/Canada 1991.

Gelb, Betsy D.; Charles M. Pickett: „Attitude-Toward-The-Ad: Links to Humor and to Advertising Effectiveness", in: Journal of Advertising, Vol. 12 (1983), Nr. 2, S. 34-42.

Gelb, Betsy D.; George M. Zinkhan: „The Effect of Repetition on Humor in a Radio Advertising Study", in: Journal of Advertising, Vol. 14 (1985), Nr. 4, S. 13-20.

Gelb, Betsy D.; George M. Zinkhan: „Humor and Advertising Effectiveness after repeated Exposures to a Radio Commercial", in: Journal of Advertising, Vol. 15 (1986), Nr. 2, S. 15-20.

Goldberg, Marvin E.; Gerald J. Gorn: „Happy and Sad TV-Programs: How they Affect Reactions to Commercials", in: Journal of Consumer Research, Vol. 14 (1987), Nr. 12, S. 387-403.

Gruner, Charles R.: „The Effect of Humor in Dull and Interesting Informative Speeches", in: Central State Speech Journal, Vol. 21 (1970), Nr. 3, S. 160-166.

Gruner, Charles R.: „Wit and Humor in Mass Communication", in: Chapman, Antony J.; Hugh C. Foot (Hrsg.): Humor and Laughter: Theory, Research, and Applications. London 1976.

Hassett, James; John Houlihan: „A Report on PT's Humor Survey: Different Jokes for Different Folks", in: Psychology Today, Vol. 12 (1979), Januar, S. 64-71.

Hytha, Robert K.: „Die versteckten Schachzüge der Humorwerbung", in: Marketing Journal (1975), Nr. 3, S. 273-276.

Kaplan, Robert M.; Gregory C. Pascoe: „Humorous Lectures and Humorous Examples: Some Effects upon Comprehension and Retention", in: Journal of Educational Psychology, Vol. 69 (1977), Nr. 1, S. 61-65.

Katz, Reinhard: Informationsquellen des Konsumenten: Eine Analyse der Divergenzen zwischen der Beurteilung und Nutzung. Wiesbaden 1983, S. 163-217.

Keith-Spiegel, Patricia: „Early Concepts of Humor: Varieties and Issues", in: Goldstein, Jeffrey H.; Paul E. McGhee (Hrsg.), The Psychology of Humor. New York 1972, S. 3-39.

Kroeber-Riel, Werner: Konsumentenverhalten. 5. Aufl. München 1992.

Lammers, H. Bruce; Laura Leibowitz; George Edward Seymour; Judith E. Hennessey: „Humor and Cognitive Responses to Advertising Stimuli: A Trace Consolidation Approach", in: Journal of Business Research, Vol. 11 (1983), Nr. 2, S. 173-185.

Leventhal, Howard; Martin A. Safer: „Individual Differences, Personality and Humour Appreciation", in: Chapman, Antony J.; Hugh C. Foot (Hrsg.): It's a funny Thing, Humour. New York 1977, S. 335- 350.

Madden, Thomas Justin: „Humor in Advertising: Applications of a Hierarchy of Effects Paradigm", unveröffentliche Doktorarbeit an der Universität of Massachusetts. Amherst 1982.

Madden, Thomas Justin; Marc G. Weinberger: „The Effects of Humor on Attention in Magazine Advertising", in: Journal of Advertising, Vol. 11 (1982), Nr. 3, S. 8-14.

Madden, Thomas Justin; Marc G. Weinberger: „Humor in Advertising: A Practioner View", in: Journal of Advertising Research, Vol. 24 (1984), Nr. 4, S. 23-29.

Markiewicz, Dorothy: „Effects of Humor on Persuasion", in: Sociometry, Vol. 37 (1974), Nr. 3, S. 407-422.

McCullough, Lynette; Ronald K. Taylor: „Humor in American, British, and German Ads", in: Industrial Marketing Management, Vol. 22 (1993), S. 17-28.

McGhee, Paul E.: „Humor Development: Toward a Life Span Approach", in: Paul E. McGhee; Jeffrey H. Goldstein (Hrsg.): Handbook of Humor Research, Bd. 1. New York 1983, S. 109-134.

Mintz, Lawrence E.: „Humor and Popular Culture", in: Paul E. McGhee; Jeffrey H. Goldstein (Hrsg.): Handbook of Humor Research, Bd. 2. New York 1983, S. 128-141.

Moser, Klaus: „Die Wirkung unterschiedlicher Arten humoriger Werbung", in: Jahrbuch der Absatz- und Verbrauchsforschung, Vol. 2 (1994), S. 199-214.

Murphy, John H.; Isabella C. M. Cunningham; Gary Wilcox: „The Impact of Program Environment on Recall of Humorous Television Commercials", in: Journal of Advertising Research, Vol. 8 (1979), Nr. 2, S. 17-21.

Myers-Levy, Joan; Alice Tybout: „Schema Congruity as a Basis for Product Evaluation", in: Journal of Consumer Research, Vol. 16 (1989), Nr. 6, S. 39-54.

Nerhardt, Göran: „Humor and Inclination to Laugh: Emotional Reactions to Stimuli of Different Divergence from a Range of Expectancy", in: Scandinavian Journal of Psychology, Vol. 11 (1970), S. 185-195.

Phillips, Kalman: „When a Funny Commercial is Good, it's Great!", in: Broadcasting, 13. Mai 1968, S. 26.

Phillips, Lisa E.: New Options: ‚Using Humor in Business Ads can get ticklish', in: Business Marketing, Mai 1992, S. 56.

Rossiter John R.; Larry Percy: Advertising and Promotion Management. Singapore 1987.
Scott, Cliff, David M. Klein; Jennings Bryant: „Consumer Response to Humor in Advertising: A Series of Field Studies Using Behavioral Observation", in: Journal of Consumer Research, Vol. 16 (1990), Nr. 3, S. 498-501.
Speck, Paul Surgi: „On Humor and Humor in Advertising", Unveröffentlichte Dissertation an der Texas Tech University 1987.
Spieker, Heinrich: „Humor und Werbewirkung", Arbeitspapier aus der Schriftenreihe „Betriebswirtschaftliche Verhaltensforschung" der Universität Paderborn 1985.
Sternthal, Brian; Samuel C. Craig: „Humor in Advertising", in: Journal of Marketing, Vol. 37 (1973), Nr. 4, S. 12-18.
Stewart, David M.; David H. Furse: Effective Television Advertising: A Study of 1.000 Commercials. Chicago usw. 1986.
Stockmann, Brigitte: Werbung im Fernsehen: Das aktuelle Nachschlagewerk 1996 für die Fernsehwerbung (fortlaufend), Ulm: Neue Medi-engesellschaft (Hrsg.), Loseblattsammlung. München 1996.
Tamborini, Ron; Dolf Zillmann: „College Students' Perception of Lecturers Using Humor", in: Perceptual and Motor Skills, Vol. 52 (1981), S. 427-432.
Unger, Lynette S.: „The Potential for Using Humor in Global Advertising", in: Humor: International Journal of Humor Research, Vol. 9 (1996), S. 143-168.
Wagle, John S.: „Using Humor in the Industrial Selling Process", in: Industrial Marketing Management, Vol. 14 (1985), S. 221-226.
Weinberger, Marc G.; Harlan Spotts: „Humor in U.S. Versus U.K. TV-Advertising", in: Journal of Advertising, Vol. 18 (1989), Nr. 2, S. 39-44.
Weinberger, Marc G.; Leland Campbell: „The Use and Impact of Humor in Radio Advertising", Journal of Advertising Research, Vol. 31 (1991), Dezember/Januar, S. 44-52.
Weinberger, Marc G.; Charles S. Gulas: „The Impact of Humor in Advertising: A Review", in: Journal of Advertising, Vol. 21 (1992), Nr. 4, S. 35-59.
Weinberger, Marc G., Harlan Spotts, Leland Campbell; Amy L. Parsons: „The Use and Effect of Humor in Different Advertising Media", in: Journal of Advertising Research (1995), Mai/Juni, S. 44-56.
Whipple, Thomas; Alice E. Courtney: „How Men and Women Judge Humor, Advertising Guidelines for Action and Research", in: James H.

Leigh; Claude R. Martin (Hrsg.): Current Issues and Research in Advertising, Ann Arbor, The Division of Research, Graduate School of Business Administration, The University of Michigan 1981, S. 43-56.

Wyer, Robert S. Jr.; James E. Collins: „A Theory of Humor Elicitation", in: Psychological Review, Vol. 99 (1992), Nr. 4, S. 663-688.

Zhang, Yong; George M. Zinkhan: „Humor in Television Advertsing: The Effects of Repetition and Social Setting", in: Advances in Consumer Research, Vol. 18 (1991), S. 813-818.

Zillmann, Dolf; Jennings Bryant: „Uses and Effects of Humor in Educational Ventures", in: Paul E. McGhee; Jeffrey H. Goldstein (Hrsg.): Handbook of Humor Research, Bd. 2. New York 1983, S. 173-193.

Zinkhan, George M.; Betsy D. Gelb: „Repetition, Social Settings, Perceived Humor, and Wearout", in: Thomas C. Kinnear (Hrsg.): Advances in Consumer Research, Vol. 17 (1990), Provo, UT, Chicago: Association for Consumer Research 1990, S. 438-441.

Ziv, Avner: „Teaching and Learning with Humor: Experiment and Replication", in: Journal of Experimental Education, Vol. 57 (1988), Nr. 1, S. 5-15.

Daily Soaps als Umfeld von Marken, Moden und Trends: Von Seifenopern zu Lifestyle-Inszenierungen

Udo Göttlich, Jörg-Uwe Nieland

Wie für Daily Soaps typisch, greifen immer mehr Werbekampagnen auf kurze Alltagsgeschichten zurück. Nach dem „Maggi-Kochstudio" und „Die bei DEA" scheint sich auch die Bundeswehr solcher Präsentationsformen zu bedienen, um Erlebnisfelder zu erobern. In ihren neuesten, mit harten Rock- oder Techno-Rhythmen unterlegten Werbeclips wird mit markigen Sprüchen junger Rekruten der Alltag im Manöver so geschildert, als gehe es um einen Besuch in der Spielhalle um die Ecke.

1. Medienwandel und Erlebnisgesellschaft

Medien- und Gesellschaftswandel sind komplementäre Ereignisse, deren jeweiliges Beziehungsgefüge sich in Entwicklungsphasen unterteilen läßt, in dem technologische, ökonomische, politische, rechtliche, soziale und kulturelle Bedingungen die Veränderungen ausmachen. Der gegenwärtig zu beobachtende Fernsehwandel wird von einer Reihe an Prozessen begleitet, die ihren Ausgang nicht nur in der Dualisierung des Rundfunks finden, sondern im gesellschaftlichen und kulturellen Bereich durch die mit dem Begriff der Individualisierung bezeichneten Entwicklungen begleitet werden. Insbesondere das Fernsehen kann als „Objekt und Moment des sozialen Wandels" bestimmt werden.[1] Dieser Wandel erfolgt nicht nur als Folge der Umstrukturierung von Industrie und Arbeitswelt, von Märkten,

---

[1] Siehe hierzu die Beiträge in Publizistik, Nr. 1, 1997 sowie in Schatz 1996 und hier speziell die modelltheoretischen Überlegungen bei Bruns u.a. 1996.

Technologien und Ressourcen, sondern auch von Medienorganisationen und er berührt den gesellschaftlichen Kontext der Mediennutzer.²

Für die Ausgangsfrage interessant sind die neuen Entwicklungen im Bereich der Werbung und der Zusammenhang zwischen Medien, der Veränderung ihrer Angebotsformen und Erscheinungen der Erlebnisgesellschaft. Die Fernsehnutzung von Jugendlichen und die Bedeutung von Fernsehgenres für Jugendszenen bietet hierfür einen Bezugspunkt, gerade wenn man dazu die Marketingstrategien im Umfeld der deutschen Daily Soap-Eigenproduktionen in den Blick nimmt. Beobachten läßt sich, wie dieses Genre mit seinen typischen Formen der Alltagsdramatisierung, die auf ein jugendliches Fernsehpublikum zugeschnitten werden, ein nahezu perfektes Umfeld zur Präsentation und Inszenierung von Marken, Moden und Trends bietet. Offenbar gehen in diesem Genre die Ebenen von Alltag und Erlebnis eine neue Verbindung ein. Denn ähnlich wie es in zahlreichen Werbeclips zu beobachten ist, prägt die Inszenierung von Lebensstilen die Anschluß- und Identifikationsmöglichkeiten für die Rezipienten.

Lifestyle-Elemente bestimmen zusehends die Themenselektion und Themenpräsentation in den Medien - speziell in der Werbung und den Daily Soaps. Die Etablierung neuer Themen und Präsentationsweisen korrespondiert mit einer veränderten Haltung der Individuen kulturellen Angebotsformen gegenüber. Getragen wird dieser Prozeß durch Entwicklungen in der elektronischen Kommunikation. Insbesondere Jugendliche sind heute konfrontiert mit einer neuen Unmittelbarkeit bei der Verbreitung von Ideen, Formen und Symbolen. Verstärkt selektiert und nachgefragt werden Produkte wegen ihres Erlebniswertes. Diese Erlebniswerte bestimmen Darstellungsrepertoire und Stile der medialen Angebote und bieten ästhetische Optionen für Lebensstile gerade von Jugendlichen.

Eine kultursoziologische Erklärung für diese Veränderung liefert Schulze, wenn er darauf hinweist, daß gegenüber den traditionellen Orientierungsmustern, in denen „die Modi von Begrenzen, Einwirken und fremdbestimmtem Symbolisieren" dominierten, nun „die Modi von Wählen,

---

² Siehe hierzu umfassend Jäckel 1996.

selbstbestimmtem Symbolisieren, Nahelegen und Auslösen in den Vordergrund" treten (Schulze 1993, 357). Die Mehrheit der Angebote wird zudem aus einer innenorientierten Motivation nachgefragt.[3] Dabei erscheint „innenorientierter Konsum" als ein „Spezialfall erlebnisorientierten Handelns, der durch die Einbindung in Marktbeziehungen definiert ist" (ebd., 429). Qualitätskriterium innenorientierten Konsums ist die psychophysische Wirkung auf den Konsumenten selbst, wobei die Handlungsstrategien auf dem Erlebnismarkt fünf Prinzipien gehorchen: „Korrespondenz, Abstraktion, Kumulation, Variation und Autosuggestion" (ebd., 432). In vielen Sparten des Medienangebots wird als Reaktion darauf geradezu parasitär auf die (anglo-amerikanische) Populärkultur zurückgegriffen, um die jugendkulturellen Milieus zu erreichen. Angesichts gesättigter, sich globalisierender Konsumgütermärkte müssen Werbung und Marketing banale Produkte als etwas begehrenswertes darstellen, womit die Frage des „Kult-Marketing" berührt ist (vgl. Bolz/Bosshart 1995).

Die folgende mediensoziologische Betrachtung geht den Veränderungen nach, die sich im Umfeld der deutschen Daily Soaps beobachten lassen. Diese stehen unter dem Einfluß neuer Marketingkonzepte, die inzwischen auch zu Trägern von Individualisierungsprozessen geworden sind. Im vorliegenden Fall geht es um die Marketingstrategien, die mit der besonderen Ästhetik der Daily Soaps verbunden sind. Die neue Ansprache

---

[3] Interessant ist, wie sich im Vergleich zur klassischen Studie Riesmans (1958) über den Einstellungswandel im Amerika der Nachkriegszeit bei Schulze die Begriffsverwendung von Innen- und Außenorientierung bei der Betrachtung der deutschen Gesellschaft umkehrt. Innenorientierung galt Riesman als Hinweis auf ein von festen Werteinstellungen geleitetes Lebensstilkonzept, während für die Außenorientierung die zunehmende Rolle der Medien und der Werbung betont wurde, die u.a. zur von Riesman untersuchten Entwurzelung in der Massengesellschaft beiträgt. Ein Erklärungsgrund für diese unterschiedliche Begriffsverwendung kann in der „aktivistischen Perspektive" von Schulze gesehen werden, während Riesman eine an Weber orientierte typologische Betrachtung vorlegt. Mit Blick auf die Rolle der Massenmedien in der Erlebnisgesellschaft wäre zu überlegen, ob das Konzept des innenorientierten Konsums plausibel ist bzw. ob eine grundlegende sozialpsychologische Veränderung in der Konsumgesellschaft unterstellt werden muß, die die Umkehrung der Blickrichtung begründet. Siehe zur Arbeit von Schulze auch den Beitrag von Michael Jäckel im vorliegenden Band.

ist nicht von der besonderen Theatralität der Angebots- und Spielform der Daily Soaps getrennt zu betrachten. Theatralität erfährt vielmehr in der Gegenwartskultur in Zusammenhang mit den Daily Soaps eine Revitalisierung, die zugleich mit einer Restrukturierung der bekannten Genre-Konventionen unter dem Einfluß des Kult-Marketing verbunden ist. Damit sind insbesondere die Prozesse gemeint, die wir mit der Schaffung zusätzlicher populärkultureller Ereignisse sowie unterschiedlichen Aspekten der Lifestyle-Inszenierung benennen und beschreiben können.[4]

2. Neue Anforderungen für Marketingstrategien

Zur Annäherung an die Rolle der Daily Soap-Eigenproduktionen im deutschen Fernsehen bzw. zur Erklärung ihrer derzeit herausragenden Bedeutung zur Etablierung und Erprobung neuer Marketingstrategien ist der Zusammenhang von Medienwandel und den ökonomischen Erwartungen der Fernsehanstalten und zahlreicher mit dem Fernsehen verbundenen Unternehmen - insbesondere der Werbewirtschaft - zu nennen. Die im Umfeld der Daily Soaps beobachtbare Herausbildung neuer Marketingstrategien steht im Zusammenhang mit folgenden vier gesellschaftlichen Tendenzen:

- Die wachsende geographische, berufliche und soziale Mobilität, aber auch die moralische und wertebezogene Einstellungsvielfalt, die sich in unterschiedlichen Identitätsmustern zeigt, erlauben es, mehr kulturelle Optionen zu verwirklichen und wahrzunehmen. Mit Blick auf den Aspekt neuer Werbestrategien und neuer Entwicklungen der Werbekommunikation

---

[4] Die Theatralitätsfragestellung verfolgen wir im Rahmen des DFG-Schwerpunktprogramms „Theatralität" in dem Forschungsprojekt „Daily Soaps und Kult-Marketing". Mit dem vorliegenden Beitrag werden wir - bis auf die zuletzt genannten beiden Aspekte - nicht vertiefend auf die Theatralitätsaspekte eingehen. Vgl. dazu Göttlich/Nieland 1997a und 1997b.

rückt damit der Kontext von Symbolpolitiken und Marketingstrategien in den Vordergrund.

- Die - wenn auch umstrittene - veränderte Position bestimmter Gruppen (Frauen, Kinder/Kids, Jugendliche, ethnische Minderheiten) in der Gesellschaft, die auch als Zielgruppe für die neuen Angebotsformen und Werbestrategien angesprochen werden.
- Die zunehmende Berührung bzw. Durchdringung der Privatsphäre von Risiken und Problemen, denen man nur mit Schwierigkeiten oder nicht ausweichen kann: anhaltende Wirtschaftskrise, Umweltverschmutzung, Erosion wohlfahrtsstaatlicher Sicherungen und Leistungen, ansteigende Drogenkriminalität und Drogenabhängigkeit sowie anderen Indikatoren gesellschaftlicher Risiken, für die die Soaps ihre oftmals versöhnlichen Lösungen bereithalten und somit Orientierungsfunktion für die Zielgruppen übernehmen.
- Die Verbreitung konsumistischer, mit Erwartungen ständig wachsenden Einkommens verknüpfter Lebensstile, zusammen mit der Ausweitung von Wahlmöglichkeiten und höheren Dienstleistungsstandards, auf die die Marketingstrategien der Soap Operas setzen.[5]

Als eine Folge des (nationalen wie internationalen) Konkurrenzdrucks auf dem Fernsehmarkt stoßen gegenüber den beschriebenen Veränderungen vor allem die gängigen Strategien des Programmarketing an ihre Grenzen. Die Sender versuchen sich deshalb - neben der Verfeinerung der Zielgruppenansprache - verstärkt an einer szenespezifischen Ausrichtung und - damit verbunden - der Suche nach neuen (Absatz-)Märkten. Dabei kommt es zu einer Restrukturierung bislang bekannter Strategien, da es als Reaktion auf die eingetretenen Veränderungen darauf ankommt, bislang getrennt voneinander existierende Bereiche zusammenzuführen. Die in unserem Projekt mit dem Begriff „Kult-Marketing" bezeichneten Marketing- und Merchandisingstrategien - die auf die Bildung von Markenidentitäten zielen - schließen eine Vielzahl neuer Formen der Publikumsansprache und

---

[5] Die hier getroffene Auswahl von vier zentralen Entwicklungen bezieht sich auf Blumler 1997, 22f.

Werbemaßnahmen ein, für die die Daily Soaps nicht zufällig das Experimentierfeld darstellen.

Die Entwicklung eines Sender- und Programmimages, das die Schaffung von Senderbindung zum Ziel hat, kann sich nicht mehr nur auf die Zuschauerschaft für eine bestimmte Sendung konzentrieren, sondern sie hat für den Aufbau und die Organisation des Audience Flows zu sorgen. Über diese Strategie wird versucht, den Absatzmarkt zu erweitern und zusätzliche Stufen der Wertschöpfungskette zu nutzen. Generell gilt, daß die Marktsituation, die neuen technologischen Möglichkeiten sowie die gewandelten Nutzungs- und Rezeptionsweisen zu einer Modifikation (Verfeinerung) und Überformung einzelner Genres verführen. Dabei verändern insbesondere die Marketingerfordernisse nicht nur die Inhalte der Programmformen, sondern deren Stellung und Rolle in der öffentlichen Kommunikation. Anders gesprochen heißt das: Der ursprüngliche Bildungsauftrag öffentlich-rechtlicher Prägung wandelt sich zu der Bereitstellung von Lebenshilfe-Angeboten.[6] Dabei steht die Präsentation bestimmter Jugendbilder bzw. von Jugendlichkeit im Vordergrund.[7]

Die Verbreitung neuer Kommunikationstechnologien führt darüber hinaus zur Ausbildung neuer Aneignungsformen im Umgang mit Medienangeboten. Ein Grund für die veränderten Aneignungsformen ist nach einer Reihe von Untersuchungen[8] zudem darin zu sehen, daß heutige Jugendkulturen von ihren Herkunftsmilieus weitgehend abgekoppelt sind, da diese ihre Bindungskraft z.B. aus Gründen der Veränderung von Arbeits- und Familienstrukturen größtenteils eingebüßt haben. Das führt dazu, daß an die Stelle ehemals milieubezogener Kulturen heute sogenannte Freizeitszenen als wähl- und abwählbare Formationen treten (vgl. Vollbrecht 1997b, 23).

---

[6] Vgl. hierzu Hallenberger 1997.
[7] Nach einer Untersuchung des Instituts Jugend Film Fernsehen (JFF) werden vier Typen von Jugendlichen medial vermittelt: a) unreife und unfertige, b) auf Äußerlichkeiten fixierte, c) Ich- und Selbstbewußte, d) engagierte, auf die Umwelt orientierte Jugendliche. Vgl. Basic 1997. Vgl. zu dem Aspekt der Konstruktion von Publika durch die Fernsehproduzenten und Programmverantwortlichen Ang 1991.
[8] Vgl. bspw. Janke/Niehues 1995, SPoKK 1997, Jugendwerk der Deutschen Shell 1997.

Diese Deutungen machen plausibel, warum jugendliche Zielgruppen empfänglicher für Strategien mit szenebasierten Symbolen sind, die in Reaktion auf den Aufmerksamkeitsschwund von Jugendlichen für Werbebotschaften der „klassischen Art" entwickelt werden. Wenn die Deutungen zutreffen, daß Jugendzeit verstärkt Medienzeit ist (vgl. Vogelgesang 1997) und sich Jugendszenen vermehrt als Medienszenen ansprechen bzw. konstituieren lassen, dann ergibt sich ein weiterer Anker für die Wirksamkeit der neuen Strategien.

Zudem entwickeln Jugendliche aufgrund der Film- und Fernsehangebote - wie eine Reihe von Studien betonen (vgl. Feierabend/Windgasse 1997) - neue Wahrnehmungsweisen, die nicht mehr an der Narration traditioneller Form orientiert sind. In der kinder- und jugendkulturellen Ästhetik changiert die Orientierung zunehmend zwischen Weltbild und Bilderwelten, also „zwischen 'auf Sinn geordneten' Erlebniseinheiten und aus clipartig zusammengefügten Montagen, deren Sinn lediglich in einer Protosymbolik beschlossen liegt, die ihre eigenen Intensitäten hat, aber nicht in einen hinter ihr liegenden Deutungsraum mehr ausstrahlt." (Baacke 1996, 198) Dieser Deutung folgend scheint eine weitere Entwicklung zu sein, daß Jugendliche sich Medieninhalte zunehmend als Protosymboliken aneignen; d.h. die Zeichen werden, bevor sie zum Symbol mit Bedeutung werden können, zunächst emotional, gleichsam ungeordnet und doch affektiv, intensiv aufgenommen. Verstärkt werden solche Prozesse bei den Daily Soaps noch durch deren polyseme Struktur sowie das offene Ende der Erzählungen und der Verschachtelung der Erzählbögen, die die „textuelle Produktivität" besonders von Fans und Fangruppen ansprechen.[9]

3. Die Stellung und Rolle der deutschen Daily Soaps

Während die frühen neunziger Jahre eine aufgeregte Diskussion um das Reality-TV auszeichnete, die alsbald von der ähnlich heftigen Debatte um

---

[9] Vgl. zu diesem Aspekt Winter 1997.

die Daily Talks abgelöst wurde, sind es jetzt die Daily Soap Operas, die eine Veränderung der bislang bekannten Angebotsformen im deutschen Fernsehen darstellen.[10]

Bis Anfang der neunziger Jahre waren dem deutschen Publikum lediglich US-amerikanische Seifenopern bekannt. Die für unsere Fragestellung gravierenden Einschnitte bilden die Jahre 1992 und 1995. Am 11. Mai 1992 startete auf RTL mit „Gute Zeiten, schlechte Zeiten" die erste eigenproduzierte Daily Soap im deutschen Fernsehen. Anfang 1995 nahm die ARD gleich zwei Dailys in ihr Vorabendprogramm auf.

Vor dem Hintergrund der aktuellen Verbreitung von einer durch Soaps bestimmten Programmoffensive zu sprechen, ist sicher nicht übertrieben: Zwar sind zwei - und ab Oktober 1997 drei - Daily Soaps nach jeweils relativ kurzen Laufzeiten wieder aus dem Programm ausgeschieden, weitere Projekte - neben Pro7 inzwischen auch bei Spartenkanälen[11] - stehen jedoch in den Startlöchern. Im Sommer 1997 gab es sechs deutsche Daily Soap Operas im Programm: „Verbotene Liebe" und „Marienhof" in der ARD, „Unter uns" und „Gute Zeiten, schlechte Zeiten" bei RTL, „Alle zusammen" bei RTL2 und „Geliebte Schwestern" bei SAT.1. Die folgenden beiden Grafiken zeigen exemplarisch die Reichweitenentwicklung im ersten Halbjahr '97 für „Gute Zeiten, schlechte Zeiten" und für „Marienhof":

---

[10] Ein Indiz dafür sind die zahlreichen Presse und Fernsehberichte zu den Daily Soaps. Der Spiegel widmete der Entwicklung unter der Überschrift „Teddys, Turteln, Fehlgeburten" (Spiegel 4/97) einen ausführlichen Artikel. Andere Zeitschriften, wie MAX, veröffentlichen Titelgeschichten zu dem Thema (vgl. MAX, Mai 1997). Für den Zeitraum von 1994 bis Ende August 1997 können wir gut 1500 Zeitungs- und Zeitschriftenartikel nachweisen, die sich mit Facetten des Fernsehwandels auseinandersetzen und direkt oder indirekt im Zusammenhang mit Soap Operas und Kult-Marketing stehen.

[11] Bei ARTE, dem Kinderkanal und tm3 gibt es Überlegungen zur Etablierung von Seifenopern.

Daily Soaps als Umfeld von Marken, Moden und Trends 187

Abbildung 1: Reichweitenentwicklung der erfolgreichsten RTL-Soap „Gute Zeiten, schlechte Zeiten" - 1. Halbjahr 1997

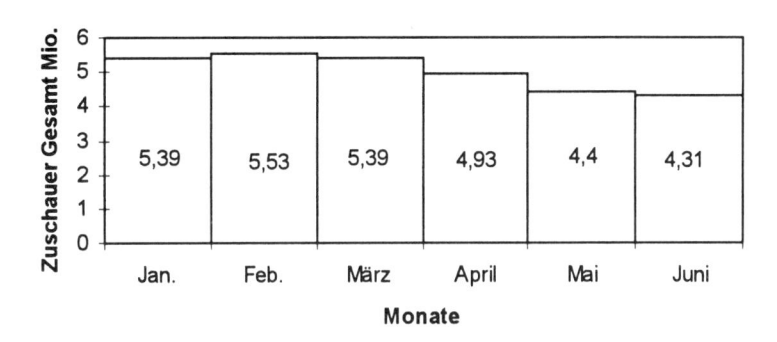

Monate	Zuschauer Gesamt Mio.
Jan.	5,39
Feb.	5,53
März	5,39
April	4,93
Mai	4,4
Juni	4,31

Quelle: GfK-Fernsehforschung.

Abbildung 2: Reichweitenentwicklung der erfolgreichsten ARD-Soap „Marienhof" - 1. Halbjahr 1997

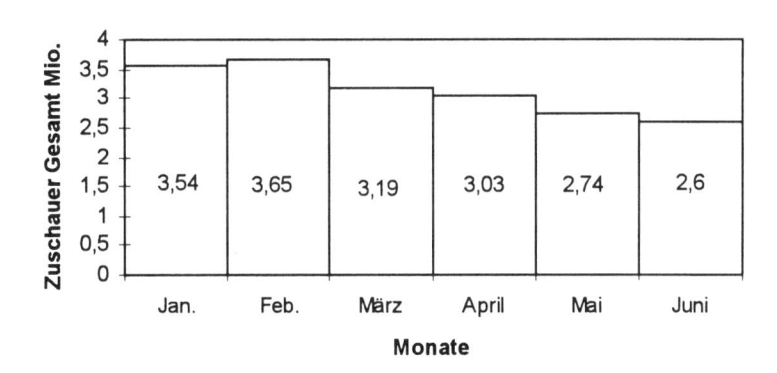

Monate	Zuschauer Gesamt Mio.
Jan.	3,54
Feb.	3,65
März	3,19
April	3,03
Mai	2,74
Juni	2,6

Quelle: GfK-Fernsehforschung.

Den Daily Soaps kommt unserer Einschätzung nach nicht nur wegen der Besonderheiten der Soap-typischen Erzählweise ihre derzeitige Rolle im Vorabendprogramm zu, sondern vor allem wegen der Möglichkeit, die sich im Rahmen der Einführung, Erprobung und Umsetzung neuer Marketing- und Merchandisingstrategien für die Sender, die Produktionsfirmen, die werbetreibende Wirtschaft, Agenturen und Special Interest-Verlage ergeben. Der Zusammenhang der angesprochenen Ebenen und des neuen Beziehungsverhältnisses zum Publikum ist im folgenden zu berücksichtigen, wenn die Rolle der Daily Soap-Ästhetik für die Einführung neuer Werbestrategien deutlich werden soll und wenn die Behauptung bewiesen werden muß, daß es kein Zufall ist, wenn sich die Einführung und Erprobung neuer Strategien des Fernsehmarketing verstärkt im Umfeld der Daily Soaps entwickelt.

Für das deutsche Fernsehen stellt die Daily Soap-Produktion eine grundlegend neue Herausforderung dar, da es bis 1991/92 überhaupt nicht die Produktionskapazitäten gab, eine Eigenproduktion täglich ausgestrahlter Serien aufzunehmen. Der enorm hohe und in der deutschen Fernsehgeschichte bislang unbekannte Programmoutput von wöchentlich bis zu 120 Minuten Serienerzählung (pro Daily Soap-Produktion) erfordert die Schaffung, Sicherstellung und Koordination der vielschichtigen Produktionsabläufe. Und dies alles geschieht in der laufenden Produktion und damit unter dem Druck, täglich sendefähiges Material zu liefern.

Der Produktionsaufwand erhöht sich in allen Bereichen gegenüber der herkömmlichen (Familien-)Serienproduktion um den Faktor fünf bis acht, gegenüber einer TV-Movie-Produktion sogar um den Faktor zehn bis fünfzehn. Das führt zu einem erhöhten Professionalisierungsdruck auf den Ebenen Produktion und Marketing, Drehbuch, Casting, Schauspiel, Kameraeinsatz, Regie, Studiotechnik und Kulisse, die größtenteils in der laufenden Produktion erst ausgebildet werden.

In dieser Entwicklung sehen wir einen Hauptgrund, warum sich die Daily Soaps als Keimzelle und Startpunkt des Fernsehens der Zukunft erweisen. Bedenkt man, daß an jeder Daily Soap-Produktion an die 120 bis 150 Personen direkt beteiligt sind, dann läßt sich ermessen, was an Entwicklung auf diesem Gebiet erfolgt. Bereits heute ist zu beobachten, daß die Beteiligten an den Daily Soap-Produktionen unterschiedliche, aktuelle Produktionen prägen.[12]

Maßgeblich für das Erzählkonzept der Daily Soaps ist der beständige Austausch bzw. Wechsel von Handlungsort und Akteuren bei jedem Szenenwechsel, der beinahe nach einem festen Zeitrhythmus von 90 Sekunden erfolgt. In jeder Folge werden dabei 14 bis 18 einzelne „Bilder" bespielt, wobei es keine linear sich entwickelnde Handlung, sondern drei bis vier mosaikhaft aufgebaute Handlungsstränge gibt, die am Schluß in den für dieses Genre typischen Cliff-hanger münden. D.h., die Folgen enden mit unaufgelösten Spannungsmomenten oder einer unaufgeklärten Situation, die erst in einer der nächsten Folgen aufgelöst wird.[13] Daily Soaps verfolgen damit eine eigenständige Dramatisierung von alltäglichen Konflikten und Normverstößen, die zudem eng an die Darstellungsmittel der Personalisierung, Privatisierung und Intimisierung gebunden sind (vgl. Göttlich/ Nieland 1997b). Die dargestellten Themen, sozialen Konflikte und Problemlösungen stellen dabei nur einen Ausschnitt der Lebenswelt dar.[14] Diese Ausschnitte berühren Liebesbeziehungen, Fragen zu Partnerschaft und Sexualität und thematisieren nur randständig Aspekte des Schul-, Ausbildungs- und Berufsalltags. Freizeitaktivitäten und Konsumverhalten werden hingegen gezielt mit Erlebniswerten aufgeladen und zeigen darin eine deutliche Affinität zu den Werbebotschaften und den Marketingaktivitäten.

---

[12] Beispielhaft hierfür ist das Engagement der Firma Grundy/UFA TV, die seit Sommer 1997 im Auftrag von RTL eine Primetime Soap (Weekly) produziert.
[13] Vgl. zur Dramaturgie und Erzählkonvention von Seifenopern Geißendörfer 1990.
[14] Vgl. für die amerikanischen Serien und Soaps Lichter, Lichter und Rothman 1991, für einen Vergleich zwischen „EastEnders" und „Lindenstraße" Frey-Vor 1994 und für deutsche Familienserien Decker u.a. 1997.

4. Daily Soaps und Kult-Marketing

4.1 Daily Soaps als Geldmaschinen

Seit Anfang der 30er Jahre gibt es in den USA die Radio Soap Operas, die aufgrund ihrer großen Popularität als bedeutender Werbeträger Verbreitung fanden. Produziert, gesponsert und in die Firmenstrategie integriert wurden die Soap Operas vor allem von den Herstellern von Waschmitteln, Speiseöl, Zahnpasta, Haferflocken etc.[15] Besonders stark war und ist das Engagement von Procter & Gamble[16] sowie Unilever. Mit Blick auf diesen Zusammenhang klingt die Frage nach der Ästhetik der Werbung im Umfeld der Daily Soaps beinahe wie eine Selbstverständlichkeit, ist doch dieses Genre wie kaum ein zweites bereits von seiner Geschichte her aufs engste mit der Werbung verbunden.

Diese Selbstverständlichkeit gilt es allerdings zu problematisieren und zu differenzieren, sollen die aktuellen Veränderungen des Genres Daily Soaps mit Blick auf die Einführung neuer Werbestrategien erkannt werden und als neue Stufe in der Verbindung von Werbung und Programmform angesprochen werden. Gefragt werden soll, welche Bereiche und Ebenen die Veränderungen betreffen bzw. wie sich die Einflußnahme der Marketingerfordernisse auf das Erzählkonzept dieser Spielform gestaltet.

Grundlegend läßt sich zu den Soaps festhalten, daß den Produktionskosten von 5000 bis 12000 DM pro Sendeminute Werbeeinnahmen von ca. 115.000 DM pro Werbeminute gegenüberstehen.[17]

---

[15] Auf den hiermit berührten Aspekt des Bartering werden wir an dieser Stelle nicht näher eingehen. Vgl. grundsätzlich Nickel 1996.

[16] Der Konzern ist dafür verantwortlich, daß das Konzept eines „selling dramas" aus dem Printbereich, das sich um die Vor- und Nachteile von Seifen drehte in das noch junge Medium Radio überführt wurde. Vor diesem Hintergrund erklärt sich die Bezeichnung Soap Opera. Vgl. hierzu Nochimson 1992, S.12.

[17] Die Einnahmen variieren enorm. So liegt der Tausenderkontaktpreis bei der RTL-Daily Soap „Gute Zeiten, schlechte Zeiten" bei ca. 14 Mark, bei der zweiten Soap im selben Sender („Unter uns") liegt der Preis hingegen nur bei 3,20 DM. Die Zahlen gelten für 1996. Vgl. TV Hören und Sehen/ IJF 1996, S.11.

Abbildung 3: Verhältnis von Soap-Werbeeinnahmen zu Gesamtwerbeeinnahmen bei RTL für die Monate Januar - Juli 1996:[18]

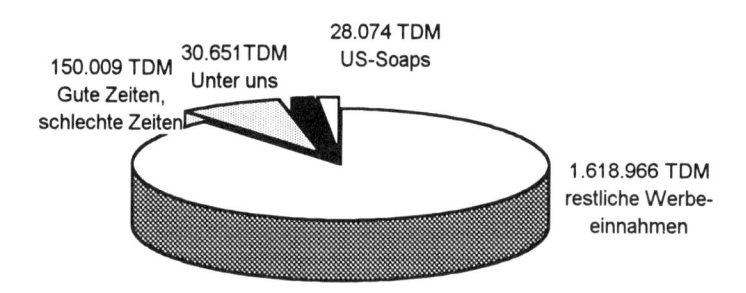

150.009 TDM Gute Zeiten, schlechte Zeiten

30.651 TDM Unter uns

28.074 TDM US-Soaps

1.618.966 TDM restliche Werbeeinnahmen

Quelle: TV Hören und Sehen/IJF 1996, 12.

Das in Abbildung 3 und 4 gezeigte Verhältnis zwischen Soap-Werbeeinnahmen und Gesamtwerbevolumen ist sicherlich der Anlaß dafür gewesen, daß die Eigenproduktion von Daily Soaps zu Beginn der neunziger Jahre - zuerst bei RTL - aufgenommen wurde. Die ARD verdiente in den ersten sieben Monaten 1996 ein Viertel ihrer Werbeeinnahmen (62,7 Mio. DM) mit den beiden Soaps „Verbotene Liebe" und „Marienhof". Die Einnahmen von RTL allein mit „Gute Zeiten, schlechte Zeiten" übersteigen diesen Betrag fast um mehr als das doppelte (150 Mio. DM). Nicht eingerechnet sind die Marketing- und Merchandisingeinnahmen mit einer großen Angebotspalette an Zeitschriften, Büchern, CDs, Kleidung und Accessoires.[19] Merchandising ist aus Sicht der Fernsehanstalten „die Vermarktung von populären Fernsehfiguren, Fernsehtiteln, Fernsehsequenzen, Fernsehsymbolen o.ä.m. außerhalb der direkten TV-Auswertung."

---

[18] RTL-Gesamtvolumen für die Monate Januar bis Juli 1996: 1.827.600 TDM.
[19] Die Merchandisingpalette der RTL-Soap „Gute Zeiten, schlechte Zeiten" umfaßt insgesamt 29 CDs, 12 Bücher, 9 Kalender sowie zahlreiche andere Produkte, darunter ein Handy, Spiele, ein Video, T-Shirts, Parfum und Kaugummi. Vgl. RTL-Pressemappe zu GZSZ, Stand Juni 1997.

(Böll 1996, 57) Bei den Soaps zeigt sich, daß dem Merchandising eine neue Rolle als Mittler zwischen Soaps und Publikum bzw. den Fans zukommt. Dabei bedienen sich die Verantwortlichen verschiedener Formen des Jugend-Marketings.

Abbildung 4: Verhältnis von Soap-Werbeeinnahmen zu Gesamtwerbeeinnahmen bei der ARD für die Monate Januar - Juli 1996:[20]

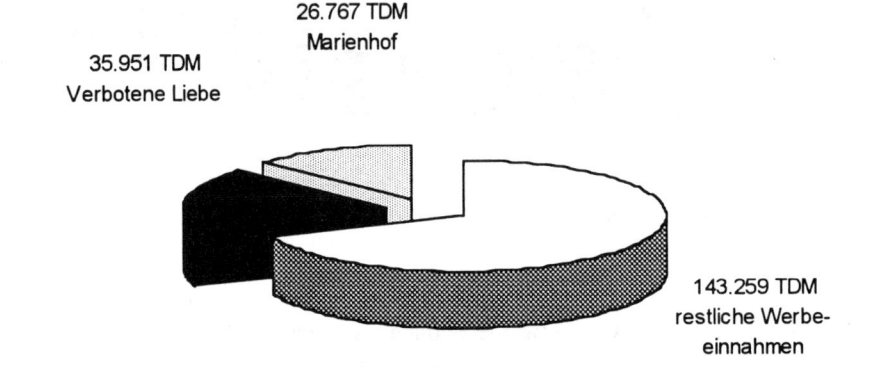

26.767 TDM
Marienhof

35.951 TDM
Verbotene Liebe

143.259 TDM
restliche Werbeeinnahmen

Quelle: TV Hören und Sehen/IJF 1996, 12.

4.2 Formen des Jugend-Marketing

Weil die deutschen Soaps auf eine andere Zielgruppe gerichtet sind als die amerikanischen Soaps, sollte bei der Beschreibung weniger generell von Marketing bzw. Programmarketing, sondern genauer von Jugend-Marketing gesprochen werden.[21] Beim jugendlichen Publikum stehen die Vermarktung der Daily Soaps vor einer neuen Herausforderung. Dieser begegnen die Verantwortlichen mit einer Kombination von Aspekten des „Kult-

---

[20] ARD-Gesamtvolumen für die Monate Januar bis Juli 1996: 205.977 TDM.
[21] Vgl. zu aktuellen Tendenzen des Jugend-Marketings die Beiträge in Deese u.a. 1995 sowie zu den Herausforderungen des Marketings die Beiträge in Gerken/Merks 1996.

Marketings", „Kulturmarketings" und des „Erlebnismarketings". Diese drei Formen werden im folgenden vorgestellt.

Das Konzept des „Kult-Marketing" bezeichnet bei Bolz und Bosshart die Reaktion der Werbewirtschaft, des Marketing sowie der Produzenten von Konsumgütern auf die Kontingenzen des Marktes. Durch den Rückgriff auf Rituale und Trends wird versucht, Kulte zu schaffen und zu verstärken, um ordnende und faszinierende Konsumanlässe anzubieten (vgl. Bolz/Bosshart 1995, 74f.). Dem Kult kommt damit eine ordnende Funktion zu, die früher von bestimmbaren gesellschaftsstrukturellen Variablen wie Alter, Klasse, Stand und Schicht bzw. Beruf bestimmt wurde.

Der Verbindungspunkt mit der Werbung, den Marketing- und Merchandisingstrategien, und in unserem Fall den Daily Soaps, stellt sich dadurch her, daß das Fernsehen mit seinen unterschiedlichen Genres einen Vermittler von Symbolwelten und den damit in der Populärkultur verbundenen „Kulten" darstellt, die möglicherweise für den Rezipienten diesen ordnenden Charakter tragen. Zumindest aber öffnet sich mit dem Fernseher und seinen Genres, in denen Moden, Stile, Trends und Symbole Verbreitung finden, ein Fenster zu unserer Kultur, das auch die Werbewirtschaft und das Marketing nicht ungenützt läßt.

„Kulturmarketing" hat wegen seiner klareren Anwendbarkeit und Zuordenbarkeit für die meisten Unternehmen einen größeren Stellenwert. Die Stoßrichtung des Kulturmarketing ist es, gesellschaftlich bedeutende kulturelle Ereignisse mit den Unternehmenszielen in Beziehung zu setzen. Der „Imagetransfer des kulturellen Ereignisses auf das Unternehmen, seine Teilbereiche, Marken und Produkte" (Graf 1994, 22) soll den Bekanntheitsgrad, Marktanteil und Wettbewerbsvorteile steigern. Weil das Sportmarketing und Sponsoring inzwischen von den großen Unternehmen besetzt ist, wird zukünftig das Kulturmarketing insbesondere auf lokaler und regionaler Ebene an Attraktivität gewinnen.[22]

---

[22] Das heißt nicht, daß nicht auch Großunternehmen diese Marketingform für sich entdeckt haben: So sponsert z.B. Audi das „Schleswig-Holstein Musikfestival" und Becks „Joe Cocker".

Die dritte Marketingform, die in Reaktion auf soziale Wandlungsprozesse von unterschiedlicher Seite verfolgt wird und eine gewisse Nähe zu dem prominenten Erlebnisbegriff aufweist, ist das Erlebnismarketing. Beim Erlebnismarketing geht es nach der Untersuchung von Weinberg (1992) um die Schaffung „sinnliche(r) Konsumerlebnisse, die in der Gefühlswelt der Konsumenten verankert sind und ihre Werte, Lebensstile und Einstellungen beeinflussen." (ebd., Vorwort) Zentrale Kategorien sind der produktspezifische „Erlebniswert" und die damit verbundene „Erlebnisvermittlung", die auf die Konsumenten u.a. mit Lifestyle-Symbolen zielt (vgl. ebd.). Maßgeblich ist für diese Marketingform die Individualisierung des Konsums, die Strategien erfordert, die Individualität durch „Erlebniswerte" wie z.B. Jugendlichkeit zu betonen, um darüber auch eine Differenzierung von der Konkurrenz zu erreichen.[23]

Daily Soaps nutzen unserer Beobachtung nach eine Kombination dieser drei Marketingformen,[24] die zur Ausbildung einer neuen, für das Jugend-Marketing nicht unwesentlichen Strategie der Schaffung, Einführung und Nutzung zusätzlicher populärkultureller Ereignisse führt. Ziel ist es, das Senderimage und die Soap mit verschiedenen Produkten bzw. Ereignissen aufs engste zu verbinden. Ausdruck findet dies in: sendebegleitenden Maßnahmen, einer spezifischen Zielgruppenansprache, der Herausgabe von Fanzines, der Betreuung von Fangruppen sowie der Entwicklung und Vermarktung zahlreicher Merchandisingprodukte und speziellen Events. Für diesen Zusammenhang verwenden wir den Begriff des Kult-Marketing, da hier gezielt populärkulturelle Produkte vermarktet werden und ihr Konsum zum Kult erhoben werden soll.

---

[23] Wie die Konstruktion solcher Erlebniswerte aussehen kann, hat Boltz an den Strategien von Camel und Greenpeace untersucht. Vgl. Boltz 1994. Siehe hierzu auch den Beitrag von Michael Jäckel im vorliegenden Band.
[24] Welche Anteile der vorgestellten Marketingformen bei den Daily Soaps greifen, versuchen wir im Rahmen des Projektes „Daily Soaps und Kult-Marketing" empirisch zu erfassen. Auf die damit gegebene Differenz des Begriffes „Kult-Marketing" bei Bolz/Bosshart können wir an dieser Stelle nicht weiter eingehen.

4.3 Schaffung zusätzlicher populärkultureller Ereignisse

Am häufigsten greift das „Jugend-Marketing" auf die Symbole und Lifestyle-Inszenierungen der (Pop-)Musik zurück. Auch wenn es inzwischen selbst für Profis eine schier unübersichtliche Vielfalt an Stilrichtungen und Szenecodierungen gibt und die sogenannte Underground- oder Independent-Musikszene immer schneller von der Marketing- und Unterhaltungsindustrie instrumentalisiert wird.[25]

Flankiert und angetrieben wird dieser Prozeß von nahezu unzähligen Musikzeitschriften für die diversen Musikrichtungen, Jugend- und Lifestylemagazinen, der stetigen Ausdifferenzierung von Hörfunkwellen, zahlreichen Fernsehmusiksendungen und schließlich den Fernsehmusikkanälen wie MTV, VIVA, VIVA II, VH-1. Insbesondere MTV gilt als Auslöser für die Verbreitung der sogenannten Clip-Ästhetik, die als prägend in der Mediensozialisation der jugendlichen Zuschauer angesehen wird. Diese Ästhetik fand direkt auch in der Werbung und den Serien ihre Anwendung. Dort findet sie sich nicht mehr nur in den Vor- und Abspännen, sondern auch in einzelnen Szenen, in denen aktuelle Musikstücke mit den filmsprachlichen Mitteln der Videoclips eingespielt werden.[26] Damit zusammen wird einzelnen Popstars die Gelegenheit zu Gastauftritten gegeben.

Die Auswirkungen der hier verwendeten Inszenierungsformen sind ebenso offensichtlich wie gewollt. Realität und Fiktion durchdringen sich auf neue Art. Aus dieser Entwicklung läßt sich schließen, daß der Erfolg der einzelnen Musikgruppen nicht nur den Erfolg der Serien, Soaps oder Filme unterstützen soll, sondern die Trendgruppen wie die Soaps eine ordnende Funktion einnehmen, wenn sie zu festen Bezugspunkten des Alltags bzw. der Freizeitgestaltung werden. Durch die Verzahnungen zwischen Musikszenen und Film/Fernsehen kommt es schließlich zur Nutzung bzw.

---

[25] Vgl. hierzu Holert/Terkessidis 1997.
[26] Besonders ausgeprägt ist diese Strategie übrigens bei „Baywatch" - inzwischen ist es selbst für Independent-Bands eine „Ehre", wenn ihre Musik in dieser Serie verwendet wird (z.B. Republika).

Schaffung zusätzlicher populärkultureller Ereignisse, was weitere Anschlußmöglichkeiten und Identifikationspotentiale bietet.

Auf den ersten Blick fällt auf, daß es in jeder Soap Opera - neben den Einspielungen von Hintergrundmusik[27] - einen zentralen Ort (Kneipe, Disco) gibt, an dem ganz gezielt mit Musik gearbeitet wird und Titel vorgestellt werden. Auf den zweiten Blick zeigt sich, daß in allen deutschen Soaps die Musikbranche auch thematisch eine zentrale Rolle spielt. So bekleidet beispielsweise in der ARD-Soap „Verbotene Liebe" eine Protagonistin einen Job in einer Musikagentur. Beim „Marienhof" ist es die Musikkarriere sowie eine DJ-Karriere, bei „Unter uns" die Schauspielerkarriere Bestandteil einzelner Figurenlinien.

In einem dritten Schritt fungieren die Daily Soaps auch als Grundlage und Anschub für die Popmusikkarriere einiger Darsteller. Das wohl prominenteste Beispiel ist der Erfolg von Kylie Minogue und Jason Donavan in den 80er Jahren. Dieser Erfolg kann ursächlich erklärt werden mit dem Bekanntheits- und Beliebtheitsgrad der australischen Daily Soap „Neighbours", in der Kylie Minogue und Jason Donavan Schauspieler waren - sie waren übrigens zunächst in der Serie, später im „wahren Leben" ein Liebespaar. Nach dem Ausscheiden der beiden aus der Serie nutzten die Produzenten Stock/Aitken/Waterman ihren Erfolg in Großbritannien und prägten gerade mit diesen Sängern einen neuen Musikstil.[28]

Der Erfolg der Pop-Gruppe „Caught in the Act" in den 90er Jahren steht dann in einem noch direkteren Zusammenhang mit einer Daily Soap. Während bei „Neighbours" die Popmusikkarriere der Stars noch kein Handlungsgegenstand war, wurde bei der RTL-Soap „Gute Zeiten, schlechte

---

[27] Die Hintergundmusik stammt fast ausnahmslos aus den aktuellen Charts. Neben den produktionsbedingten Schwierigkeiten - die Vorlaufzeit beträgt zwischen zwei und drei Monaten - stellt die „richtige" Auswahl und die angemessene Dosierung der Lautstärke für die Macher eine zentrale Herausforderung dar. In diesem Bereich muß die Glaubwürdigkeit der Musikauswahl gegenüber dem jugendlichen Publikum durch die Stimmigkeit bei ihrer Verwendung an bestimmten Orten oder bei der Zuschreibung auf bestimmte Akteure bewiesen werden.

[28] Neben Kylie Minogue war es vor allem Rick Astley, der dem Produzenten-Trio einen bis dahin unbekannten Erfolg bescherte.

Daily Soaps als Umfeld von Marken, Moden und Trends

Zeiten" die Band-Geschichte der Gruppe „Caught in the Act" in die Erzählung eingebaut. Die Soap nutzte konsequent einen für die Zielgruppe der Mädchen zwischen 7 und 16 Jahren zentralen Trend: den der Boy-Groups.[29]

In dieser Entwicklung hat die Vermarktungsstrategie eine neue Stufe erreicht, da in der Soap die Karriere bzw. der „Alltag" der Popmusikstars vollkommen anders als mit bekannten Marketingmethoden präsentiert werden kann, u.a. weil sie Gegenstand der Handlung und Geschichten ist. Diese Präsentation korrespondiert mit den Berichten und Geschichten um Bands in den Jugendmusikzeitschriften wie „Bravo" und „popcorn", den Jugend-TV-Magazinen wie „Bravo TV" auf RTL2 oder „701" im ZDF sowie den Musikkanälen wie VIVA und MTV und weitet sie aus: Nach dem Gastspiel von „Caught in the Act" in der Soap „Gute Zeiten, schlechte Zeiten" lieferten „Bed&Breakfast" den Titelsong zur ersten SAT.1-Soap „Die Wagenfelds".

Beispielhaft für die Entwicklung steht nach „Caught in the Act" vor allem die Gruppe „Just Friends". Der enorme Erfolg der Gruppe auf dem deutschen Musikmarkt - die erste CD verkaufte sich über 250.000 mal - ist bemerkenswert, da es sich bei „Just Friends" um die Etablierung einer Musikgruppe als Retortenprodukt handelt.[30] Die Gruppe wurde für die Zwecke der Erzähldramaturgie der Serie geschaffen und die Gelegenheit gegeben, über die Serienerzählung hinaus zu wirken - was schließlich in eigenständigen Auftritten und dem besagten Erfolg mündete.[31]

Wie sehr die Daily Soaps inzwischen an der Verstärkung des Boy-Group-Trends mitwirken, zeigt sich darin, daß sich die Bandmitglieder von „Just

---

[29] Die Orientierung für diese Strategie liefern die Gruppen „New Kids on the Block" und „Take that". Zum Phänomen der Boy-Groups und ihrer Fans vgl. Messner 1997.
[30] In diesem Zusammenhang erwähnenswert ist, daß die CDs der Gruppe (bis Juni '97 sieben Stück) auch bei der Merchandisingabteilung der Produktionsfirma und des Senders zu beziehen sind.
[31] „Just Friends" haben in der Gruppe „The Monkees" ein prominentes Vorbild. Die vier Mitglieder dieser Gruppe wurden 1965 von den Produzenten Rafelson und Schneider per Zeitungsanzeige gesucht. Die ausgewählten Bewerber erlebten dann

Friends" vor dem Casting zur Serie noch nie getroffen hatten und es beim Casting selber auch nicht um musikalische Qualitäten der einzelnen Anwärter ging, sondern um deren Aussehen und sportliche Fähigkeit für Tanzeinlagen.

Ihren vorläufigen Höhepunkt hat die Vermarktungsstrategie von Musik durch Soaps in der Person Oliver Petszokats erreicht. Oliver Petszokat gehörte zum Hauptcast der RTL2-Soap „Alle zusammen". Sein Erfolg als Schauspieler - gerade bei den acht- bis 16jährigen Mädchen - wurde von der Soap-Produktionsfirma Grundy/UFA TV zum Aufbau seiner Musikkarriere genutzt. Wohl zum ersten Mal plant, produziert und vermarktet damit ein und dasselbe Unternehmen die Fernseh- und die Musikkarriere eines Schauspielers.[32]

In den Fällen von „Just Friends" und Oliver Petszokat von Kult-Marketing und nicht einfach Marketing zu sprechen, findet seine Begründung vor allem darin, daß durch die Serie ein zusätzlicher Ereignisrahmen geschaffen wurde, indem über den eigentlichen Handlungs- und Ereignisrahmen der Soap-Folgen hinaus Auftritte, die Mitgestaltung von Events und die Vermarktung von Musik möglich wird. Diese Entwicklung ist mit dem Unternehmensziel von RTL bzw. RTL2 aufs engste verbunden, das darauf zielt, ein bestimmtes Zielpublikum mit einer breiten Produktpalette des Hauses zu binden.

Bei der Bavaria-Produktion „Marienhof" in der ARD hat man diese Entwicklung dazu genutzt, auf der „Love-Parade '97" präsent zu sein und sich so der Zielgruppe und besonders der Techno-Szene[33] zu zeigen. Dafür wurde eigens ein „Marienhof-Truck" auf die Strecke geschickt und während des Events Szenen für die Folge 822 gedreht.

---

in der 58teiligen Sitcom zahlreiche Abenteuer und hatten bereits mit dem ersten Song: „Last Train to Clarksville" einen Hit.

[32] Seit Frühsommer 1997 wird im Werbeumfeld für den ersten Song von Oliver Petszokat („Liebe machen") geworben - fast unnötig zu erwähnen, daß der Spot in der Kulisse der Soap gedreht wurde.

[33] Siehe dazu den Beitrag von Waldemar Vogelgesang u. a. im vorliegenden Band.

Daily Soaps als Umfeld von Marken, Moden und Trends

Bewußt werden in den deutschen Soaps unterschiedliche Brücken zur Jugendkultur zu bauen versucht, von denen sich die Musik als Mittler am besten bewährt hat. Das führt z.B. auch dazu, daß keine neue Soap mehr denkbar scheint, die nicht mit bekannten Gesichtern aus den einschlägigen Musikclips bzw. Musiksendungen aufwartet. Beispielhaft sind die Rollen, die die Viva-Moderatoren Mola Adebisi etwa in der Soap „Marienhof" oder Daiyse Dee in der RTL2-Soap „Alle zusammen" einnehmen. Diese Protagonisten stehen für bestimmte Musikstile und damit verbunden für eine Authentizität in den verschiedenen Szenen, was noch durch die Kleidung und die Accessoires dieser Personen unterstrichen wird.

Und noch einem weiteren entscheidenden Ziel dient die Wechselbeziehung zwischen Soap und Musikszenen. Der Struktur nach sind Daily Soaps ein standardisiertes Produkt, wobei sich das Angebot des einen Senders von dem eines anderen Senders in diesem Sektor nur dauerhaft dadurch deutlich abgrenzen läßt, wenn man eine unterscheidbare Verpackung für die annähernd gleichen Geschichten und Dramatisierungsweisen liefert. Das Programm-Design, in dessen Dienst die Musikgruppen treten, bieten eine Gelegenheit dazu. Zugleich stellen sie weitere Verbreitungswege der Soap über die Ausstrahlung der einzelnen Serienfolgen hinaus sicher. Die Musikgruppen stehen im Dienst der Absatz- und Marktanteilsteigerung des Ausgangsprodukts der Serie und des Senders.

Als Multiplikatoren des Soap-Images funktionieren im weiteren auch die Fanmagazine zu den einzelnen Soaps, die eine weitere Brücke zwischen populärkulturellen Ereignissen und den Soaps bieten, indem sie oftmals als Ankündigungsorgane für die zusätzlichen Aktivitäten im Soap-Umfeld dienen. Verlost werden beispielsweise Teilnahmen an Sportveranstaltungen mit den Serienstars oder auch Statistenrollen. Wer auf dem laufenden bleiben will und vor allem etwas über „das Private" der Serienhelden erfahren will, ist auf diese Magazine angewiesen.[34] Gekauft werden die

---

[34] Derzeit erscheinen zu den Dailys „Gute Zeiten, schlechte Zeiten", „Verbotene Liebe" und „Marienhof" monatlich Fanmagazine. Die beiden erstgenannten gibt der Dino Verlag, das zuletzt genannte der OZ Verlag heraus. Der Preis liegt bei 3,90

Magazine von den acht- bis 15jährigen Mädchen. Neben den Fanmagazinen vertreiben verschiedene Verlage auch Bücher zu den Serien.

Zusammenfassend kann festgehalten werden, daß die Soap-Macher folgende Ziele verfolgen:

- Aufgreifen von (Musik-)Trends,
- Präsentieren von (Musik-)Produkten,
- Rationalisierung der Figurenentwicklung und
- Schaffung von hohen Wiedererkennungs- und Identifiktionswerten für die einzelnen Figuren.

4.4 Vermarktung der Soap-Ästhetik als Lifestyle-Angebot

Das Aufgreifen, Präsentieren und Verstärken von Trends der Jugendkultur findet sich in den deutschen Dailys aber nicht nur im Bereich der Popmusik. So sind die Soaps gerade für Moden und Stile von der Kleidung bis zu Wohnungseinrichtungen, Accessoires, Frisuren u.ä.m. Trendverstärker. Bemerkenswert ist daran, daß - im Gegensatz zu den US-amerikanischen Soaps - „alltagstaugliche" und „bezahlbare" Moden und Accessoires präsentiert werden. Damit ergeben sich unmittelbare Alltagsbezüge, die nicht von vornherein auf bestimmte Schichten und Lebensstile festgelegt sind und Gelegenheiten zu Kombinationen bieten, was dem im Begriff des Bricolage beschriebenen Verhaltens jugendkultureller Szenen entgegenkommt.

Ein weiterer Unterschied zwischen der „klassischen" Dramatisierung und Inszenierung in amerikanischen Seifenopern und der Lifestyle-Präsentation in den deutschen Daily Soaps liegt in der Darstellung von Körperlichkeit und Sexualität. Die Zurschaustellung von Körpern und der Umgang mit Sexualität hat deutliche Bezüge zur Jugendkultur, insbesondere zur Fitnesswelle und zur Techno-Szene[35]. Der Umgang mit Fragen der Sexualität weist eindeutig Parallelen zur Beratungskolumne in der

---

DM; der Spitzentitel („Gute Zeiten, schlechte Zeiten") hat eine Auflagenhöhe von über 250.000 Exemplaren.

[35] Siehe den Beitrag von Waldemar Vogelgesang u.a. im vorliegenden Band.

Jugendzeitschrift „Bravo" auf. Und schließlich ist es auch die Präsentation von Tätowierungen und Piercing als Symbolen der Szenekultur, mit der versucht wird, den Soaps bei den Jugendlichen in einem weiteren Bereich Authentizität zu verleihen. Dem dient gerade, daß die Tätowierungen selbst nur selten in den Serien gezeigt werden; dafür werden sie auf Autogrammkarten und Postern ins Bild gerückt. Diese Begleitprodukte werden ausschließlich von Jugendlichen nachgefragt und so erhält sich ein Bereich, der nicht, wie z.b. im Fernsehen, unmittelbar der Erwachsenenwelt und deren Kontrolle zugänglich ist. Die Ansprache verschiedener Publikumsgruppen findet damit über Protosymbole und visuelle Eindrücke statt, die an unterschiedlicher Stelle inszeniert werden.

Dabei prägen die deutschen Daily Soaps beim Umgang mit Körperlichkeit und Sexualität eine neue Ästhetik. Zwar werden auch in deutschen Dailys Jungen und Männer mit nackten Oberkörpern und vor allem Mädchen und Frauen in engen Tops gezeigt, doch gibt es auffällige Unterschiede zu der US-amerikanischen Ästhetik – vor allem zu „Baywatch" – mit ihrer eindeutigen Nähe zu den Darstellungsformen von Männermagazinen bzw. Frauenmagazinen.

Um abschließend die Vorreiterrolle der deutschen Daily Soaps bei den neuen Vermarktungsstrategien zu dokumentieren, soll beispielhaft eine Offair-Promotionsmaßnahme beschrieben werden. Für die Serie „Alle zusammen" wurde Wochen vor der Ausstrahlung der ersten Folge am 25.11.1996 mit einer bundesweiten Plakat- und Anzeigenaktion unter dem Schlagwort „Die Soap mit den Ärzten" geworben. Bei dieser Gelegenheit wurden die einzelnen Akteure der Soap mit markigen Sprüchen eingeführt, etwa „Pamela kriegt jeden rum", noch ehe der Zuschauer sich vorstellen konnte, wovon die Soap handelt. Die für eine Daily Soap aggressive Werbung nimmt in ihrer Gestaltung gezielt Anleihen beim Techno-Design, um das auf den ersten Blick für ein jugendliches Publikum doch recht muffig erscheinende Ärztemilieu der Soap jugendkompatibel zu machen. Verantwortlich für die Kampagne war die Berliner Agentur Schröder + Schömbs, die bereits für Swatch und MTV Werbemaßnahmen entwickelt und durchgeführt hat und daher geübt im Umgang mit Symbolen der Jugendkultur – speziell der Techno-Szene – ist. Unsere Einschätzung zum

Erfolg der Kampagne ist, daß durch die aggressive Behandlung des Ärztethemas der Eindruck der Behäbigkeit nur verstärkt wurde, worauf auch die mageren Einschaltquoten hindeuten.[36] Dieses Beispiel zeigt, das es Grenzen für die „Konstuktion von Erlebniswelten" (Boltz 1994) gibt. Die Verbindung zwischen Senderimage, Reichweitenerfolgen und dem gezeigten Arztmilieu ist nicht geglückt.

5. Daily Soaps in der Erlebnisgesellschaft

Die Beispiele verdeutlichen, in welchem Umfang die Verantwortlichen die Daily Soaps als „Türöffner" zu den unterschiedlichen Teilen des Medienmarktes und auch der neuen Medien begreifen und nutzen. Aktuelle Entwicklungen interaktiver Nutzungsformen von Soaps - bspw. die Cyber Soaps - unterstreichen unsere These dieses Genres als Keimzelle des Fernsehens der Zukunft.

Mit den genannten Strategien, die besonders mit Blick auf die Schaffung zusätzlicher populärkultureller Ereignisse zu einer Steigerung der mit dem Erzählkonzept ohnehin bewirkten Alltagsdramatisierung führen, entsteht nicht nur ein neuer Zusammenhang zwischen Soap und Sender über Aspekte wie Corporate Identity und Corporate Design, sondern auch die Anschlußfähigkeit für unterschiedliche Symbole und Lifestyle-Inszenierungen.

Eine Erklärung für die Rolle von Lifestyle-Inszenierungen als Orientierungsrahmen für die (jungen) Zuschauer liefert Anthony Giddens in seinen zahlreichen Untersuchungen zur Spätmoderne (high-modernity). Die beobachtbaren Enttraditionalisierungen haben nach Giddens den Zwang zur „Politisierung der Lebensführung" (life politics) eines jeden einzelnen zur Folge. Prozesse der Identitätsbildung basieren danach nicht mehr allein auf der Orientierung an Traditionen, sondern immer mehr auf selbstreflexiven

---

[36] Die niedrigen Einschaltquoten sind schließlich der Grund dafür, daß RTL2 den Vertrag mit der Produktionsfirma Grundy/UFA nicht verlängerte. Die Soap „Alle zusammen" lief im Herbst 1997 aus.

Entscheidungen (Giddens 1991, 214). An die Stelle sicherheitsgebender Institutionen und Traditionen tritt eine „Selbstkultur" – auch in Orientierungsfragen – die die klassischen Verhaltens- und Schichtungs-Schemata untergräbt und dabei aus dem symbolischen Reservoir der Populärkultur schöpft. Hierbei bilden sich neue Handlungsziele und Identitäten heraus.[37]

Mit den oben genannten Prinzipien der Korrespondenz, Abstraktion, Kumulation, Variation und Autosuggestion hat Schulze auf die im Zusammenhang mit der Erlebnisnachfrage relevanten Orientierungsaspekte verwiesen. Das Prinzip der Korrespondenz verweist auf die Zugehörigkeit zu einem alltagsästhetischen Schemata. Solche Schemata werden in den Daily Soaps inszeniert – z.B. Mädchencliquen – und führen dazu, daß die Zuschauer Orientierungspunkte „im Durcheinander des Erlebnismarktes" (Schulze 1993, 432) erhalten. Abstraktion ist das Ergebnis von Selektionen um die „Empfänglichkeit für bestimmte Produktklassen herzustellen" (ebd., 434). Auch diese muß erlernt werden, was in unserem Zusammenhang auf die Kenntnis von Genrekonventionen sowie von Genrewissen für die Befriedigung der Erlebnisbedürfnisse verweist. Es geht unter anderem darum, zu wissen, wie die Erzählungen weiter gehen (müssen). Ständig wird probiert, ob die Spielregeln bekannt sind. Die Codes und Symbole der Jugendszenen unterstützen dabei die Abstraktionsleistung. Die Handlungsstrategie der Kumulation reagiert auf die Häufung von Erlebnissen in der Weise, daß das „Handlungsziel (Erlebnis)" verkleinert wird (ebd., 435). Angewendet auf die Soap-Rezeption findet eine Konzentration auf bestimmte Ausschnitte, Handlungsstränge oder Stile und Marken in der Erzählung statt. Das Prinzip der Variation läßt sich als Strategie der Abwechslung „innerhalb desselben allgemeinen Rahmens" verstehen (ebd.). Variationsmöglichkeiten bieten sich dem Soap-Publikum auf verschiedenen Ebenen: Wiederholungen, Reruns und die laufenden wie geplanten Soaps erlauben die abwechselnde Befriedigung der Erlebnisnachfrage. Orientierend versichert die Zugehörigkeit zu Fangruppen die Richtigkeit der

---

[37] Die Folgen werden in unterschiedlichen Kontexten erforscht. Vgl. exemplarisch

Wahlentscheidung, wobei die gemeinsame Abgrenzung gegenüber Kritikern ebenfalls bestärkend wirken kann. Mit diesem, der Autosuggestion folgenden Prinzip wird die Reduktion von Unsicherheiten gegenüber der eigenen alltagsästhetischen Entscheidung herbeigeführt (vgl. ebd., 436).

Die bisherigen Ausführungen haben gezeigt, daß die Stellung der Daily Soaps in der Erlebnisgesellschaft im Zusammenspiel von Lifestyle-Inszenierungen und neuen Marketing-Strategien als Ausdruck und Träger von Individualisierungsprozessen gesehen werden muß. Die spezifische Theatralität der deutschen Daily Soaps greift dabei die fünf Prinzipien der Handlungsstrategie auf dem Erlebnismarkt auf und schließt sie mit zusätzlichen populärkulturellen Ereignissen kurz.

6. Literatur

Ang, Ien: Desperately Seeking the Audience. London, New York 1991.

Angerer, Marie-Luise: Medienkörper: Zur Materialität des Medialen und der Medialität der Körper. In: Hepp, Andreas; Winter, Rainer (Hrsg.): Kultur - Medien - Macht. Cultural Studies und Medienanalyse. Opladen 1997, S.259-270.

Baacke, Dieter: Die Welt als Chip? Jugendstile und Medien. In: Schorb, Bernd; Stiehler, Hans-Jörg (Hrsg.): Medienlust und Medienlast. Was bringt die Rezipientenforschung dem Rezipienten? Dialog Band 1 (Eine Schriftenreihe der FSF). München 1996, S.193-204.

Basic, Natasa: Abgebildet, angedeutet, verzerrt. Wie Medien Jugendliche präsentieren. In: Medien + Erziehung 41 (1997), Nr. 1, S.24-30.

Beck, Ulrich: Demokratisierung der Familie. In: Beck, Ulrich (Hrsg.): Kinder der Freiheit (Edition Zweite Moderne hrsg. v. Ulrich Beck). Frankfurt a.M. 1997a, S.195-219.

Angerer 1997 sowie die Aufsätze in Schneider/Thomsen 1997 zur Hybridkultur.

Beck, Ulrich: Kinder der Freiheit: Wider das Lamento über den Werteverfall. In: Beck, Ulrich (Hrsg.): Kinder der Freiheit (Edition Zweite Moderne hrsg. v. Ulrich Beck). Frankfurt a.M. 1997b, S.9-33.

Blumler, Jay G.: Wandel des Mediensystems und sozialer Wandel: Auf dem Weg zu einem Forschungsprogramm. In: Publizistik, 42 (1997), Nr.1, S.16-36.

Böll, Katrin: Merchandising. Die neue Dimension der Verflechtung zwischen Medien und Industrie. München 1996.

Bolz, Norbert; Bosshart, David: KULT-Marketing. Die neuen Götter des Marktes. Düsseldorf 1995.

Boltz, Dirk-Mario: Konstruktion von Erlebniswelten. Kommunikations- und Marketingstrategien bei CAMEL und GREENPEACE. Berlin 1994.

Brandt, Ulrike: Kinder sind ein harter Brocken. In: Werben & Verkaufen (1997), Nr. 34, S.96-98.

Bruns, Thomas; Marcinkowski, Frank; Nieland, Jörg-Uwe; Ruhrmann, Georg; Schierl, Thomas (1996): Das analytische Modell. In: Schatz, Heribert (Hrsg.): Fernsehen als Objekt und Moment des sozialen Wandels. Opladen, S.19-74.

Decker, Jan-Oliver; Krah, Hans; Wünsch, Marianne: Gesellschaftliche Probleme werden ideologisch reguliert. Anmerkungen zum Genre der TV-Familienserien. In: Medien + Erziehung 41 (1997), Nr. 2, S.81-94.

Deese, Uwe; Hillenbach, Peter Erik; Kaiser, Dominik; Michatsch, Christian (Hrsg.): Jugendmarketing. Das wahre Leben in den Szenen der Neunziger. Düsseldorf und München 1995.

Feierabend, Sabine; Windgasse, Thomas: Was Kinder sehen. Eine Analyse der Fernsehnutzung 1996 von Drei- bis 13jährigen. In: Media Perspektiven (1997), Nr. 4, S.186-197.

Fendel, Heike-Melba: Most wanted. Die Strategien der TV-Anbieter, um junge Zuschauer zu gewinnen. In: Deese, Uwe u.a. (Hrsg.): Jugendmarketing. Das wahre Leben in den Szenen der Neunziger. Düsseldorf und München 1995, S.266-274.

Frey-Vor, Gerlinde: Strukturen der Unterhaltung in deutschen und britischen Soap Operas: Am Beispiel der Lindenstraße (ARD) und

EastEnders (BBC). In: Bosshart, Louis; Hoffmann-Riem, Wolfgang (Hrsg.): Medienlust und Mediennutz. München 1994, S.172-185.

Geißendörfer, Hans W.: Wie Kunstfiguren zum Leben erwachen - zur Dramaturgie der „Lindenstraße". In: Publizistik 38 (1990), Nr. 1, S.48-55.

Gerken, Gerd; Merks, Michael J. (Hrsg.): Szenen statt Zielgruppen. Vom Produkt zum Kult. Die Praxis der Interfusion. Frankfurt a.M. 1996.

Göttlich, Udo; Nieland, Jörg-Uwe: Politischer Diskurs als Unterhaltung? Präsentationslogiken von Daily Soaps als Wegweiser. In: Schatz, Heribert; Jarren, Otfried, Knaup, Bettina (Hrsg.): Machtkonzentration in der Multimediagesellschaft? Beiträge zu einer Neubestimmung des Verhältnisses von politischer und medialer Macht. Opladen 1997a, S. 188-200.

Göttlich, Udo; Nieland, Jörg-Uwe: Daily Soap Operas: Zur Theatralität des Alltäglichen. In: Willems, Herbert; Jurga, Martin (Hrsg.): Die Inszenierungsgesellschaft. Opladen 1997b (im Druck).

Groß, Thomas: Aufschwung Pop. In: taz v.14.08.1997, S.3.

Hallenberger, Gerd: Vom Bildungsanspruch zum Lebenshilfe-Angebot. Modetrends in der Fernsehunterhaltung gestern und heute. In: Tendenz (1997), Nr. 1, S.16-20.

Holert, Tom; Terkessidis, Mark (Hrsg.): Mainstream der Minderheiten. Pop in der Kontrollgesellschaft. Berlin 1997.

Holtgreve, Sabine; Adolph, Jörg: Talking about my generation. Vom Lebensgefühl zwischen guten und schlechten Zeiten. In: Ästhetik und Kommunikation 24 (1995), Nr. 88, S.37-42.

Jäckel, Michael: Wahlfreiheit in der Fernsehnutzung. Eine soziologische Analyse zur Individualisierung der Massenkommunikation. Opladen 1996.

Janke, Klaus; Niehues, Stefan: Echt abgedreht. Die Jugend der 90er Jahre. München 1995.

Lichter, Robert S.; Lichter, Linda S.; Rothman, Stanley: Watching America. New York 1991.

Messner, Monja: „Sie sind sooo süüüß ..." Boygroups und ihre Fans - Fans und ihre Boygroups. In: SPoKK (Hrsg.): Kursbuch Jugendkultur.

Stile, Szenen und Identitäten vor der Jahrtausendwende. Mannheim 1997, S.235-242.

Nickel, Ulrike: Bartering. Position, Probleme, Perspektiven. Frankfurt a.M. 1996.

Nochimson, Martha: No End to Her. Soap Opera and the Female Subject. Berkeley, Los Angeles, Oxford 1992.

Riesman, David: Die einsame Masse. Eine Untersuchung der Wandlungen des amerikanischen Charakters. [Aus dem Amerik.] Hamburg 1958.

Schatz, Heribert (Hrsg.): Fernsehen als Objekt und Moment des sozialen Wandels. Faktoren und Folgen der aktuellen Veränderungen des Fernsehens. Opladen 1996.

Schneider, Irmela: Variationen des Weiblichen und Männlichen. Zur Ikonographie der Geschlechter. In: Schneider, Irmela (Hrsg.): Serien-Welten. Strukturen US-amerikanischer Serien aus vier Jahrzehnten. Opladen 1995, S.138-176.

Schulze, Gerhard: Die Erlebnisgesellschaft. Kultursoziologie der Gegenwart. Frankfurt a.M. 1993

SPoKK (Hrsg.): Kursbuch Jugendkultur. Stile, Szenen und Identitäten vor der Jahrtausendwende. Mannheim 1997.

TV Hören und Sehen/Institut für Jugendforschung (IJF): Daily Soaps im Vergleich. Aktionsheft: TV-Familien testen das Fernsehen (1996), Nr. 7.

Vogelgesang, Waldemar: Jugendmedien und Jugendszenen. In: Rundfunk und Fernsehen 44 (1996), Nr. 3, S.346-364.

Vogelgesang, Waldemar: Jugendliches Medienhandeln: Szenen, Stile, Kompetenzen. In: Aus Politik und Zeitgeschichte (1997), B 19-20/97, S.13-27.

Vollbrecht, Ralf: Jugendkulturelle Selbstinszenierungen. In: Medien + Erziehung 41 (1997a), Nr. 1, S.7-14.

Vollbrecht, Ralf: Von Subkulturen zu Lebensstilen. Jugendkulturen im Wandel. In: SPoKK (Hrsg.): Kursbuch Jugendkultur. Stile, Szenen und Identitäten vor der Jahrtausendwende. Mannheim 1997b, S. 22-31.

Weinberg, Peter: Erlebnismarketing. München 1992.

Winter, Rainer: Medien und Fans. Zur Konstruktion von Fan-Kulturen. In: SPoKK (Hrsg.): Kursbuch Jugendkultur. Stile, Szenen und Identitäten vor der Jahrtausendwende. Mannheim 1997, S.40-54.

Inszenierungsaspekte der Werbung.
Empirische Ergebnisse der Erforschung von Glaubwürdigkeitsgenerierungen

Herbert Willems und Martin Jurga

1. Einleitung

Die von Niklas Luhmann (1996) in seinem Buch über die "Realität der Massenmedien" geäußerte Feststellung: "Nach der Wahrheit die Werbung" (S. 85) verweist auf ein grundsätzliches Dilemma, das für die Kommunikationsform 'Werbung'[1] kennzeichnend ist und als Problem von Werbestrategien berücksichtigt werden muß: Es handelt sich um den von den Adressaten der Werbekommunikation gehegten Verdacht des Manipulierens, der Unwahrheit der 'Werbebotschaft' und der Unaufrichtigkeit der Werbetreibenden.[2] Dieser Sachverhalt bleibt nicht ohne Folgen für die Bemühungen der Werbemacher. Wer erfolgreich werben will, muß seine Werbung so gestalten, daß dieser Verdacht, wenn nicht gänzlich ausgeräumt oder beseitigt, so doch wenigstens abgeschwächt wird. Werbung ist mithin bemüht, glaubwürdig zu erscheinen.[3] Dies gilt in jedem Fall für die Formen der Werbung, die als vorrangiges Ziel haben, von den Eigenschaften, dem Wert oder der Leistungsfähigkeit eines Produktes, einer Dienstleistung oder Organisation zu überzeugen. Nur von nachrangiger Bedeutung und für das Erreichen des intendierten Werbeziels nicht zwingend notwendig ist die Generierung von Glaubwürdigkeit, wenn es den Werbenden hauptsächlich

---

[1] Vgl. zur Werbung als kommunikativer Gattung Krallmann u.a. (1997).
[2] Unglaubwürdigkeit ist hier an ein unterstelltes Motiv gekoppelt. Die Zuschreibung von Motiven spielt auch in anderen Kontexten eine wichtige Rolle. Im Gerichtsverfahren ist die Feststellung von Unglaubwürdigkeit an die Zuschreibung eines Motivs, falsch auszusagen, gebunden (vgl. Wolff/Müller 1997, 138ff.).
[3] So sieht z.B. der ehemalige BDI-Präsident Tyll Necker (1993) in der Glaubwürdigkeit ein wesentliches Merkmal der Kommunikationswirtschaft.

um Sichtbarkeit eines Produktes oder um Aufmerksamkeit[4] für ein Produkt in einem durch ein Überangebot an konkurrierenden Marken und Produkten gekennzeichneten Handlungskontext geht. Die primär auf Glaubwürdigkeit abzielende inhaltliche Gestaltung von Werbung ist unter diesen Bedingungen keine notwendig zu realisierende Komponente der Werbung und Voraussetzung des Werbeerfolges. Sichtbarkeit und Aufmerksamkeit können in vielen Fällen das einzige oder eigentliche Ziel von Werbung sein und hinlänglichen Erfolg nach sich ziehen. Allerdings dürfte die Mehrzahl der Werbungen immer noch vorrangig den Versuch repräsentieren, durch glaubwürdige Inszenierungen zu überzeugen, und das, obwohl die Werbung als Rahmen (im Goffmanschen Sinne) prinzipiell unter dem Verdacht steht, beeinflussen, täuschen oder manipulieren zu wollen.

Diese Grundsituation, ihre strukturellen Aspekte und die auf sie bezogenen strategisch-dramaturgischen Methoden können mit anderen Kontexten verglichen werden, und sie sind denselben theoretischen und konzeptuellen Mitteln zugänglich, die es überhaupt mit der Theatralität von Glaubwürdigkeit und Überzeugung zu tun haben.[5] Vielversprechend dürfte es sein, im Rahmen der strategischen Interaktionstheorie die Ausgangslagen und die Praxen spezialisierter Selbstdarsteller (z.B. der Höflinge oder der heutigen Politiker) mit denen der Werbung zu vergleichen.

Beobachtet man Werbung im Hinblick auf dramaturgische Versuche, Glaubwürdigkeit zu erzeugen, dann zeigen sich allerdings als erstes offenkundige Differenzen in dem Wert, der auf selbige gelegt wird. In einem großen Teil der Werbung, in dem es um mehr geht als um Sichtbarkeit und Aufmerksamkeit, geht es keineswegs vorrangig um die Erzeugung von

---

[4] Das Werbesystem hat die Funktion, "folgenreiche Aufmerksamkeit für Produkte, Leistungen, Personen und »Botschaften«" (Schmidt/Spieß 1996, 37) zu produzieren. Aufmerksamkeit ist als ein "knappes Gut" (Hahn 1987) anzusehen und dies in bezug auf Werbung in einem doppelten Sinn: Einerseits ist die Aufmerksamkeit aufgrund eines medialen Überangebots knapp, andererseits sieht sich der zeitgenössische Kunde einem Übermaß an Gütern und Leistungsanbietern gegenüber (vgl. Schmidt/Spieß 1996, 47).
[5] Eine interessante Möglichkeit besteht darin, die „goldenen Regeln" der Werbungspraktiker (vgl. z.B. Paczesny 1995) mit klassischen Klugheitslehren (Gracian, Castiglione, Macchiavelli, Knigge u.a.m.) zu vergleichen.

Glaubwürdigkeit. Vielmehr werden oft Impressionen und Atmosphären auf der Basis kollektiven oder publikumsspezifischen Skriptwissens und mit Hilfe von Inszenierungsmitteln wie Musik, Komik oder Landschaft erzeugt. Gesetzt wird dabei auf eine einfach strukturierte, aber unter Umständen sehr tiefgehende (habituserfassende) und komplexe Informationsfelder umfassende Assoziationsmechanik, die den zu bewerbenden Gegenstand mit meist angenehmen Vorstellungen und Gefühlen in Verbindung bringt. Zentral sind in diesem Zusammenhang expressive Darstellungsmittel, wie Meyrowitz dargelegt hat:

„Nur sehr wenige Produkt-Kampagnen liefern irgend ein (sic!) formales, logisches, verbales „Argument" dafür, das Produkt zu kaufen. Statt dessen stellen sie Menschen dar in expressiven Situationen: wie sie lächeln, lachen, einander umarmen, sich küssen, singen, laufen, spielen oder ins Wasser tauchen (dies häufig in Zeitlupe). [...] Die expressiven Botschaften der Werbung sind unmöglich zu kontrollieren. Als nicht-diskursive Darstellungen können sie sich nicht als wahr oder falsch „erweisen". [... Werbung] appelliert nicht an die Rationalität, sondern an Emotionen und die Sinne." (Meyrowitz 1987, 84)

Häufig werden märchenhafte und z.T. auch Märchen zitierende oder paradiesisch anmutende Traumwelten inszeniert, offenkundig mit dem Ziel, Gestimmtheiten zu erzeugen, um Zustimmung für einen Gegenstand zu finden. Hier geht es also nicht mehr um realistische Darstellung, geschweige denn um Glaubwürdigkeit, die durch die Darstellung alltags- bzw. publikumsnaher, realistischer Szenen, Milieus oder Situationen generiert wird. So werben etwa Zigarettenanbieter wie Marlboro oder Camel nicht mit (zur Überzeugung geeigneten und eher an einem rationalen Diskurs orientierten) Botschaften des Geschmacks, der Tabakauswahl oder der Qualität der Filter, sondern mit Verheißungen von Freiheit, Männlichkeit und Abenteuer, die durch emotionalisierende Bilder und Musik inszeniert werden.

Damit stellt sich die Frage, in welchen Kontexten Glaubwürdigkeit zum Anliegen der Werbeproduzenten wird und mit welchen „Methoden" sie diese zu realisieren trachten. Die Antwort auf die Frage der Kontextuierung fällt relativ leicht: Glaubwürdigkeit wird immer dann zu einem entscheidenden Anliegen der Werbekommunikation, wenn diese davon ausgehen muß, daß ihr Publikum den zu bewerbenden Gegenstand als teuer oder riskant wahrnimmt. Wenn z.B. Gesundheit oder Schönheit auf dem Spiel steht - sei es, daß sie erhalten oder hergestellt werden soll -, dann ist besonders damit zu rechnen, daß das Publikum wahrhaftig und kompetent informiert werden will und davon überzeugt werden muß, daß das Produkt den gewünschten Nutzen hat bzw. zur Erreichung der intendierten Ziele geeignet ist. Auch wenn es sich fragt, ob ein beworbenes Objekt seinen hohen Preis wert ist oder das Prestige „guten Geschmacks" verschafft, will es - mit Konsequenzen für die Werbung - Wissen und Gewißheit. Ferner nimmt die Relevanz des Glaubwürdigkeitsgrades von Werbung zu, je weniger die Konsumenten a priori (etwa durch optische Prüfung) in der Lage sind, die (Leistungs-)Fähigkeiten eines Angebotes zu überprüfen. So unterscheiden sich z.B. die „Vorab-Prüfchancen" der potentiellen Käufer von Produkttyp zu Produkttyp in starkem und - für die Gestaltung der Werbung unter Umständen - entscheidendem Maße. Für solche Fälle und für die, in denen es darum geht, einen Gegenstand wie z.B. die Deutsche Bank (wieder) glaubwürdig zu machen, hat die Werbung ein reichhaltiges, von der Relevanz des Glaubwürdigkeitsproblems zeugendes Repertoire an Strategien und Techniken zur Verfügung. Dieses Repertoire zielt auf *Eindrücke*, auf das *Glauben* des Publikums, das auch dann überzeugt werden muß, wenn der zu bewerbende Gegenstand tatsächlich die allerbesten Eigenschaften hat. Einige dramaturgische Methoden, mit dem Problem der Glaubwürdigkeit umzugehen bzw. Glaubwürdigkeit zu erzeugen, sollen im folgenden aufgeführt und verdeutlicht werden.

2. Glaubwürdigkeitsgenerierende Inszenierungsweisen[6]

2.1 „Wissenschaft beweist!": Wissenschaft als Wahrheitsinstanz der Werbung

Wissenschaft in Gestalt von Experten, Titeln, Bühnenbildern, Expertisen, begutachtenden Institutionen, Ergebnissen von an wissenschaftlichen Methoden orientierten Tests und „authentischer" oder fiktiver wissenschaftlicher Fachterminologie ist ein prominentes Mittel und eine probate Ressource des Versuchs, von den guten Eigenschaften oder der Leistungsfähigkeit eines Produktes zu überzeugen bzw. den Produkthersteller glaubwürdig erscheinen zu lassen. Die Werbung versucht sich damit ihres Unglaubwürdigkeitsstigmas zu entledigen und zugleich ihren Gegenstand „positiv" zu qualifizieren. Die Methoden, dies zu tun, reichen vom Titel (und Kittel) des Dr. Best oder Dr. Rentschler über (echte oder fingierte) Fachtermini wie „Cerealien", „Liposomen" oder „Plantaren" bis zu Markennamen wie pH5-Eucerin, Lipovitan B^3 oder Nestlé LC1.

Eine andere, häufig angewandte Methode, die sich der glaubwürdigkeitsbefördernden Funktion von Wissenschaft bedient, ist in Verweisen oder Bezugnahmen auf Institutionen wie die Stiftung Warentest zu sehen, die durch die Anwendung wissenschaftlicher Verfahren und dank einer anerkannten Begutachtungskompetenz als neutral, unabhängig und daher vertrauenswürdig gelten. Ähnlich ist es bei der Bezugnahme auf Testergebnisse und Empfehlungen des ADAC oder bei Fachzeitschriften wie Video, HiFi usw.

In einigen Fällen wird Wissenschaft gleichsam in actu dargestellt, z.B. wenn ein Blick auf die Arbeit in einem Labor oder Forschungsinstitut gewährt wird. Solche Forschungssettings findet man in den letzten Jahren vorwiegend in Hundefutter- (Pedigree Pal 1995) und Zahnhygiene- sowie Wasch- und Spülmittelwerbungen (Ariel 1995, Fairy Ultra 1995). Hier wird Wissenschaft vorrangig durch Objekte, Handlungsorte und Verfahren präsentiert. Im Falle des Dr. Best tritt uns dagegen Wissenschaft

---

[6] Zur Bedeutung von Inszenierungen, verschiedenen Inszenierungslogiken und -weisen vgl. Willems/Jurga (1997).

personalisiert entgegen. Die Werbefigur wird nicht mehr am unmittelbaren Handlungsort der Forschung, nämlich dem Labor, gezeigt, sondern erscheint als Repräsentant ihres Unternehmens, räumlich abgesondert von Forschung und Produktion. Die Resultate der Forschungsbemühungen ihres Unternehmens werden vorgestellt und mittels eines Laien- und Augenscheinbeweises (die empfindliche Haut einer Tomate wird nicht durch die Zahnbürste verletzt) wird von der Leistungsfähigkeit des Produktes zu überzeugen versucht. Dieser Repräsentant ist zusätzlich mit einer Aufschrift des Markennamens in Verbindung mit der Bezeichnung "Forschung" (Blendamed Forschung) ausgestattet und verweist damit auf den Laborkontext.

Wissenschaft erscheint in der Werbung als männliche Domäne. Nur vereinzelt tauchen Wissenschaftlerinnen auf, und wenn, dann sind diese implizit als inkompetent dargestellt. So zeigt die erwähnte Pedigree Pal-Hundefutterforschung eine Forscherin, die zunächst noch selbständig arbeitet, jedoch letztlich von einem älteren und vermutlich hierarchisch höhergestellten Mann, der hinter ihr steht und ihr über die Schulter schaut, „beaufsichtigt" und beraten wird (1995). Forscherinnen tauchen vermehrt auf einem Gebiet auf, das Frauen als Zielgruppe hat, nämlich Kosmetika. „Christian Dior hat Forschung und High-Tech in den Dienst der Schönheit gestellt. (...) 200 Mitarbeiter, darunter Chemiker, Biologen, Dermatologen und Physiker, stehen in regelmäßigem Kontakt, u. a. zum Institut Pasteur, Paris" (Icône 1991) lautet der ausschließlich maskuline Berufsbezeichnungen verwendende Text einer Printanzeige, in der eine Chemiker*in* portraitiert wird. Das Motiv für die Wahl einer Forscherin dürfte darin liegen, daß man zwar einerseits auf fachliche Kompetenz referieren, gleichzeitig aber eine attraktive weibliche „Oberfläche" miteinbauen wollte.

In den auf Wissenschaft referierenden Werbungen wird oft demonstriert, wie Produkte funktionieren und daß sie positive Wirkungen haben. In diesem Zusammenhang operieren die Werbemacher mit Analogisierungen und Vergleichen, oftmals als wissenschaftliche Computersimulationen vorgeführt, mit dem Ziel, eine behauptete Produkteigenschaft zu beweisen. Diese Produktqualifikation erfolgt teilweise explizit, wie folgende Beispiele zeigen: „Wissenschaft beweist: Wissenschaftliche Tests an deutschen und amerikanischen Universitäten haben die Anti-Falten-Wirkung von 'frei öl' eindrucksvoll bestätigt" (FreiÖl 1995) oder „Eine deutsche Hochschule beweist: Abnehmen mit Slim-Fast ist gesund und erfolgreicher als jede herkömmliche Diät" (Slim-Fast 1996).

2.2 „Die gibt der Zahnarzt seiner Familie!": Praktische Experten, Berufsexperten und erfahrene Genießer

Eine weitere Möglichkeit der Glaubwürdigkeitsgenerierung, die mit Kompetenzen ihrer Figuren operiert, kann in dem gesehen werden, was wir praktische Kennerschaft nennen. Bei der Inszenierung praktischer Kennerschaft sind auf der einen Seite Prominente anzutreffen, die auf einem Spezialgebiet als (Beurteilungs-)Experten anzusehen sind, denen also aufgrund ihrer Praxiserfahrungen unterstellt werden kann, daß sie gute von schlechten Produkten zu unterscheiden vermögen, und bei denen im Falle von Rennfahrern z.B. noch eine Imageübertragung auf den beworbenen Gegenstand (Automobil) stattfindet (Häkinnen-Mercedes, Schumacher-Renault). Daneben gibt es Alltagspraktiker, wie z.B. Hausfrauen, denen man ohne weiteres abnimmt, langjährige Erfahrung mit Putzmitteln zu haben und auch über die Kompetenz zu verfügen, in diesem Bereich verläßliche Aussagen über die Güte und die Alltagstauglichkeit von Produkten machen zu können. Kennerschaft wird auch in Gestalt von beruflichen Spezialisten (Zahnärzte, Chefköche, Gärtner) und Konsumvirtuosen (z.B. dem älteren Genießer bei Chantré oder den älteren Asbach-Uralt-Spots) vorgeführt. Erfahrung und Lebensklugheit legitimieren diese (inszenierten) Kenner, glaubwürdige Empfehlungen abzugeben.

Auch in diesem Zusammenhang ist eine spezifische Ungleichverteilung bei den Rollen, die den Geschlechtern zugewiesen werden, auffällig. Fast jede Art von Kennerschaft wird in der Werbung bis heute ganz überwiegend mit dem männlichen Geschlecht in Verbindung gebracht. Eine spezifische Form der Inszenierung von „kompetenten" Werbefrauen besteht in der Koppelung ihrer (Beurteilungs-)Kompetenzen an einen männlichen Partner. Diese Form des „Sich-über-den-Mann-Definierens" zeigt die Frau, wie sie ihre Aussagen rechtfertigt und ihnen Glaubwürdigkeit gibt, indem sie sich auf ihren kompetenteren männlichen Partner und Experten beruft (vgl. Mikos 1988, 55). Die Aussagen der Frauen werden in diesen Fällen durch institutionalisierte Titel - die in der Werbung im übrigen fast ausschließlich Männern vorbehalten sind - und die berufliche Stellung des Mannes mit Überzeugungskraft versehen (Perlweiss 1989, Advocard Rechtsschutz 1995).

Frauen sind in Werbeinszenierungen als Expertinnen in der Regel in als wenig anforderungsreich und anspruchsvoll bewerteten Tätigkeiten wie dem Spülen oder dem Putzen beliebt. Auch wenn es um die Demonstration der leichten Handhabbarkeit von Geräten geht, ist der Anteil der weiblichen Akteure, die diese Geräte bedienen, auffällig hoch (vgl. Willems/Jurga, im Druck a).

2.3 „Liebling Kreuzberg" und „Professor Brinkmann" als moralische Autoritäten

Neben funktionaler Autorität bringt die Werbung moralische Autorität ins Spiel, um Glaubwürdigkeitsprobleme zu lösen oder Glaubwürdigkeitsniveaus zu erhöhen. Wenn Personen, und nicht Institutionen, Träger dieser Autorität sind, dann handelt es sich meistens um prominente Medienpersönlichkeiten, die für die Werbung mehrfach wertvoll sind. Sie fungieren nämlich gleichzeitig als Aufmerksamkeitsfänger, als Wiedererkennungsfaktor, als Träger eines qualifikatorischen Images und als Glaubwürdigkeitsgenerator. Interessanterweise treten in diesem Sinne heute häufig Schauspieler auf, die durch das Spielen moralischer Rollen (Chefärzte, Pfarrer, Kommissare, Rechtsanwälte usw.) zu moralischen Autoritäten geworden sind. Neben Beispielen wie den Fernsehärzten Günther Pfitzmann (Edle Tropfen 1989) und Klaus-Jürgen Wussow (Kaffee Hag 1986), dem Kommissar Walter Sedlmayr (Nescafé 1985) oder dem Pfarrer Günther Strack (Malteserkreuz Aquavit 1991) sind die letzten und vielleicht auffälligsten Beispiele dafür Manfred Krugs Werbungen für die Telekom-Aktie (1996) oder sein (neuerliches) Auftreten als Anwalt in Werbefilmen der Rechtsschutzversicherung Advocard (1997). Krug, bekannt durch seine Rollen als integrer, sympathischer Kommissar, Fernfahrer und Rechtsanwalt aus vielen TV-Serien und -Filmen, besitzt ein moralisches

Image par excellence, das seine werblichen Aussagen zu überzeugenden Aussagen macht. Ebenso scheinen Showmaster (wie Ilona Christen und Harry Wijnvoord) heute eine moralische Dignität zu besitzen, die die Werbung für sich in Dienst nehmen kann. Die Werber rechnen in diesem Zusammenhang auch mit dem Kalkül des Publikums, daß Menschen wie Manfred Krug oder Günther Strack ihren „guten Namen" nicht für eine schlechte Sache einsetzen oder aufs Spiel setzen würden.

Daß „Medien-Persona" (Horton/Wohl 1956) als moralische Autoritäten nicht für jeglichen Werbezweck benutzt werden können, wird deutlich am Beispiel des "Skandals" um ein Werbevideo, in dem Ulrich Wickert, der publizistisch zu mehr Redlichkeit aufgefordert hat, für die Deutsche Bank wirbt. Persona wie Nachrichtensprecher oder -moderatoren, die durch ihre institutionelle Rolle zur Unparteilichkeit und Objektivität verpflichtet sind, können kaum für kommerzielle, einseitigen Interessen dienende Organisationen werben, wenn sie nicht ihre Glaubwürdigkeit aufs Spiel setzen wollen. Hier liegt ein massives Rahmenproblem im Sinne Goffmans (1977) vor, das nicht auftritt, wenn es um karitative, also nicht profitorientierte Zwecke wie z.B. die Glücksspirale geht, für die Wickert ebenfalls wirbt. Denn für einen guten Zweck zu werben, gilt stets als edles Tun. Das Problem der Inkompatabilität von Werbefigur und Produkt kann zum Mißerfolg einer Kampagne führen. So bemerkt Nickel: „Ein Absturz vom Werbehochseil ist bereits dann passiert, wenn der Prominente nicht zum Produkt paßt. Klar: eine Binsenweisheit. Und dennoch sind solche Fehler zu sehen. Wenn zum Beispiel eine junge Schwimmerin, geadelt mit olympischem Gold, für Dachfenster wirbt, dann stellt sich die Frage nach ihrer Kompetenz für das Produkt. Was bleibt, ist eine peinliche und teure Lachnummer, die dem Werbeinvestor schaden kann." (1997, 33) Darüber hinaus liest man: „Ähnliche Probleme können sich bei der Werbung mit Prominenten ergeben, die derzeit boomt. Wenn Thomas Gottschalk Gummitiere empfiehlt, Steffi Graf sich Nudeln ans Ohr hängt oder Günther Strack sich sonst nichts gönnt, beurteilt das Publikum, ob der Prominente, den er aus Funk, Fernsehen und Presse kennt, und das Produkt zusammenpassen. Ist dies nicht der Fall (Könnte man sich beispielsweise Manfred Krug in der Sportmodewerbung vorstellen?), hat der Spot kaum mehr Erfolg als ohne prominenten Star. Entgegen der landläufigen Meinung sind Prominenz und gegebenenfalls Attraktivität somit längst kein Garant für positiven Werbeerfolg." (Gleich 1992, 25)

Moralische Attribute werden auch anderen Persönlichkeiten wie beispielsweise Sportlern zugeschrieben, die zudem auch als Sympathiegeneratoren fungieren. So kann man auch Boris Becker (Nutella 1997), Uwe Seeler (Polifac 1971), Franz Beckenbauer (Mitsubishi 1994) oder Olaf Thon (Hipp 1994) nicht nur Beliebtheit, sondern vor allem (transferierbare) Glaubwürdigkeit attestieren.

2.4 Sympathie

In den Fällen, in denen moralische Autorität eine Rolle spielt, spielt fast immer zugleich ein anderer Faktor eine Rolle, der aber auch für sich stehen kann und von großer Bedeutung ist, nämlich Sympathie. Sie wird durch die (alltags-)„ausdruckstheoretisch" begründete Auswahl entsprechend aussehender (durchaus nicht immer gutaussehender) Modelle ins dramaturgische Spiel der Werbung gebracht. Offensichtlich gehen deren Produzenten davon aus, daß ihr Publikum den Eindruck der Sympathie mit moralischen Zuschreibungen verbindet.

2.5 Alter

Auch das Lebensalter ist im Kontext der Erzeugung von Glaubwürdigkeit von Bedeutung. Kinder tauchen in den Darstellungen der Werbung wohl nicht zuletzt deswegen so häufig auf, weil sie von jedermann für den Inbegriff von Spontaneität und Offenheit gehalten werden. Man glaubt, daß sie nicht lügen können, was entwicklungspsychologisch bis zu einem gewissen Alter (3-4 Jahre) durchaus gerechtfertigt ist (vgl. Oerter/Montada 1987), und tendiert dazu, ihren Ausdruck, z.B. bei dem Verzehr eines Bonbons, für echt zu halten.

Die „Geschmackstester" en miniature sind als kindliche Gourmets Träger der zu vermittelnden Werbebotschaft, jedoch tauchen sie auch als Glaubwürdigkeitserzeuger in solchen Werbungen auf, die Gegenstände einer erwachsenen Zielgruppe bewerben. In einigen Fällen fungieren die Kinder hier (nur) als Staffage oder Dekoration der Inszenierung, so etwa als vollendendes „Muß" einer werbetypischen (Muster-)Familie; viel häufiger jedoch vermitteln sie implizit (glaubwürdige) Botschaften. So „verglaubwürdigt" das Staunen eines „blonden Engels" in einem Werbefilm der Deutschen Bahn die inszenierten Neuerungen (1996) und so ist das dargestellte Kind einer Teppichwerbung ein nahezu optimaler „Weichheitstester" des beworbenen Gegenstandes (Kleine Wolke-Badeteppich 1973). Zunehmend erscheinen Kinder (fast immer Jungen) auch als Berater ihrer Eltern mit altersuntypischen Kompetenzen, wie etwa in bezug auf Autos (Volvo 850 Kombi 1995). Oder sie visualisieren (ehrliche) Bewunderungen desselben Gegenstandes (VW Sharan 1995). Darüber hinaus eignen sie sich - wie im übrigen auch ihre Mütter - zur Demonstration von leichter Handhabbarkeit. Im wahrsten Sinne des Wortes „kinderleicht" erscheint so etwa die Bedienung eines Apple-Computers durch ein Kind, das der werblichen Geschlechterlogik entsprechend kein Mädchen, sondern ein Knabe ist, der zudem für seine Spezies überdurchschnittlich begabt zu sein scheint (Apple 1995) (vgl. Willems/Jurga, im Druck b).

Die Werbung macht sich diese Auffassung ebenso zunutze wie das Image der Alten, über den Dingen zu stehen, die Lug und Trug motivieren. Z.B. in Werbefilmen von Werther's Echte (1995) bilden beide Altersgruppen (Großvater und Enkel) eine Gemeinschaft von Genießern, der man zutraut, zu wissen, was wirklich gut ist. Alte, und zwar ganz überwiegend Alte männlichen Geschlechts, dienen der Werbung zudem als Repräsentanten von Erfahrung, Weisheit und Klugheit. Seniorinnen scheinen dagegen eher im Kontext der Dramatisierung von Schwäche und Hilfsbedürftigkeit glaubwürdig und überzeugend zu sein; als Besitzerinnen altersbedingter Erfahrungsvorsprünge erscheinen sie allenfalls im Kontext ihrer Kochrezepte „wie bei Muttern".

2.6 Demonstrationen: „Man glaubt, was man sieht!"

Ein seit jeher praktiziertes und immer noch kumulierendes Mittel der werblichen Glaubwürdigkeitserzeugung oder jedenfalls -beschwörung ist die Demonstration. Sie stellt mit dem *Wie* eines Funktionierens zugleich sein *Daß* unter Beweis. Daß dieser „Beweis" meistens eher fragwürdig, weil leicht fingierbar ist, scheint dem Erfolg oder jedenfalls der Verbreitung dieses Rahmens keinen Abbruch zu tun. Versprechungen werden als Fakten und Paradebeispiele als Belege präsentiert. Die Vorführung bzw. das Vorzeigen der Fähigkeiten zielt auf die Überzeugung des Publikums, die durch die Sichtbarkeit erreicht werden soll. Auch in diesem Kontext spielen Geschlecht und Alter des Demonstrierenden eine Rolle, so daß Frauen und Kinder eher simples, Männer und Alte eher komplexes Leistungsvermögen vorführen. Gemeinsam ist allen Demonstrationen, daß sie einen (den wesentlichen oder auch innovativen) Aspekt des Produktes simplifiziert auf den (sichtbaren) Punkt bringen, indem meist auch die Wirkung bzw. das Ergebnis der Produktanwendung dramatisiert wird. Prinzipiell wird hier nach einem Verfahren vorgegangen, das dem des Augenscheinbeweises ähnelt: „Seht her und glaubt, was ihr seht!" Als Beispiel neben vielen kann ein Werbespot des Automobilherstellers Saab aus dem Jahre 1995 dienen, in dem für eine neue Katalysatortechnik geworben wird. Beim beworbenen Produkt zeigt eine in einen weißen Handschuh gekleidete und vor einem Auspuffrohr gehaltene Hand nach dem Betrieb des Motors keinerlei Verschmutzung, was natürlich bei einem nicht mit dieser (werbeinszenatorisch als herausragend qualifizierten) Technik versehenen Fahrzeug nicht der Fall wäre. Beispiele lassen sich insbesondere auch in der Waschmittelwerbung finden.

Der Demonstrationsrahmen, der als Modul im Sinne Goffmans (1977, 52ff.) zu verstehen ist, dient weniger dem besseren Einprägen als der Vermittlung der Vorstellung, daß und wie etwas funktioniert. Dies ist besonders dann erforderlich, wenn die Funktion und die genaue Verwendung des Produktes dem Publikum noch nicht bekannt sind. Am augenfälligsten ist der Demonstrationscharakter bei den Inszenierungen einiger klassischer Werbefilme, insbesondere wenn es sich um die

Markteinführung eines neuartigen Produktes handelt (z.B. Melitta 1952). So werden Innovationen (auch heute noch) mittels Demonstrationen eingeführt, um sichtbar zu machen, wie sie zu verwenden sind.

In der Werbung erscheint alles Neue in irgendeiner Weise besser als das Bisherige. Bestimmt wird dies durch eine Logik, die die ständige Steigerung der Qualität, Effizienz und Leistungsfähigkeit von Produkten beinhaltet. Zugleich manifestiert sich in der Werbung aber auch eine gegenläufige Tendenz, nämlich die zur Tradition, die für die Bewahrung des Bewährten und Guten steht. Auffällig ist in diesem Zusammenhang, daß es sich häufig um (Pseudo-)Traditionen handelt bzw. daß die ‚neuen' Produkte so inszeniert werden, als ob sie sich gut in einen sozialen Kontext einpassen würden, dem man unterstellt, daß er auf Tradition wert legt und eine Tendenz zur Stil- und Geschmackspersistenz aufweist (Rocher, After eight). Daß das Neue zugleich auch das Bessere ist, hängt offensichtlich mit der Notwendigkeit zusammen, Differenzen gegenüber den schon bestehenden Produkten anderer Anbieter und auch gegenüber dem eigenen bisherigen Produkt zu erzeugen. Ansonsten wäre der Anreiz kaum gegeben, das neue Produkt zu kaufen. Demgemäß hat sich ein Innovationszwang - letztlich durch die Konkurrenzsituation bedingt - etabliert, der periodisch zu Veränderungen der Produkte führt. Da die faktischen Veränderungen zwischen alt und neu in der Regel aber nicht von der Art sind, daß man von einer wesentlichen Differenz sprechen könnte, bzw. - was für die Werbestrategien der Anbieter entscheidend ist - diese Differenz vom Publikum nicht erkannt oder anerkannt wird, besteht die Notwendigkeit, diese Differenzen zu dramatisieren bzw. Differenzen zu schaffen, die sachlogisch mit den vermeintlichen Qualitäten der beworbenen Produkte nur noch schwer in Verbindung gebracht werden können.

Die Möglichkeiten der Inszenierung von Demonstrationen ist vom jeweiligen Medium abhängig, wobei das Fernsehen einen Vorsprung in der Fülle der Gestaltungsmöglichkeiten hat. In Werbefilmen wird noch heute auf eine Weise demonstriert, als handele es sich um massenmediale Lehrveranstaltungen. Ganz entscheidend ist diese Inszenierungsstrategie etwa in Putzmittelwerbungen, in denen z.B. veranschaulicht wird, wie ein neuer Mop zu benutzen ist und welch hervorragende Haushaltshilfe er darstellt (Vileda 1992, 1997). In Printanzeigen werden Bewegungen und/oder zeitliche Abläufe mittels Bildfolgen in Form einer Aneinanderreihung einzelner Bilder umgesetzt. So wird etwa gezeigt, „wie man sich richtig schminkt" (Margret Astor 1971), oder die Verstellbarkeit des neuen „längsverstellbaren" Bügels der Carrerabrille wird dargestellt, um zu demonstrieren, wie das „Rutschen" verhindert werden kann (1984).

Demonstriert werden häufig auch die Produktwirkungen, in dem Sinne, daß etwa in Spots der Parfumwerbung der durchschlagende, erotische Erfolg „abgebildet" wird (z.B. Gammon 1995, Axe 1997).

2.7 Das „Vorher-Nachher-Schema"

Wie die Demonstration lebt das meist mit ihr verbundene Vorher-Nachher-Schema nicht von wirklicher Beweiskraft oder auch nur Plausibilität, sondern von der archaischen Überzeugungskraft der Wahrnehmung bzw. des Sehens.

„Objektive Argumentationsstrategien versuchen den Leser/Zuschauer zu überzeugen, indem sie »unwiderlegbare« Fakten präsentieren. Bestes Beispiel sind die Vielzahl von Vorher/Nachher-Demonstrationen, bei der sich ein dringendes Problem des Verbrauchers durch die Anwendung eines bestimmten Produkts beheben läßt - weder Fettfleck (»Mit Ariel kriegen Sie Ihr Fett weg.«) noch Paradontose können die gute Laune trüben. Häufig werden auch vergleichende Demonstrationen (»Links herkömmliche Windeln, rechts die neue Pampers«) durchgeführt. Service-Demonstrationen sprechen die Bequemlichkeit des Verbrauchers an und sollen ihm vermitteln, daß sich jemand um ihn kümmert (»City-Bank, die 24-Stunden-Bank«; oder »DEA, wir können viel für sie tun.«)." (Gleich 1992, 23)

Man glaubt (nur), was man sieht und sieht, was man sehen (und kaufen) soll. Allerdings liegt der Funktionsschwerpunkt des Vorher-Nachher-Schemas weniger auf dem Aspekt des „Beweisens" als auf dem der Geltungsbehauptung (z.B. einer Produktwirkung) sowie dem der Dramatisierung wünschenswerter Eigenschaften. So dramatisiert die Werbung beispielsweise das Vorher und Nachher des Dramas „Schlankwerden durch Diäten" (Slim-Fast 1995: Jutta Speidel, Harry Wijnvoord) und

„überdramatisiert" etwa sowohl das Vorher (Schmutz oder besser „Dreck") als auch das Nachher (Sauberkeit oder besser „strahlender Glanz") des Küchen-, Bad-, Fenster- und/oder Frühjahrsputzes. Mag sein, daß die Werbung dadurch und durch ihre eigentümliche Idealisierung (Ästhetisierung) von Gegenständen dazu führt, daß das Publikum sieht, was es glaubt. Vielleicht machen Fertiggerichte einen anderen Eindruck und vielleicht schmecken sie auch besser, wenn man sich an ihre Inszenierung in der Werbung erinnert.

2.8 Außeralltägliche Bewährtheit alltäglicher Produkte

Um die Bewährtheit eines Angebotes glaubwürdig zu inszenieren, operieren die Werbungsmacher in vielen Fällen mit außergewöhnlichen und außeralltäglichen Bewährungsproben desselben. Die Bewährung des Produktes in diesen extremen Situationen wird als exemplarischer und zu generalisierender Beleg für die alltägliche (und für den Konsumenten entscheidende) Tauglichkeit vorgeführt.

Durch eine Pointierung werden die Leistungseigenschaften in einem Bild (Moment) fokussiert bzw. auf den Punkt gebracht und sollen so als Metapher für die Gesamtleistung des Angebotes gelten. So besteht eine beworbene Uhr auch die Prüfung („15 Sekunden bis zur Sendung") durch eine Zeit-Spezialistin (die „Regisseurin Tina Wilkens") in den live-Situationen eines Fernsehstudios, wo Zeitpräzision unbestritten eminent wichtig ist (Tissot 1985). Gleichfalls nennenswert ist ein anderes als „authentisch" inszeniertes Einsatzfeld einer Uhr: „Die einzige weltraumtaugliche Armbanduhr. (...) Die Uhr, die Neil Armstrong am Handgelenk trug, als er den Mond betrat" (Omega 1990).

„Härtetest-Demonstrationen sind ... etwas für Leute, die knallharte Beweise für die Qualität eines Produktes erwarten (und dies selbstverständlich auch dürfen) - man denke nur an die fast schon legendären Belastbarkeitstests mit einer Timex-Uhr." (Gleich 1992, 23)

Oft genügen in Printanzeigen schon kurze verbale (manchmal isolierte) Hinweise, um die außerordentliche Verläßlichkeit der beworbenen Gegenstände zu dramatisieren. Der in diesem Kontext offensichtlich beliebte

Weltraum („Exklusives Titan, das eher im Weltraum als auf der Erde zu Hause ist"; Omega Titan 1986), die Tropen („Riar Deodorant-Spray - tropengetestet - wird mit jeder Hitze fertig"; Riar 1974) oder Wüsten und Hochgebirge („delial hat sich auch unter außergewöhnlichen Bedingungen hervorragend bewährt (Himalaya, Sahara, Alpen, Anden)"; Delial 1974) werden als Beweise in extremen bzw. extremsten Bewährungstests gegenüber Naturgewalten und als quasi natürliche „Prüfungsinstanzen" inszeniert.

2.9 „Ich rauche gern! Ich trinke gern!": Die Inszenierung von Selbstzeugnissen

Ein weiterer Versuch der Glaubwürdigkeitsgenerierung ist die gestellte (inszenierte) oder ungestellte Selbstthematisierung von Personen, die Erfahrungen mit dem beworbenen Gegenstand gemacht haben oder gemacht zu haben vorgeben. In sogenannten Testimonials legen diese Personen Zeugnis ab von den Produktqualitäten und Eigenschaften, die die Werbung den potentiellen Käufern des beworbenen Gegenstandes glauben machen will. Neben die klassische Straßenumfrage treten zunehmend kleine Bekenntnisszenen, in denen sich ein Protagonist meist in direktem Blickkontakt mit dem Zuschauer bzw. Bildbetrachter über die Vorzüge eines beworbenen Gegenstandes ausläßt, eigene Konsumgewohnheiten - häufig Genußgewohnheiten - bekennt oder im Falle von Inkontinentia (Tampons, Binden oder auch Windeln für Personen mit einer Blasenschwäche) die Verwendung derselben im Sinne eines "mutigen Eintretens" für einen ansonsten tabuisierten Bereich empfiehlt und sich für diese "gute Sache" stark macht. Als Beispiel kann der Sprechtext eines Werbespots der Marke o.b. dienen, der von der als Schriftstellerin vorgestellten Werbefigur Roberta Stein stammt: „*Dieses kleine Stück Watte hat vielleicht mehr für die Freiheit und das Selbstbewußtsein der Frau getan als jedes andere Produkt. Denn ein Tampon ist nicht nur sicher, er macht sicher. Deshalb spreche ich für o.b.*". Weitere Bekenntnisse wären z.B. „*Ich rauche gern*" (R1 1986) und „*Ich trinke Jägermeister, weil ..*" (1973-1997). Personen leisten zum einen das, was man eine eher implizite Qualifikationsarbeit (Warenlob) (vgl.

v. Polenz 1988, 199f.) nennen könnte. Der „Melitta-Mann" als Werbefigur oder Thomas Gottschalk als prominenter Gast aus einem anderen Mediengenre qualifizieren durch das, was sie selbst *darstellen* (in jedem Fall „Sympathisches"), das dargestellte Werbeobjekt oder die „message" der Werbung. Zum anderen geht es um Überzeugungsarbeit. Dabei wird das Publikum durch Erklärung, Demonstration, Verweis auf Autoritäten usw. direkt angesprochen und der Versuch unternommen, es zur Annahme einer (kleinen) Wirklichkeitsvorstellung zu bewegen.

Eine neuere Tendenz ist in diesem Zusammenhang unübersehbar: Mit verschiedenen Mitteln wird versucht, den Eindruck von Authentizität zu erzeugen. Dabei zeigt und bewährt sich das alte (Klugheits-)Wissen, daß nichts authentischer wirkt als das Authentische. So läßt man Schauspieler oder „Männer auf der Straße" improvisieren oder man führt täuschend „echt" wirkende, weil perfekt „unperfekt" inszenierte Interviews durch. In einigen Fällen bleiben diese hinter sonst üblichen filmtechnischen Standards und Gestaltungsniveaus zurück, eben um den Anschein der Authentizität zu erwecken (vgl. Fiske 1994, 126ff.). Diese fingierte Authentizität wird in strategischen Akten der Selektion und Komposition „primärer" Wirklichkeitsabschnitte erzeugt.

2.10 Dokumentationsrahmen: Inszenierungen von „Nicht-Inszenierungen"

Eine weitere Strategie der Werbung, ihr Stigma der Falschheit abzumildern oder gar aus der Welt des Publikums zu schaffen, besteht in dramaturgischen Modulationen des Dokumentationsrahmens. Es wird m.a.W. versucht, eine Nicht-Inszenierung zu inszenieren, um den Eindruck zu erwecken, es handele sich bei den Darstellungen um Feststellungen. Probate Mittel sind (z.T. nah an der Täuschung) Anzeigen, die als Zeitungsberichte erscheinen, und Spots, die wie Nachrichtensendungen aufgemacht sind. Rahmenanalytisch läßt sich hier nach den Strukturen der kognitiven und dramaturgischen Sinntransformation fragen (vgl. Willems 1997a; 1997b). Wie stellt sich diese Transformation als Medieninszenierung und im Publikumsverstehen dar? Wie ist es bzw. ist es überhaupt möglich, daß diese

Reklameaufführung, obwohl sie doch die Markierungen einer Aufführung trägt, einen Glaubwürdigkeitsvorteil verschafft? Vielleicht versuchen werbliche „Dokumente" dieser Art parasitär von dem immer noch vorhandenen Glaubwürdigkeitsvorsprung ihrer Originale zu profitieren. Beispiele wären hier das ehemals ausgestrahlte ‚Schaufenster am Donnerstag' mit der Kopie einer Nachrichtenmagazinsendung und ‚Ford aktuell' mit der Adaption eines Technik- bzw. Automagazinbeitrages.[7] Hierher gehören auch die in den Printmedien verwendeten Werbungen im Format eines Berichtes, wobei trotz einer Indizierungspflicht (Anzeige) die Grenzen zwischen redaktionellem Teil und Werbeteil fließend werden (Dior).

2.11 Garantien als demonstrierte Selbstachtung

Der (Rahmen-)Prämisse ihrer Unglaubwürdigkeit begegnet die Werbung auch dadurch, daß sie, statt nur Versprechungen oder Verheißungen zu machen, *Garantien* abgibt. Sie reduzieren Risiken oder Risikoeindrücke, und sie schaffen Vertrauen. Letzteres bilden die Garantien nicht nur (oder vielleicht sogar weniger) als reale Sicherungen, die die Werbung bloß dramatisiert. Vielmehr wirkt die Garantie auch als Zeichen einer Selbsteinschätzung vertrauenserweckend. An der Garantie glaubt das Publikum zu erkennen und an ihr soll es erkennen, daß diejenigen, die durch Werbung ein Angebot machen und zur Annahme eines Angebotes bewegen wollen, sich ihrer Sache und ihrer selbst sicher sind. Die Inszenierungslogik, die in diesem Mechanismus und in dieser Strategie manifest und variiert wird, ist sehr grundlegender und allgemeiner Art. Sie läßt sich sowohl auf die interaktionelle Selbstdarstellungsebene als auch auf die Werbung und gerade auch auf deren Selbstdarstellung durch Garantierung übertragen: Wer angesichts fremden Unwissens (Nichtwissenkönnens) über das, was sich hinter ihm verbirgt, Selbstüberzeugung und Selbstsicherheit zum Ausdruck bringt, hat die Anerkennung anderer, nämlich des Publikums, schon halb gewonnen.

---

[7] Diese Formen passen sich gut ein in das, was Schneider/Thomsen (1997) „Hybridkultur" genannt haben: Textgrenzen werden fließend, Genrerahmen verwischen, Textsortenmischungen finden statt.

Ein in der neueren Werbung zunehmend wichtig werdender Garantietyp bezieht sich nicht auf die Riskanz einzelner (in der Werbung vorgeführter) Gegenstandseigenschaften, sondern auf die des Gesamtgegenstandes. Gemeint ist die „Geld-zurück-Garantie", die eine hohe sachliche Selbstwertschätzung der Werbungsabsender und eine vollkommene Risikolosigkeit für das Publikum (mit-)kommuniziert. Typischer- und sinnvollerweise tritt diese (Selbst-)Darstellung zusammen mit der Aufforderung auf, man möge sich durch *Proben* selbst davon überzeugen, daß die in und von der Werbung behaupteten Gegenstandseigenschaften zutreffen. Zweifellos verfolgt diese Strategie das Ziel, die Distanz des Publikums zur Werbung und zum beworbenen Gegenstand zu reduzieren und einen entscheidenden Schritt zum Enderfolg vorzubereiten: die Übergabe des beworbenen Gegenstandes, für dessen letztliche Annahme dann unter anderem die Last der Rückgabe spricht.

2.12 Selbstthematisierungen von Werbung und Werbung mit „Nicht-Werbung"

Werbung kann sich selbst (als Werbung) thematisieren und damit den eigenen „Defekt" als Rahmen behandeln. „Und nun zur Werbung" heißt es am Ende eines Werbespots (von Toyota). Derlei Selbstthematisierung des eigenen Rahmens, speziell in der Gestalt paradoxer und (oder) ironischer Formulierungen, erfüllt vermutlich eine Doppelfunktion: sie überrascht zum einen - oft mit der Implikation der Komik und des Lachens - und bewirkt damit Aufmerksamkeit und Wohlgefühl. Zum anderen und zugleich erzeugt sie dadurch, daß sie ausdrücklich offenlegt, was ohnehin nicht zu verbergen ist, eine eigentümliche Form von Glaubwürdigkeit. Sie läßt sich vielleicht mit der vergleichen, die aus dem reuigen Bekenntnis einer Schuld resultiert. Indem der Übeltäter sein Stigma als Stigma bekennt und sich selbst verurteilt, „sondert er", wie Goffman (1977) formuliert, „ein neues Ich ab". Wenn die Werbung ähnlich operiert, dann will sie wohl auch zeigen - und dadurch werben -, daß sie überflüssig ist. Fraglos wird diese relativ neue Strategie der Werbemacher zunehmend eingesetzt. Werbungsdarstellungen, die darin bestehen, den Verzicht auf Werbungsdarstellungen darzustellen, die sogenannten Weiß-Produkte, die Werbung mit dem Sponsoring werbefreier Pausen (etwa bei der Übertragung von Boxveranstaltungen, Sensodyne 1995) oder die Werbung mit der Nicht-Unterbrechung von Filmen (Kulmbacher Filmnächte, SAT.1 1997) sind interessante Varianten. In ihnen kann man Symptome eines umfassenden Wandels des Werbungsfeldes sehen und zugleich Versuche, darauf zu reagieren. Wenn Werbung inflationiert und (auch dadurch) an Überzeugungskraft verliert, dann mag es am besten sein, damit zu werben, nicht zu werben.

2.13 Sponsoring als getarnte Werbung

Immer häufiger wird Werbung in umfassendere Rahmen gestellt, in der Hoffnung, daß diese gleichsam Positives abstrahlen und dem Werbungsrahmen seine negative Aufdringlichkeit nehmen. Eine neuere und mit erstaunlicher Beschleunigung wichtiger werdende Variante, die in diesem Sinne kaschiert, ist das sogenannte Sponsoring. Der beworbene Gegenstand tritt dabei nicht mehr nur als Objekt, sondern auch als Subjekt in Erscheinung, als Urheber der Förderung einer Sache, die das Publikum vermeintlich schätzt. Sponsoring von Umweltschutz oder Kultur ist hierfür ein Beispiel und zugleich eine strategische Idee: Das Publikum möge den Förderer des von ihm Geschätzten schätzen. Werbung will hier also über eine diffuse positive Assoziation Erfolg erzielen und nicht mehr über die fiktive Dramatisierung bestimmter Gegenstandseigenschaften wirken.

3. Schlußbemerkung

Wie andere Mediengenres zeichnet sich die Werbung durch ein spezifisches Inszenierungspotential aus. Dessen Aktualisierung ist im Falle bestimmter Typen von Werbung wesentlich auf ein Problem bezogen, nämlich auf Unglaubwürdigkeit. Wie unsere Typologie von glaubwürdigkeitsgenerierenden Techniken und Inszenierungsformen gezeigt hat, gibt es eine reichhaltige Palette von werbungsspezifischen Möglichkeiten zur Lösung dieses Problems. Mit Goffman könnte man von einer spezifischen dramaturgischen Rahmungsmethodik sprechen und Werbung mit anders gerahmten Handlungskontexten wie z.B. der unmittelbaren Alltagsinteraktion vergleichen. Interessante Objekte komparativer Analyse dürften aber auch die bei Medienauftritten mit ähnlichen Problemen konfontierten Politiker sein. Ihre Ausgangslage läßt sich heute durchaus mit der der Werbung vergleichen: Sie haben wenig mediale (Selbst-)Inszenierungszeit, stehen typischerweise unter Motiv- oder sogar Täuschungsverdacht, haben somit ein Unglaubwürdigkeitsstigma und müssen mit dem Desinteresse des Publikums rechnen.

4. Literatur

Fiske, John: Media Matters. Everyday Culture and Political Change. Minneapolis, London 1994.

Gleich, Uli: Das harte Geschäft der raffinierten 'Verführung'. In: Medien Concret 1, 1992, S. 20-28.

Goffman, Erving: Rahmen-Analyse. Ein Versuch über die Organisation von Alltagserfahrungen. [Aus d. Amerik., zuerst 1974]. Frankfurt am Main 1977.

Hahn, Alois: Soziologische Aspekte der Knappheit. In: Heinemann, Klaus (Hrsg.): Soziologie des wirtschaftlichen Handelns. Opladen 1987, S. 119-132.

Horton, Donald; Wohl, R. Richard: Mass-Communication and Para-Social Interaction: Observations on Intimacy at a Distance. In: Psychiatry 19 (1956), S. 215-229.

Luhmann, Niklas: Die Realität der Massenmedien. 2., erweiterte Auflage. Opladen 1996.

Meyrowitz, Joshua: Die Fernseh-Gesellschaft. Wirklichkeit und Identität im Medienzeitalter. Weinheim, Basel 1987.

Mikos, Lothar: Frühjahrsputz revisited. Das Frauenbild der Werbung hat sich kaum verändert. In: Medium 4, 1988, S. 54-57.

Necker, Tyll: Maßstäbe einer Wirtschaftspolitik für Deuschland: Relevanz - Glaubwürdigkeit - Verständlichkeit. In: Wohin steuert Deutschland? Bonn 1993, S. 11-22.

Nickel, Volker: Werbung unverblümt. Zeitsichten zu einer anhaltenden Debatte (edition ZAW). Bonn 1997.

Oerter, Rolf; Montada, Leo u. a.: Entwicklungspsychologie. 2., neu bearb. Aufl. München, Weinheim 1987.

Paczesny, Reinhard: Was ist geheim an der Verführung? Strategien, Techniken und Materialität der Werbung. In: Gumbrecht, Hans U.; Pfeiffer, K. Ludwig (Hrsg.): Materialität der Kommunikation. 2. Auflage. Frankfurt am Main 1995, S. 474-483.

Polenz, Peter v.: Deutsche Satzsemantik. Grundbegriffe des Zwischen-den-Zeilen-Lesens. 2., durchgesehene Auflage. Berlin, New York 1988.

Schmidt, Siegfried J.; Spieß, Brigitte: Die Kommerzialisierung der Kommunikation. Fernsehwerbung und sozialer Wandel 1956-1989. Frankfurt am Main 1996.

Schneider, Irmela; Thomsen, Christian W. (Hrsg.): Hybridkultur. Medien, Netze, Künste. Köln 1997.

Willems, Herbert: Rahmen und Habitus. Zum theoretischen und methodischen Ansatz Erving Goffmans: Anschlüsse und Anwendungen. Frankfurt am Main 1997b.

Willems, Herbert: Rahmen, Habitus, Diskurse. Zum Vergleich soziologischer Konzeptionen von Praxis und Sinn. In: Berliner Journal für Soziologie 7, 1997a, H. 1, S. 87-107.

Willems, Herbert; Jurga, Martin (Hrsg.): Die Inszenierungsgesellschaft. Opladen 1997b.

Willems, Herbert; Jurga, Martin: Globaler symbolischer Austausch: Zum Wandel werblicher Inszenierungslogiken. In: Robertson-Wensauer, Caroline (Hrsg.): Kulturwandel und Globalisierung. Karlsruhe 1998a (im Druck a).

Willems, Herbert; Jurga, Martin: Globalisierung, medienkulturelle Tradierung und die Darstellung der Geschlechter in der Werbung. In: Göttlich, Udo u.a. (Hrsg.): Zur Theatralität der Öffentlichkeit und ihrer Medien. Köln (im Druck b).

Wolff, Stephan; Müller, Hermann: Kompetente Skepsis. Eine konversationsanalytische Untersuchung zur Glaubwürdigkeit in Strafverfahren. Opladen 1997.

Virtual Reality:
Kommunikations- und Werbemedium von morgen?

Ralph Anweiler

Der Wandel von der Industrie- zur Informationsgesellschaft wird von einer Vielzahl von Neologismen bzw. Anglizismen wie etwa ‚Multimedia', ‚Cyberspace' oder ‚globales Dorf' begleitet.

Ein Produkt der sich abzeichnenden digitalen „Revolution" stellt die Technologie der Virtual Reality (VR) dar. Virtuelle Welten könnten in den nächsten Jahren unseren Alltag entscheidend prägen. Teleshopping, virtuelle Fernsehstudios, Cybercafes, virtuelle Effekte im Film und in der Werbung sind nur einige Beispiele. Man möchte Inszenierungen einer lebendigen, sozialen Realität in computergenerierten Räumen schaffen. Und man wird in diesen virtuellen Umgebungen auch Werbebotschaften vorfinden, die den Konsumenten auf gänzlich neue Art und Weise anzusprechen versuchen.

1. Zur Bedeutung von Virtual Reality

Der Begriff der Virtual Reality ist vielschichtig besetzt. Er versucht einer technologischen Entwicklung einen geeigneten Namen zu geben, die das Ziel einer Wirklichkeitskonstruktion verfolgt. "Virtual" (virtuell) bedeutet im vorliegenden Kontext, daß etwas nur als elektronisches Bild existiert und somit keine konkrete Gegenständlichkeit besitzt. VR meint, im Gegensatz zur physischen Realität, eine nicht-materielle, vorwiegend visuell dargestellte Simulation „VR refers to an immersive, interactive experience generated by a computer." (Pimentel, Teixeira 1993, S. 11) Mit einem speziellen VR-System ausgerüstet, wird es erstmals möglich, in ein gewünschtes multisensorisches Erleben ‚einzutauchen'.

Mit den derzeitigen VR-Systemen läßt sich die menschliche Wahrnehmung über die Sinnesorgane beeinflussen. Der Teilnehmer trägt i.d.R. einen Datenanzug mit Datenhandschuhen sowie ein mit Stereooptik, Sichtfeldvergrößerung und integriertem auditivem System ausgestattetes Head-Mounted Display (HMD), um als virtuelles Abbild in die fiktive Umwelt ‚einzutauchen'. Der Benutzer kommuniziert somit nicht mehr über Schnittstellen wie Tastatur und Bildschirm, sondern wird mittels visueller, auditiver und haptischer Systeme ein aktiver Bestandteil einer dreidimensionalen Umwelt. VR soll die Grenzen zwischen Mensch und Computer aufheben, indem alle menschlichen Sinne in die Interaktion und Kommunikation mit dem Computer einbezogen werden. Dabei dienen die natürlichen Kommunikationsformen wie Sprache, Körperhaltung oder Gestik als Eingabemedium. Die Simulation kreiert einen Raum, in dem spezifische Szenen und Atmosphären aus der „Ich"-Perspektive erlebt werden. Der Benutzer hat den Eindruck, sich mitten in einem räumlichen Szenarium zu befinden, in dem er sich frei bewegen kann. Er soll entsprechend zur realen Umwelt als virtuelles Abbild selbst agieren können und in dynamischen Umgebungen zweckgerichtete Erlebnisse sammeln (vgl. Rempeters 1994, S. 19ff.; Bormann 1994, S. 142ff.).

In einem weiteren Schritt soll durch die fortschreitende Digitalisierung und Vernetzung der „Cyberspace" realisiert werden: In einer virtuellen Umgebung können sich mehrere Teilnehmer begegnen und interagieren. Bisherige netzvermittelte Kommunikation über einen Desktop-Rechner hat sehr eingeschränkte Interaktionsmöglichkeiten und kann keine „Präsenz" im Medienraum liefern. Durch die Kombination von VR und Internet kann eine komplexe, virtuelle Realität entstehen, die z.B. von Reklametafeln umgebene Einkaufs- und Unterhaltungsbereiche umfaßt (vgl. Bullinger 1996, S. 25ff.).

Die Ursprünge der Technologie finden sich in den sechziger Jahren. Wesentliche Impulse lieferten dabei die Bereiche des Films, der Computerwissenschaft sowie der militärischen Simulationsforschung. Eine weitreichende Idee wurde verwirklicht, indem das Darstellungsvermögen des Films mit den informationsgestaltenden Fähigkeiten des Computers verbunden wurde. Bereits Morton Heiligs multisensorisches 3D-Kino, das „Sensorama", stellt eine Vorabversion der VR dar. Das Konzept, das eine totale Illusionierung zum Ziel hatte, versuchte das konkurrierende Fernsehen und Kino zu überbieten, indem dem Anwender mehr geboten werden sollte als ein nicht zu beeinflussendes Bildschirm- bzw. Leinwandgeschehen: „Öffne deine Augen, höre, rieche und fühle die Welt in all ihren phantastischen Farben, Tönen, Gerüchen und Texturen - das ist das Kino von morgen." (Heilig, zitiert nach Halbach 1994, S. 232). Ein „totales" Erleben durch die Einbeziehung mehrerer Sinneskanäle sowie die Vergrößerung des Sichtfensters sollten das Gefühl verstärken, persönlich mit einbezogen zu sein.

Während man den Film verwendet, um dem Zuschauer eine Wirklichkeit zu zeigen, weist man nun dem Besucher einer virtuellen Welt einen virtuellen Körper und gegebenenfalls eine Rolle zu: „Der große Unterschied zum Fernsehen ist, daß VR-Welten nicht beobachtet, sondern erlebt werden. Diese simulierte Scheinwelt kann noch so stark von der Realität abweichen, die empfundenen Gefühle und Sinnesreizungen sind echt." (Willim 1992, S. 258)

Das Vermögen der VR besteht dabei gerade darin, durch eine entsprechend gestaltete Software nahezu jede beliebige Erfahrung zu simulieren. Virtual Reality versucht dem Benutzer die Distanz zum Geschehen zu nehmen. Die Simulation zieht die ganze Aufmerksamkeit auf sich, da dem Anwender kein Ausweichen seines Blickes wie etwa beim Fernsehen bleibt. Man möchte möglichst eine völlig immersive Erfahrung schaffen, um so den Benutzer gänzlich von der Außenwelt abzuschirmen.

Der Nutzer ist in erster Linie mit fotorealistischen, dreidimensionalen Computergrafiken und Animationen konfrontiert, in Verbindung mit entsprechenden akustischen und haptischen Reizen. Eichhorn konstatiert, daß die VR-Technologie - im Unterschied zur Computertechnologie, auf der sie basiert - von Beginn an entwickelt wurde, um nicht nur Daten zu vermitteln, sondern vor allem Bildwelt zu sein (vgl. Eichhorn 1995, S. 219). Gerade durch den Facettenreichtum an Bildhaftigkeit wird VR für viele Disziplinen interessant. Wissenschaftler sind an der Visualisierung und der Simulation von Prozessen und Strukturen interessiert, während man im Unterhaltungsbereich und der Werbewelt möglichst reizstarke Inszenierungen zur Stimulation von Gefühlen wünscht. Durch die bildhafte sowie körperlich unmittelbar erlebbare virtuelle Inszenierung soll eine i.d.R. emotionsstarke Ansprache der Anwender gelingen. Virtuelle Umgebungen können dabei als funktional und nach ästhetischen Gesichtspunkten zu gestaltende Räume angesehen werden: „The designer will need to be conversant in a vocabulary that threats all the languages of experience equally: verbal language, visual language, musical language, textual languages, languages of graphics and animation. A virtual designer is going to become a kind of theater impressario, someone who is going to be able to develop the art of mix." (Coates, zitiert nach Pimentel, Teixeira 1993, S. 160).

Mittels der VR-Technologie werden neue Marktangebote realistisch: So können niemals zuvor gesehene Welten wie beispielsweise das Durchfliegen der menschlichen Blutbahn mit spezifischen Periheriegeräten erforscht werden. Man wird dann auch dort Werbeflächen mieten können. Man wird dabei mit Werbung in Interaktion treten, die einst nur betrachtet werden konnte: ,Virtual Advertising', das in emotionaler, eindringlicher und unmittelbarer Art und Weise in dynamische, lebenstilechte Umgebungen integriert ist.

2. ,Eintauchen' in virtuelle (Werbe-)Welten

Die Flucht aus der Realität könnte durch den Konsum von künstlichen Parallelwelten neu genährt werden: spannende, hochstilisierte Erlebnisse in Phantasieszenarien neben unserer physisch existierenden Welt.

Die innovativen VR-Techniken können als Vorläufer einer neuen, einer immersiv-interaktiven Unterhaltungs- und Werbewelt betrachtet werden. Viele Konzerne investieren in die Entwicklung und Forschung neuer VR-Produkte. Unternehmen wie Sega, Universal/MCA oder Sony sind überzeugt, daß VR eine Ära immersiv-interaktiver Unterhaltung und Kommunikation bringen wird und sich die immensen Investitionen lohnen werden. Zum gegenwärtigen Zeitpunkt sind Verbreitungsschritte erster Varianten und Vorläufer von VR als ein digitales Marketing- und Werbemittel im Bereich der unterhaltungsorientierten Computerspiele und VR-Shows zu erkennen (vgl. Bormann 1994, S. 164).

Herkömmliche Produktpräsentationen, wie man sie z.B. auf Messen einsetzt, könnten durch VR-Shows abgelöst werden. Auf der Internationalen Automobilausstellung IAA in Frankfurt 1995 wurde in einer VR-Show die Funktionsweise eines neuen Motorkonzeptes präsentiert. Dies geschah in einem Virtual Showroom mit Hilfe einer Stereogroßbildprojektion. Das Messepublikum wurde zusätzlich mit Polarisationsbrillen ausgestattet. Eine mit Datenanzug ausgestattete Messehosteß navigierte in miniaturisierter Form als virtuelle Doppelgängerin durch die dreidimensionale Geometrie des Motors. Die virtuelle Dame veranschaulichte dem Publikum verschiedene inhaltliche Details des Motorkonzeptes. Aus Sicht des Zuschauers konnte man „durch" die Augen der Hosteß die VR-Inszenierung stereoskopisch wahrnehmen. Die Präsentation wurde durch atmosphärische Sound- und Show-Effekte unterstützt, so daß das Gefühl der visuellen Immersion verstärkt werden konnte. Typische Erlebniswerte wie Ästhetik und Avantgarde wurden vermittelt (vgl. Frühauf et al. 1996, S. 38).

Pharmazeutische Unternehmen setzen neuerdings zur Visualisierung ihrer Produkte VR-Systeme ein, um den Kunden die Wirkungsweise der Medikamente auf eine aufmerksamkeitserregende und inhaltsreiche Weise zu demonstrieren. Man erhofft sich durch den Einsatz der VR-Technologie eine verbesserte Aufnahme der Verkaufsaussage. Die Benutzer werden durch das Tragen von HMDs in den menschlichen Körper versetzt. Mittels einer 3D-Maus können sie in entsprechender Größe selbst steuernd durch den menschlichen Körper reisen. Der Reisende kann seine Perspektive verändern, Details betrachten und dabei die komplexe Wirkungsweise der Präparate audiovisuell anschaulich erfahren (vgl. Superscape 1995).

Auch virtuelle Computerspiele bieten zunehmend die Möglichkeit, daß Produkte und Firmenlogos als Product Placement besser in das Wahrnehmungsfeld gelangen. Verschiedene atmosphärische Inszenierungen, die mit Produktinformationen geschmückt sind und durch klangliche Wirkungselemente unterstützt werden, dienen dazu, die Werbeaussagen mit gewünschten Assoziationen zu besetzen. Durch die dramaturgische, dreidimensionale Simulation eröffnet sich für den Umworbenen eine neuartige Erlebnisdimension. Kinnebrock bemerkt, daß VR-Spiele als Werbemedium bislang relativ unentdeckt sind. Es sei zu erwarten, daß diese Art von Event- und Promotionsunterstützung in Zukunft verstärkt anzutreffen sein wird.

Vorstellbar wird künftig auch der Einsatz virtueller Produkte in der Fernsehwerbung. Beim Empfang einer Werbebotschaft kann man durch das Tragen von VR-Endgeräten („Home-VR") die Produkte testen, ohne das Produkt wirklich verfügbar zu haben. Der Zuschauer kann das Warenangebot studieren: dreidimensionale, interaktive Produkte zum Anfassen, zum Hören, zum Riechen und Sehen (vgl. Kinnebrock 1994, S. 135f.; Göbel 1996, S. 168).

Zahlreiche virtuelle Effekte lassen sich bereits in der Film- und Werbeproduktion beobachten. Hier werden bekannte Filmtechniken mit VR-Elementen (3D-Computeranimationen, Echtzeitsimulationen etc.) verbunden. Virtuelle Bildsequenzen sind in den letzten Jahren zu einem tragenden Element geworden. Computeranimationen werden seit Anfang der neunziger Jahre in Spielfilmen, Computerspielen und bei Werbepräsentationen eingesetzt. Eine nahezu grenzenlose Welt öffnet sich, in der sich die Phantasien der Produzenten konkretisieren lassen.

Eine bedeutsame Animation stellt das „Morphing" (engl. „Verwandlung") dar. Reale Bilder werden zu digitalen Daten verarbeitet. Morphing bezeichnet die fließende Metamorphose von Bildinhalten, etwa um die Augen eines Models zu verändern. Filmische Beispiele, die sich dieser effektstarken Technik bedienten sind: „Independence Day", „Jurassic Park" oder „Terminator II". Reale Filmszenen werden unmerklich mit künstlich animierten Bildern vermischt. Der Computer verleiht den Protagonisten unglaubliche Eigenschaften, in dem er diese stufenlos in jede Art lebendiger oder toter Materie verwandelt. Diese Special-Effects übertreffen bei weitem die traditionellen Tricktechniken. Alles wird beliebig form- und veränderbar (vgl. Bühl 1996, S. 142; Hardenberg 1994, S. 130). Die Hersteller dieser neuen Filmgeneration produzieren daneben auch Special-Effects für Werbespots und Printanzeigen. Mittlerweile gibt es zahlreiche Werbespots, die sich solcher Techniken bedienen, etwa wenn sich der Maggie-Suppenlöffel wie von Geisterhand verknotet oder in der Opel-Werbung das neue Automobil imaginäre Lichtschienen selbst legt. Der Coca-Cola Werbefilm „Nightclub" zeigt Filmstars, die in einer Bar das besagte Getränk konsumieren. Dem Zuschauer wird eine erstaunliche Inszenierung geboten: Lebende Stars sitzen mit verstorbenen Kollegen an der Theke, die wie Lebende wirken (vgl. Poetzsch 1997, S. 70ff.; Buddemeier 1994, S. 100). In der Pirelli-Reifenwerbung ließ man den Sprintathleten Carl Lewis vom New Yorker Chrysler-Wolkenkratzer in die Tiefe springen: „An diesem Bild ist alles eine Fälschung: Das Gebäude war nur als Dia vorhanden, der blaue Himmel entstand im Farbkasten des Computers und das Model absolvierte Trockensprünge im Studio." (Poetzsch 1997, S. 73)

In der Fernseh- und Printwerbung kommen vermehrt computerbasierte Techniken zur digitalen Nachbearbeitung von Bildern und Bildsequenzen zum Einsatz. Die Models geben z.B. in der Kosmetikwerbung für die Körperzonen Lippen und Po oft nur noch die Konturen vor; die ästhetische Nachbearbeitung der Körperteile erledigt der Designer am Computer.

Eine andere Technik stellt das „Warping" (engl. „Krümmung, Verdrehung") dar, mit dessen Hilfe die am Computerschirm gezeichneten Elemente in die Bildfolge eingefügt werden. Ein solches Beispiel stellen Werbebotschaften mit Tierschemata dar, etwa die lächelnde Kuh in der Tschibo-Werbung. Dem Kuhkopf wurde ein computergefertigtes, grinsendes Maul eingesetzt (vgl. Bühl 1996, S. 142).

Bei neueren Filmen und Werbespots werden zunehmend auch die Schauplätze und Hintergründe durch Computertechniken erzeugt, etwa wenn - wie in der Speiseeis-Werbung - die Personen durch mystisch-schöne Landschaften reisen. Schnelle, aktivierende Filmschnitte erzeugen Dynamik und entfalten ihre Wirkung in Verbindung mit der bildsynchronen Musik. Beim Fernsehen setzt man vermehrt virtuelle Studios ein. Der Fernsehsender VIVA präsentiert virtuelle Umgebungen, in der nur noch die Moderatoren echt sind. Aus Zuschauersicht bewegt sich dann beispielsweise die Moderatorin durch faszinierende Szenarien. Auch bei der Gameshow „Hugo" auf Kabel 1 ist die Moderatorin von einem computererzeugten Bilderraum umgeben. Tatsächlich bewegt sich die Ansagerin in einem leeren, blaugefärbten Raum (sogenannte Blue-Screen-Technik), der als Projektionsfläche für die Animation dient. Auch andere Fernsehanstalten testen derzeit den Einsatz virtueller Umgebungen. Moderatoren von Nachrichtensendungen werden dadurch innerhalb kürzester Zeit in unterschiedliche virtuelle Kulissen versetzt oder virtuelle Gesprächspartner werden ins Studio geholt. Das Ziel im Produktionsbereich Fernsehgrafik wird darin gesehen, komplizierte Zusammenhänge vielschichtiger und unterhaltsamer zu visualisieren. Konventionelle Darstellungsmethoden mit Kamerabild, Grafik und Ton können umfassende Informationsinhalte nur vereinfacht präsentieren. Der Trend geht in Richtung virtuelle Umgebungen, die dynamische Sequenzen verständlich und unterhaltend liefern (vgl. Art+Com 1996).

Schließlich werden synthetische Schauspieler und Moderatoren erzeugt, indem ein „echter" Schauspieler einen VR-Datenanzug trägt und alle seine Bewegungen in Echtzeit auf das synthetische Abbild übertragen werden. Die virtuelle Figur bewegt sich synchron zu den Bewegungen des Menschen. Lacht der Schauspieler, dann lacht auch das virtuelle Spiegelbild. In Japan wurde von der Werbeindustrie ein computergeneriertes, weibliches Geschöpf, ein „Mesh", namens Kyoko Date geschaffen. Die synthetische Schönheit besitzt menschliche Fähigkeiten. Die Perfektion dieses Konstruktes besticht: eine traumhaft schöne Frau. Die virtuelle Date soll nun wie ein Star aus Fleisch und Blut medial vermarktet werden. „Sie" tritt in Musikvideos auf und bewirbt Produkte. Es gibt Starfotos und CDs. Und auch Fernsehsender zeigen Interesse an der Software.

An der Universität Genf beschäftigt man sich schon seit Jahren mit der Erzeugung virtueller Schauspieler. In dem Film mit dem Titel „Rendezvous in Montreal" wurden erste virtuelle Schauspieler hineinkopiert. In Los Angeles wurde im Jahr 1996 die erste internationale Konferenz über virtuelle „Menschen" abgehalten. Man plant die Markteinführung der ersten virtuellen Charaktere, die mit Hilfe von verschiedenen Medien präsentiert werden sollen. In Genf arbeitet man an der Software „Marylin Monroe", die als virtuelle Monroe dieselben Eigenschaften haben soll wie die verstorbene Schauspielerin, wobei die Animationsexperten noch Probleme mit den typischen Eigenschaften, wie dem Gang und dem Gesichtsausdruck, haben. Die Film- und Werbeindustrie zeigt sich sehr an dieser Software interessiert, da man glaubt, in absehbarer Zeit mit der virtuellen Monroe gute Geschäfte machen zu können (vgl. Thalmann 1994, S. 32ff.; Graff 1997, S. VII). Denn die Nicht-Unterscheidbarkeit der virtuellen Stars von den menschlichen Vorbildern ist das beste Verkaufsargument: neue Monroe-Spielfilme und Monroe-Werbespots.

3. Ausblicke: Umworbene Welten

Virtual Reality wurde häufig als eine innovative Schnittstelle zum Computer charakterisiert, die die gegenwärtige Informationsbarriere in Gestalt des Bildschirms überwinden soll: Interfaces, die sich immer mehr dem menschlichen Sensorium anpassen. Nunmehr vollzieht sich der Wandel zu einem eigenständigen Unterhaltungs- und Kommunikationsmittel. In naher Zukunft könnte sich bereits VR im privaten Bereich als Home-VR zu einer bedeutenden Medientechnologie entwickeln. VR wird wahrscheinlich als ein Medium in die Geschichte eingehen, daß andere Medien integriert.

Die Erfahrungen mit ersten VR-Systemen zeigen, daß schon einfache VR-Inszenierungen eine hohe Faszination auf die Nutzer ausüben. (vgl. Bullinger, Bauer 1994, S. 16ff.). In welchem Umfang innovative Technologien in Kommunikation und Information die Werbung beeinflussen wird, bleibt offen. Durch VR-Techniken werden die Werber zumindest herausgefordert, sich mit den neuartigen Formen der Verbraucheransprache zu beschäftigen. Vieles spricht dafür, daß VR ein interessantes Kommunikations- und Werbeinstrument werden wird: ‚Virtual Advertising' eröffnet die Chance, die Kommunikation zu den umworbenen Konsumenten emotionaler und innovativer zu gestalten. Die neuen Wege des Informationstransfers und die direkten Interaktionsmöglichkeiten erlauben das Verstehen 'bisher verborgener Inhalte, die in einer zweidimensionalen Darstellung kaum Sinn ergeben. Durch die Einbeziehung haptischer Wirkungselemente (Fühleffekte) werden Werbeaussagen auch verstärkt körperlich erlebbar. VR erlaubt es, relevante Produktinformationen direkt in das Wahrnehmungsfeld der Zielgruppen zu plazieren und mit gewünschten Assoziationen zu besetzen, so daß die Wirkungsstärke der Botschaft erhöht werden kann (vgl. Felger, Waehlert 1995, S. 421ff.). Die Sinneswahrnehmung ist stark auf die multisensorischen Reize fixiert und löst somit reale Gefühle wie Spannung, Faszination oder Überraschung aus. Wahrscheinlich wird die Werbung die Prinzipien der simulierten Welten übernehmen. In bezug auf den Werbemarkt für Jugendliche heißt es beispielsweise: „Welcher bessere Weg ist denkbar, um eine Werbebotschaft direkt den Synapsen eines für Eindrücke empfänglichen Teenagers einzubrennen, als um sie herum ein aufregendes High-speed-Videospiel aufzubauen?" (Schrage 1995, S. 293).

Das ultimative Interface bietet uns Möglichkeiten, die sich in der materiellen Welt nicht konkretisieren lassen. Die derzeitigen Manipulationsmöglichkeiten, wie sie beispielsweise in der Fotografie zum Einsatz kommen, leiten diese Entwicklungen ein. Die Digitalisierung und Nachbearbeitung von authentischen Bildern scheinen dabei die Glaubwürdigkeit der Fotos wenig zu schaden. Für die Medienwirtschaft bedeutet dies schon heute eine schleichende Subjektivierung der Informationen. Die virtuellen Inhalte werden wohl weniger nach ihrem Informationswert als vielmehr nach dem Unterhaltungswert beurteilt. Dabei werden auch die Übergänge zwischen wirklicher Information und unterhaltender Fiktion immer fließender. Und es wird bildhafter werden. Heutige Werbung bedient sich u.a. der Bildkommunikation: Bilder aktivieren stärker, kommunizieren schneller, sind reizstärker und werden meist zuerst betrachtet. Das vorwiegende Muster lautet: Insbesondere Appelle an Gefühle und Bedürfnisse werden durch die bildliche Präsentationen vermittelt. Laut Kroeber-Riel wird die Bildkommunikation zum entscheidenden Weg zur Beeinflussung des menschlichen Verhaltens. Bilder, die mehrere Sinne zugleich ansprechen (VR!) wirken wahrscheinlich besonders stark auf das menschliche Verhalten ein. Die Beeinflussungskraft der visuellen Kommunikation beruht im wesentlichen darauf, daß Bilder wie Wirklichkeit wahrgenommen werden und somit besonders dazu geeignet sind, eine zweite, fiktive Wirklichkeit zu erzeugen (vgl. Kroeber-Riel 1991, S. 53ff.; Kroeber-Riel 1993, S. 3ff.)

Die Techniken der Computerbildverarbeitung werden sich vermehrt bei der Produktion von Werbespots und Anzeigen etablieren. Es wird möglich, Bilder in einer geschönten, werbegerechten Form anzubieten. „Mit den neuen Medien, die alle nach noch tolleren Bildern gieren, und den immer aufwendigeren Filmproduktionen wachsen auch die Anforderungen an die Werber. Mit so simplen Szenen wie „Auto fährt durch Wald" sehe ich als Hersteller gegen Kevin Costners „Waterworld" oder den 17. "Terminator" alt aus. Da kommt noch einiges auf uns zu", resümiert der Werber Ralf Drechsler (Poetzsch 1997, S. 75).

Attraktive Kunstfiguren wie Kyoto Date könnten die Medienstars von morgen sein. So entstehen neue Bilderwelten: Computerästhetik, die vorgibt real zu sein. Nach Graff entlarven diese Bilderwelten „die Konditionierung unseres Blickes. Sie führen en detail vor, was wir zu wollen gelernt haben. Es ist die lupenreine Einlösung des Versprechens, den Körper unbegrenzt perfektionieren zu können." (Graff 1997, S. 7)

Walter Benjamin hat in seinem Buch „Das Kunstwerk im Zeitalter seiner technischen Reproduzierbarkeit" herausgestellt, daß die Einzigartigkeit von der Aura herrühre. Diese bewirke die einmalige Erscheinung einer Ferne, so nah diese auch sein mag. VR stellt als solches eine computerinitiierte Manipulation, eine Täuschung unserer Sinneswahrnehmung, dar. Wir werden zunehmend das Authentische vom Manipulierten, die Kopie vom Orginal nicht mehr unterscheiden können. So könnte auch die Aura zunehmend verloren gehen. Virtuelle Inszenierungen liefern Ausschnitte und Erweiterungen des Realen, nur eben meist anziehender und spektakulärer. Bei der Produktion virtueller Realitäten wird es zu einer Verwischung von Fiktion und Realem kommen. Echte Bilder werden mit virtuellen verknüpft, so daß neue Wirklichkeiten entstehen. Der Blick auf die Außenwelt ist blockiert und wird über Schnittstellen computererzeugter Modellwelten ersetzt. Das eigene Erleben könnte möglicherweise bei entsprechendem Technikstand kein Kriterium mehr sein, um die Wahrhaftigkeit des Erlebten zu bestimmen. Technische Bilderwelten treten zunehmend an die Stelle von Weltbildern und entwerfen Bedeutungen: „Wir herrschen heute mit unseren Bildern über die Dinge, und die Bilder herrschen über uns." (Mittelstraß 1996, S. 537; vgl. Bormann 1994, S. 205ff.) Der Konflikt zwischen Realem und Virtuellem weitet sich aus.

Virtual Reality könnte den Trend der Medienlandschaft, die Realität durch Illusion ersetzen zu wollen, verstärken: eine Tendenz der modernen Gesellschaft zur Mediatisierung von Erfahrungen und sozialer Kontakte sowie ein Voranschreiten der Freizeitgesellschaft zum Hedonismus und ausgefallenen Abenteuern. Dies entspricht wohl dem Wunsch zu immer perfekteren Produkten, die eine noch höhere Erlebnisqualität garantieren und damit stärkere sensorische Reize und eine stetig umfassendere Einbeziehung des Menschen in diese Scheinwelten hervorbringen. Thürmel führt an, daß die Virtuelle Realität zur Tendenz einer Erlebnisgesellschaft (Schulze 1992) passe, in der Kaufhäuser nicht mehr als Warenhäuser deklariert werden, sondern sich als „Erlebnishäuser" ausgeben (vgl. Thürmel 1993, S. 43ff.). VR verspricht in diesem Zusammenhang sowohl Reizung als auch Beruhigung. Es werden dem Menschen Freiheiten und unmittelbare Erfolge ohne große Anstrengung eröffnet, die viele im Alltag nicht haben. „Ob der alltäglichen Ohnmacht, die wir angesichts der immer unübersichtlicher werdenden Alltagswirklichkeit, die immer weniger auf die menschlichen Bedürfnisse Rücksicht nimmt, tagtäglich verspüren, sind wir in unserer Freizeit dankbare Konsumenten aller Beschäftigungen, die uns vorübergehend das Gefühl von Allmacht vermitteln ..." (Stengel 1996, S. 256).

Der Abenteuer- und Erlebnismarkt erlebt eine Ausweitung an Angeboten. Im Marketing und der Werbung werden neue Konzepte und Strategien entworfen, da der erlebnisorientierte Konsument im Vormarsch ist. Der Kunde möchte bequemen Konsum, er möchte aktivierend und angeregt unterhalten werden. Die Aufmachung und der Unterhaltungswert werden so zum Angelpunkt für die Marken- bzw. Unternehmensakzeptanz. Die bessere Inszenierung der Marke wird erfolgsentscheidend. Da der Gebrauchsnutzen von Produkten oft nicht mehr ausreicht, um zum Kauf zu motivieren und ein Großteil der Werbung gar nicht mehr wahrgenommen wird, nutzen die Werber neue Methoden zur emotionalen Konditionierung und zum Aufbau innerer Bilder (vgl. Eicke 1991, S. 48ff.). Durch die virtuellen Effekte und VR-Techniken eröffnen sich für die Werbetreibenden faszinierende Wege zum Kunden. Über den weiteren Entwicklungsweg dieser Zeiterscheinung und den damit einhergehenden neuartigen Kommunikationsmöglichkeiten darf man gespannt sein. Die Grenzen der neuen Welten scheinen längst noch nicht erreicht.

4. Literatur

Art+Com: Informationsbroschüre. Fernsehgrafik. Berlin 1996.

Bormann, Sven: Virtuelle Realität. Genese und Evalution. Bonn usw. 1994.

Buddemeier, Heinz: Leben in künstlichen Welten. Cyberspace, Videoclips und das tägliche Fernsehen. Stuttgart 1993.

Bullinger, Hans-Jörg: Virtual Reality - eine innovative Technologie an der Schwelle zum 3. Jahrtausend. In: Wedde, Horst F.: Cyberspace. Virtual Reality. Fortschritt und Gefahr einer innovativen Technologie. Unveröffentlichtes Manuskript des Urachhaus Verlages. Stuttgart 1996.

Bullinger, Hans-Jörg; Bauer, Wolfgang: Strategische Dimensionen der Virtual Reality. In: Warnecke, H. J.; Bullinger, H.-J.: IPA/ IAO-Forum. Virtual Reality '94.

Eichhorn, Erik: Virtuelle Realität. Medientechnologie der Zukunft? In: Bollmann, S. (Hrsg.): Kursbuch Neue Medien. Trends in Wirtschaft und Politik, Wissenschaft und Kultur. Mannheim 1995.

Eicke, Ulrich: Die Werbelawine. Angriff auf unser Bewußtsein. München 1991.

Felger, Wolfgang; Waehlert, Armin: Employment potential and application of Virtual Reality in the domain of business management. In: Computer Woche (Hrsg.): Virtual Reality World. München 1995.

Frühauf, Thomas et al.: VR-Show auf der IAA '95 in Frankfurt und der Nordamerikanischen Auto-Show '96 in Detroit. In: Computer Graphik Topics. (1996), Nr. 1.

Göbel, Martin: Thesenpapier. In: Wedde, Horst F.: Cyberspace. Virtual Reality. Fortschritt und Gefahr einer innovativen Technologie. Unveröffentlichtes Manuskript des Urachhaus Verlages. Stuttgart 1996.

Graff, Bernd: Im Club der Untoten. In: Süddeutsche Zeitung. Nr. 112/ 17.-19. Mai 1997.

Halbach, R.W.: Reality Engines. In: Bolz, N.; Friedrich, A.; Tholen, C.: Computer als Medium. München 1994.

Hardenberg, Bodo: Hardenberg Lexikon. Dortmund 1994.

Kinnebrock, Werner: Marketing mit Multimedia: neue Wege zum Kunden. Landsberg und Lech 1994.

Mittelstraß, Jürgen: Kommt eine neue Kultur? In: Universitas. Zeitschrift für interdisziplinäre Wissenschaft (1996). Nr. 600.

Pimentel, Ken; Teixeira, Kevin: Virtual Reality. Through the new looking glass. New York usw. 1993.

Poetzsch, Hans: Das Werk. Wo Illusionen laufen lernen. In: Max Werbebuch 1996/97. Hamburg 1997.

Rempeters, Georg : Die Technikdroge des 21. Jahrhunderts. Virtuelle Welten im Computer. Frankfurt a.M. 1994.

Schrage, Michael: Die Zukunft der (Medien ist die) Werbung. In: Bollmann, S. (Hrsg.): Kursbuch Neue Medien. Trends in Wirtschaft und Politik, Wissenschaft und Kultur. Mannheim 1995.

Stengel, Damaris: Cybermania. In: Hartmann, H. A.; Haubl, R. (Hrsg.): Freizeit in der Erlebnisgesellschaft. Amüsement zwischen Selbstverwirklichung und Kommerz. Opladen 1996, S. 245-263.

Superscape (GB): Case Study Promotion. (Presseinformation). London 1995.

Thalmann, Nadia; Thalmann, Daniel: Virtual Worlds and Multimedia. Chichester 1994.

Thürmel, Sabine: Virtuelle Realität. Ursprung und Entwicklung eines Leitbildes in der Computertechnik. In: Steinmüller, Karlheinz (Hrsg.): Wirklichkeitsmaschinen. Cyberspace und die Folgen. Weinheim und Basel 1993.

Willim, Bernd: Designer im Bereich Animation und Cyberspace. Berlin 1992.

Warum Erlebnisgesellschaft? Erlebnisvermittlung als Werbeziel

Michael Jäckel

1. Einleitung

Der Begriff Erlebnis gehört zu jenen, die seit einigen Jahren gerne in Anspruch genommen werden. Dennoch ist er, im Gegensatz zu Wörtern wie „Nullwachstum" oder „Multimedia", noch nicht zum Wort des Jahres gewählt worden - vielleicht, weil der Begriff zu alltäglich ist. Daher darf man fragen, ob dieser Begriff den Menschen überhaupt neu buchstabiert werden muß. Der Begriff war seit jeher mit Aktivität verknüpft und kann in diesem Sinne als Beispiel für kumulative Effekte des Handelns der Menschen dienen, gleich, ob dieses Handeln auf ein sehr spezifisches Ziel ausgerichtet ist oder als gerne gesehenes Endprodukt eines mit diffusen Erwartungen verbundenen Tuns erscheint. Gerade das Unerwartete kann den Erlebnischarakter eben noch verstärken. Schon Blaise Pascal (1623-1662) meinte, „daß das ganze Unglück der Menschen aus einem einzigen Umstand herrühre, nämlich, daß sie nicht ruhig in einem Zimmer bleiben können. [...] [M]an sucht Unterhaltungen und Zerstreuung bei Spielen nur, weil man nicht vergnügt zu Hause bleibt." (Pascal 1992, S. 69) Aber auch harte Anstrengungen und Grenzerfahrungen lassen sich hier subsumieren: „Wenn man [...] verschwitzt und müde, mit durchgeklettertern Fingern und schmerzenden Muskeln auf dem Gipfel eines schwer besteigbaren Berges ankommt, mit der Aussicht, alsbald die noch größeren Mühen und Gefahren des Abstieges bestehen zu müssen, so ist dies alles wahrscheinlich kein Genuß, aber die größte Freude, die man sich denken kann." (Lorenz 1973, S. 46) Und bezüglich des Lebens heißt es bereits in der Bibel: „[...] und wenn's köstlich gewesen ist, so ist's Mühe und Arbeit gewesen" (so Luthers Übersetzung von Psalm 90,10).

Diese Beispiele belegen die Bandbreite der Ereignisse und Handlungen, die mit dem Begriff angesprochen werden: Sie reicht von der Befriedigung einer inneren Unruhe bis zu dem Gefühl, das sich im Zuge des Bewältigens von Extremen einstellt. Aus soziologischer Sicht hat der Begriff immer dann Konjunktur gehabt, wenn die äußeren Lebensbedingungen unterschiedliche Formen der Saturiertheit beförderten. Hartmann und Haubl haben in ihrem Einleitungsbeitrag zu dem Sammelband „Freizeit in der Erlebnisgesellschaft" auf Max Webers Rede „Wissenschaft als Beruf" hingewiesen, in der unter Bezugnahme auf die junge Generation, die sich mit dem Problem einer Entzauberung der Welt konfrontiert sieht, der Satz fällt: „Alles Jagen nach dem 'Erlebnis' stammt aus dieser Schwäche." (zit. nach Hartmann/Haubl 1996, S. 7) Diese Schwäche - so könnte man ergänzen - resultiert aus einem Verzicht auf Auseinandersetzung mit den objektiven Lebensbedingungen und der Hingabe an Ziele, die dem einzelnen kurzfristig Gewinn verschaffen, aber der Gesellschaft nicht dienlich sind. Auch auf Georg Simmels (1858-1918) Unterscheidung von objektiver und subjektiver Kultur wird in diesem Zusammenhang hingewiesen.

Die Renaissance des Begriffs Erlebnis hat sicherlich auch mit einer Zunahme des Unbehagens in bezug auf moderne Lebensbedingungen zu tun. Im folgenden werden verschiedene Forschungsbereiche skizziert, die einen direkten oder indirekten Bezug zum hier zu behandelnden Thema erkennen lassen. Ein Schwerpunkt wird dabei auf jene Analyse gelegt, die insbesondere im sozialwissenschaftlichen Bereich zu einer ungewöhnlichen Diffusion des Begriffs geführt hat: Gerhard Schulzes Diagnose einer Erlebnisgesellschaft.

Bevor diese Theorie ausführlich diskutiert wird, sollen drei Bereiche erläutert werden, die ebenfalls Antworten auf die Frage gestatten, warum der unterstellte Erlebnisdrang vorhanden ist: die Motivationspsychologie, Forschungen zum Zeitbewußtsein und Zeitempfinden sowie praxisorientierte Marketing-Konzeptionen.

2. Verwendungen des Begriffs Erlebnis

2.1 Das Flow-Erlebnis

Eine positive Deutung von Erlebnissen hat Mihaly Csikszentmihalyi mit seinem Buch „Beyond Boredom and Anxiety - The Experience of Play in Work and Games" vorgelegt. Die deutsche Übersetzung bevorzugte den Titel „Das Flow-Erlebnis". Hier wird ein theoretisches Modell präsentiert, das das Empfinden von Freude trotz körperlicher oder geistiger Anstrengung zu erklären versucht. „Flow", so Hennen, „ist das Glück, das sich einstellt, wenn man sich völlig selbstvergessen an eine hochanspruchsvolle Tätigkeit unter Einschluß von Risiken hingibt." (Hennen 1994, S. 322) Es beschreibt ein Verschmelzen von Handlung und Bewußtsein infolge des Erfordernisses einer vollen Konzentration auf bestimmte Aktivitäten. Csikszentmihalyis Theorie ist eine ungewöhnliche Antwort auf die Frage, in welchem Verhältnis intrinsische und extrinsische Motivationen zueinander stehen. Aus zahlreichen Gesprächen mit Sportlern, Tänzern, Bergsteigern, Chirurgen usw. ergibt sich eine neue Antwort auf die das Handeln der Menschen leitende Motivation. Verbunden damit ist eine Zurückweisung der Auffassung, daß ernsthafte Arbeit unangenehm und auf Freude ausgerichtetes Tun nutzlos sei. Insofern ist mit dieser Theorie auch eine Kritik an der Kontrasthypothese von Arbeit und Freizeit verbunden (vgl. Csikszentmihalyi 1985, S. 21). Schon Theodor W. Adorno hatte sich gegen diese Vorstellung von Freizeit als bloßer Negation der Arbeit gewandt und für sich in Anspruch genommen, daß er kein Hobby hat: „[...] mit dem, womit ich mich außerhalb meines offiziellen Berufs abgebe, ist es mir, ohne alle Ausnahme, so ernst, daß mich die Vorstellung, es handele sich um hobbies (sic!), also um Beschäftigungen, in die ich mich sinnlos vernarrt habe, nur um Zeit totzuschlagen, schockierte [...]." (zit. nach Kausch 1988, S. 27) Hier, wie auch im Falle des Verfassers der Flow-Theorie, stellt sich natürlich die Frage nach der Repräsentativität. Mit anderen Worten: Sind die äußeren Umstände immer so, daß sie diese Motivationen fördern? Inwieweit sind wir in der Lage, die Ziele unseres Handelns, sei es in der Arbeit oder in der Freizeit, selbst zu bestimmen?

Csikszentmihalyi wählt auch den Begriff „autotelische Tätigkeiten". Es sind Aktivitäten, die aus sich selbst heraus lohnend sind: die Antizipation und Bewältigung von Strategien im Schachspiel, das Klettern im Fels, das zu einem „intensiven Spiel" wird (Csikszentmihalyi 1985, S. 103). Diesen Begriff verwandte bereits Jeremy Bentham (1748-1832) in seiner Utilitarismus-Theorie. Er bezeichnete dieses Spiel als etwas Irrationales, weil bei Unterstellung von Rationalität der Einsatz zu hoch sei, um daran teilzunehmen. Aus dieser Perspektive sind viele der heutigen Extremsportarten als irrational zu bezeichen, dennoch finden sie wachsenden Zulauf. Man spricht von einer „Erotik des Rausches" als Folge einer Zivilisationsmüdigkeit (Der Spiegel, Nr. 37/1996, S. 178ff.). Helmuth Plessner (1892-1985) hatte schon vor mehr als 40 Jahren die Bedeutung des Sports damit erklären wollen, daß es zu einer wachsenden Differenz zwischen körperlicher und geistiger Betätigung im Zuge einer Industrialisierung des Arbeitslebens gekommen ist (vgl. Plessner 1985, insbesondere S. 148). Sport erscheint hier als Kompensation für fehlende Herausforderungen. Von einer Zunahme dieses Phänomens wird ausgegangen. Da nicht alle Bereiche des Alltagslebens autotelische Tätigkeiten befördern werden, kann Csikszentmihalyis Theorie als eine Theorie mit begrenzter Reichweite bezeichnet werden.

Unter anderem unter Bezugnahme auf Norbert Elias' (1897-1990) Zivilisationstheorie hat eine volkskundlich-ethnologisch ausgerichtete Analyse von Köck zahlreiche Beispiele dafür zusammengetragen, daß im Zuge der Zivilisation das Bedürfnis nach Undiszipliniertem, und damit eben auch Flucht aus „Kultur", typisch ist. Sein Buch trägt den Titel „Sehnsucht Abenteuer". Der Untertitel lautet: „Die kulturelle Gestaltung der Erlebnisgesellschaft". In ihr nehmen „domestizierte Grenzübertritte" (Köck 1990, S. 143) zu. Bereits vor Erscheinen von Schulzes Analyse ist dort zu lesen: „Als konservierender Faktor kommt die Standardisierung der Grenzübertritte im Zuge der Entstehung eines neuen Gewerbes - der Erlebnisindustrie - hinzu. Abenteuer werden genormt und gesellschaftlich kontrollierbar gemacht. [...] Reiseausrüstungen machen die Abenteuerwelt sicher und beheben kulturspezifische Naturängste. Durch die verstärkte Verlagerung des Abenteuers auf die visuelle Ebene wird eine hyperrealistische Distanz zum

Erlebnisobjekt geschaffen und das Abenteuer weiter domestiziert: das Erlebnis vollzieht sich, hauptsächlich, im Kopf." (Köck 1990, S. 161)

2.2 Zeitbewußtsein und Zeitempfinden

Die Erziehungswissenschaftlerin Marianne Gronemeyer hat in ihrem Buch „Das Leben als letzte Gelegenheit" eine überzeugende Antwort auf das Bedürfnis nach Erleben gegeben. Die Angst, etwas zu versäumen, nimmt zu, wenn die Kluft zwischen den unendlichen Möglichkeiten und der Zeit, die dem einzelnen bleibt, wächst. Hierzu paßt, daß heute immer häufiger der Zeitgewinn beworben wird. Die beschriebene Kluft wird zudem durch einen Beschleunigungswahn forciert, der dem vermeintlichen Zeitgewinn durch einen wachsenden Zeitdruck entgegenwirkt. Die vorhandene Verkehrsinfrastruktur eröffnet der Mobilität im räumlichen Sinne viele Möglichkeiten. Der Weichensteller aus Antoine de Saint-Exupérys Märchen „Der kleine Prinz" konnte schon damals sagen: „Ich sortiere die Reisenden nach Tausenderpaketen. [...] ... Ich schicke die Züge, die sie fortbringen, bald nach rechts, bald nach links." (Saint-Exupéry 1956, S. 72) Und als nach kurzen Abständen zunächst ein Schnellzug von links, und dann ein Schnellzug von rechts kam, fragte der kleine Prinz: „Sie kommen schon zurück?" (Saint-Exupéry 1956, S. 73) Die Antwort des Weichenstellers lautete: „Man ist nie zufrieden dort, wo man ist." (Saint-Exupéry 1956, S. 73) Für dieses Phänomen wird heute der Begriff Tempo-Gesellschaft verwandt (vgl. auch Pankoke 1994).

Am 14. Oktober 1996 erschienen auf der Dokumentationsseite der Frankfurter Rundschau die Toblacher Thesen, formuliert an einem Ort in Südtirol, an dem sich jedes Jahr im Herbst Wissenschaftler zur Diskussion aktueller Themen treffen. Das Thema im Jahr 1996 lautete: Mobilität und ökologischer Wohlstand. In der ersten These heißt es: „Das 'immer schneller', der Versuch, die Zeit abzuschaffen, macht uns zum Sklaven der Zeit, und der Versuch, den Raum noch schneller zu überwinden, entwertet den Raum." (S. 12) Eine neue Wissenschaft, die Dromologie, warnt vor der Entwertung des realen Raums. Der französische Philosoph Paul Virilio ist hier vor allem zu nennen. Er ist es auch, der von dem Beispiel der vierzig

Amerikaner berichtet, die in Paris Silvester feiern, anschließend eine Concorde besteigen, um an Bord zu feiern und schließlich die französische Botschaft in Washington besuchen, um dort das Fest erneut zu begehen. Das war 1976 (vgl. Gronemeyer 1993, S. 108).

Der Hinweis auf die Kluft zwischen vorhandenen Möglichkeiten und begrenzter Zeit muß aber ergänzt werden durch die ebenfalls beobachtbare Diskrepanz zwischen vorhandener Zeit und fehlendem Antrieb zur Gestaltung dieser Zeit. Das Gefühl der Langeweile entsteht gerade dann, wenn frei verfügbare Zeit nicht zu vergehen scheint. Dagegen hinterlassen als angenehm erlebte Ereignisse den Eindruck einer sinnvollen Zeitverwendung wegen einer subjektiv wahrgenommenen Dichte der Empfindungen, obwohl die Zeit wie im Fluge zu vergehen schien (vgl. zum Phänomen der Langeweile insbesondere Bellebaum 1990).

2.3 Erlebnismarketing

Einen ganz anderen Ausgangspunkt nimmt die Marketing-Lehre, wenn sie den Begriff Erlebnis in ihr Vokabular aufnimmt. Die Phänomene, die Erlebnisse stiften oder verschaffen können, finden hier aus naheliegenden Gründen eine deutliche Erweiterung. Strategiemodelle für ein erlebnisorientiertes Marketing präsentieren beispielsweise Haedrich und Tomczak (1988, S. 35-41). Als Grundlage dient dabei sowohl eine Typologie des Konsumentenverhaltens als auch die Annahme über eine bestimmte Beschaffenheit des Marktes. Dieser nämlich sei gesättigt und befördere das Gefühl der Austauschbarkeit der Produkte. Folge sei nicht nur die Notwendigkeit wirksamer Produktdifferenzierungen, sondern vor allem auch eine Hervorhebung und Positionierung durch Kommunikationspolitik, um bestimmten Produkten und Dienstleistungen ein Image zu verschaffen. Hier vor allem liege die Aufgabe der Werbung. Eine unverwechselbare Werbung und ein unverwechselbares Produkt kann als Ziel der Werbestrategien beschrieben werden. Die Typologie des Konsumentenverhaltens, die der folgenden Abbildung entnommen werden kann, ergibt sich aus einer Kombination des Grades der Produktdifferenzierung mit dem

Aufwand, den der Konsument in die Entscheidungsfindung investiert (Involvement).

Abbildung 1: Vier Typen des Konsumentenverhaltens

	High Involvement	Low Involvement
Hoher Grad der Produkt-differenzierung	**1** Komplexe Entscheidung oder „starke" Markentreue	**2** Suche nach Variationen / \\ Zufallswahl Experimentieren
Geringer Grad der Produkt-differenzierung	**3** Reduzierung kognitiver Dissonanz oder Attribuierung	**4** Trägheit / \\ Zufallswahl „unechte" Markentreue

Quelle: Haedrich/Tomczak 1988, S. 35 (in Anlehnung an Assael 1984)

Die Marketing-Theorie geht davon aus, daß sich viele Unternehmen mit ihren Produkten einem Verhalten des Konsumenten, das im vierten Quadranten anzusiedeln ist, gegenübersehen. Ziel eines Erlebnismarketing - ein Begriff, der hier allenfalls den Charakter einer diffusen Klammer einnimmt - soll sein, das Produkt vom vierten in den ersten Quadranten zu befördern. Aber die Autoren warnen vor kurzschlüssigen Handlungen: „Erlebnisorientiertes Marketing gleichzusetzen mit Werbung, die Erlebnisse vermittelt und damit eigenständige und tragfähige Produktpersönlichkeiten aufbaut, greift zu kurz." (Haedrich/Tomczak 1988, S. 38) Die gesamte Wertkette eines Produktes sei zu beachten. Und das heißt: Das Produkt wird nicht zur Nebensache. Natürlich will die Werbung an sich originell sein und damit das Unternehmen von anderen Mitbewerbern abgrenzen und deutlich im Markt positionieren. Für den Konsumenten aber bleiben nach dieser Marketing-Theorie maßgebend: die Kosten des Produkts/der Dienstleistung, das Produktinteresse, das wahrgenommene Kaufrisiko, der Verwendungszweck und der soziale Prestigewert des Produkts (vgl. Haedrich/Tomczak 1988, S. 35). Eine gelungene Werbung allein genügt nicht. Auch Farbe und Form, Verpackung, Vertrieb und Verkaufstechnik müssen aufeinander abgestimmt sein. Das ist freilich nichts Neues, sondern klassische Marketing-Lehre.

Vorher schon - nämlich 1986 - hatte Konert in einer umfangreichen Analyse die Vermittlung emotionaler Erlebniswerte untersucht. Er ging dabei von der Annahme Kroeber-Riels aus, wonach der Verbraucher nicht nur den Gebrauchsnutzen, sondern auch die im Zuge des Konsums erfahrenen emotionalen Erlebnisse schätzt. Das könne in gesättigten Märkten nicht nur über die Veränderung der Produkteigenschaften erzielt werden, sondern bedürfe des systematischen Aufbaus eines unverwechselbaren Erlebnisprofils. Und dabei schaut man vor allem auf Kriterien, die aus der Sicht der Verbraucher Lebensqualität steigern. Heute haben vor allem Trend-Reports die Aufgabe übernommen, solche Kriterien zu ermitteln, aber auch die Wertewandel-Forschung hat hier ihren Beitrag geleistet. „Erlebnismarketing im Wertetrend" nennt das Weinberg, der 1992 eine Analyse des Erlebnismarketing vorlegte. Er geht davon aus, daß das moderne Marketing einen Beitrag zur Lebensqualität der heutigen Gesellschaft leistet.

Silberer und Jaekel wiederum sprechen von dem Marketingfaktor „Stimmungen" und stützen sich - anders als Weinberg - in ihrer theoretischen Begründung des von ihnen empfohlenen Instrumentariums unter anderem auf Schulze (vgl. Silberer/Jaekel 1996, S. 9). Das illustriert der folgende Passus: „Erleben und Erlebnisse sind innere Vorgänge, die Stimmungen auslösen und stützen können. Stimmungen ihrerseits sind in der Lage, Erlebnisse zu färben und in ihrer Intensität zu beeinflussen. Deswegen trägt die Beachtung von Stimmungen im Marketing dazu bei, daß die Erlebnisorientierung gelingt." (Silberer/Jaekel 1996, S. 9f.) Es geht um mood-management mit dem Ziel, den Konsumenten zum Kauf bzw. zur

Inanspruchnahme bestimmter Angebote zu veranlassen (vgl. Silberer/Jaekel 1996, S. 196). Der Kunde soll sich in jeder Hinsicht wohlfühlen.

Die Marketing-Konzepte gehen im Zuge dieser Neuorientierung zunehmend ungewöhnliche Wege. Investitionen in den sogenannten „Below the line"-Bereich haben deutlich zugenommen. Hierzu gehören Aktivitäten wie Product Placement, Sponsoring, Licensing, Direct Marketing und Eventmarketing. 1995 ermittelte eine Studie der Fachzeitschrift „Horizont", daß bei den über 100 befragten größten deutschen Werbeunternehmen der Anteil dieser Maßnahmen unter 20% des gesamten Werbebudgets ausmacht, 14 % der befragten Firmen aber immerhin schon 40% ihrer Budgets in nicht-klassisches Marketing investieren. Auch für das Jahr 1997 prognostizierte man einen weiteren Anstieg dieses Werbebereichs (vgl. N.N., 1996, S. 28). In den Vereinigten Staaten liegt der Wert insgesamt schon bei mehr als 65%. Grundsätzlich sind solche Aktivitäten nicht neu, beschreiben aber einen aktuellen Marketing-Trend. Insbesondere Eventmarketing ist zu einem Modebegriff geworden, der gleichwohl in den Vereinigten Staaten schon Mitte der 70er Jahre verwandt wurde (vgl. Hohmann 1996, S. 18; Schmader/Jackson 1990, S. IX). Häufig handelt es sich um inszenierte Ereignisse. Das Produkt verschwindet nicht, steht aber nicht im Mittelpunkt der Veranstaltung. Insbesondere die Zigarettenindustrie entwickelte aufgrund wettbewerblicher Einschränkungen im Werbebereich und einer stetig anwachsenden Anti-Raucher-Bewegung neue Werbekonzepte. Spektakuläre und in hohem Maße inszenierte Werbekampagnen haben sich etabliert, von denen hier nur wenige erwähnt werden sollen:

Beispiel 1: Camel. Die spektakulären Motorrallyes im Rahmen der Camel Trophy führen durch unwegsames Gelände und knüpfen an die Tradition des ‚single hero' an, der sich durch Wüsten- und Dschungelgebiete durchschlägt. Proteste gegen diese Veranstaltung blieben nicht aus. So berichtet Luger: „Die Grünen von Irkutsk wollten nicht einsehen, daß etwa der Nationalpark am Baikalsee zu einer Spielwiese wildgewordener Europäer - [...] - werden sollte." (Luger 1995, S. 31) Wer es etwas bequemer haben, aber dennoch etwas Ungewöhnliches erleben wollte, dem bot die

Camel Airave[1] den kurzfristigen Austritt aus dem Alltag. Für 999 DM konnte man an einer 72-stündigen Technoparty im Flugzeug teilnehmen, die im Jahr 1996 zum dritten Mal veranstaltet wurde und im Luftraum zwischen Miami und den Bahamas stattfand.

Bezüglich des Abenteuers galt früher: „Die öffentliche Bewunderung gehört [..] den Extremen." (Luger 1995, S. 25) Die Organisierung des Abenteuers war der Beginn des Massentourismus in der zweiten Hälfte des 19. Jahrhunderts, aber Anerkennung wurde dem zuteil, der sich jenseits der Pisten bewegte. Heute scheint es zu viele Pisten zu geben. Inszenierungen verlieren bei inflationärem Angebot an Attraktivität. Zugleich steigert sich damit die Suche nach neuen Einmaligkeiten.

Beispiel 2: West. Besondere Formen der Grenzüberschreitung offeriert das West in Space-Programm. Eine 44 m hohe, mit künstlerischer Außenfassade versehene Trägerrakete wurde beispielsweise vom russischen Raumfahrtzentrum Baikonur ins All geschossen. Im Innern der Rakete fanden sich zahlreiche Botschaften der Erdenbewohner. Neben einer West-Packung gehörten dazu über 500 Gegenstände von Deutschen und Russen als Symbole der Alltagskultur. West in Space warb und wirbt mit einem Kosmonautentraining in der Nähe von Moskau, mit Survival-Kursen und Parabel-Flügen, die einem kurzzeitig das Gefühl der Schwerelosigkeit vermitteln. Solche Aktionen sind spektakulär und fügen sich insofern den vom Erlebnismarketing geforderten Kriterien. Aber es sind immer nur kleine Gruppen, die in den Genuß dieser Angebote kommen können oder wollen. West verbindet mit solchen Aktionen darüber hinaus einen politischen und kulturellen Auftrag. Somit spiegeln sich hierin nicht nur neue Positionierungsstrategien von Unternehmen wider, sondern auch darüber hinausgehende politische, soziale und moralische Ziele.[2]

Ziele solcher und weniger ambitionierter Maßnahmen (Mega-Events konkurrieren mit „fraktalem Marketing" (Hohmann 1996, S. 45)) lassen sich wie folgt zusammenfassen:

---

[1] Siehe auch den Beitrag von Waldemar Vogelgesang u.a. im vorliegenden Band.
[2] Siehe hierzu auch den Beitrag von Jo Reichertz im vorliegenden Band.

- Kognitive und emotionale Ansprache des Konsumenten
- Steigerung der Markenbekanntheit
- Erhöhung der Markenakzeptanz
- Verbessserung des Unternehmensimages nach außen und innen (corporate identity)
- Markenprofilierung und -positionierung.

Die beschriebenen Beispiele sind kostenintensiv. Dennoch sind die Begriffe Erlebnis und Event nicht der Charakterisierung dieser Formen des Marketing vorbehalten. Erlebnisse gibt es auch aus dem Katalog, beispielsweise Erlebnisreisen zu sogenannten Mega-Events. Als Pavarotti, Domingo und Carreras im Münchener Olympiastadion ein Konzert gaben, hatte dieses Ereignis für die bayerische Metropole den ökonomischen Stellenwert eines Oktoberfest-Wochenendes (vgl. Horny 1997, S. 66). Aber auch Gebrauchsgegenstände des Alltags, z.B. Hygieneprodukte, werden mit Techniken, die sich am Erlebnismarketing orientieren, angeboten. Die Hersteller einer Seifenmarke boten den Kunden eines Kaufhauses einen 6 m langen Erlebnistunnel, in welchem man von Düften, Wasserrauschen und Videoeffekten stimuliert wurde (vgl. Ehm 1996, S. 109). Die Bandbreite der Einsatzfelder illustriert somit auch die in diese Konzeption gesetzte Hoffnung. Gegenwärtig zeichnet sich eine Abkehr von den sog. Mega-Events hin zu überschaubaren Veranstaltungen ab.

In Verbindung mit der unterstellten Dominanz von Erlebnisorientierung findet immer wieder auch der Wertewandel Erwähnung. In der Bundesrepublik Deutschland hat insbesondere Klages diesen Wandel analysiert und die folgende Auffassung vertreten: Es gibt keine Kontinuität in der Werteentwicklung, sondern eine Koexistenz verschiedener Werteordnungen. Es gibt Werte, die Orientierungsfunktion einbüßen, und solche, die an Bedeutung für das Alltagshandeln zunehmen. Klages spricht von einer Koexistenz alter und neuer Werte und kennzeichnet diese unter Zugrundelegung von zwei Dimensionen: Pflicht- und Akzeptanzwerte einerseits und Selbstentfaltungswerte andererseits. Dies äußert sich auf verschiedenen Ebenen: Zunahme einer individualistischen 'Gesellschaftskritik' (Emanzipation, Demokratie, Partizipation, Autonomie), Hedonismus

(Genuß, Abenteuer, Abwechslung etc.) und Individualismus (Kreativität, Ungebundenheit etc.) (vgl. Klages 1984, S. 16).

Verbunden mit dieser Verschiebung von Wertehorizonten scheint für manche die Zunahme von vormals nicht vorstellbaren Inszenierungen und Aktionen zu sein. Eine umfassende Antwort auf die Konsequenzen solcher Veränderungen von Wertehorizonten hat Schulze vorgelegt, dessen Analyse im folgenden ausführlicher vorgestellt werden soll, wenngleich Verkürzungen angesichts des beträchtlichen Umfangs der zugrunde liegenden Arbeit nicht ausbleiben können.

3. Die Erlebnisgesellschaft. Die Diagnose von Gerhard Schulze

3.1 Die Zielsetzung der Analyse

Häufig wird der Inhalt eines Buches allein an seinem Titel festgemacht. Wenn Schulze von Erlebnisgesellschaft spricht, möchte er damit die Aufmerksamkeit auf Entwicklungen lenken, die es gerechtfertigt erscheinen lassen, von der Zunahme einer bestimmten Lebenshaltung und einer damit verbundenen Lebensführung zu sprechen. Sein Thema wird in einem Kernsatz zum Ausdruck gebracht: „Das Leben schlechthin ist zum Erlebnisprojekt geworden. Zunehmend ist das alltägliche Wählen zwischen Möglichkeiten durch den bloßen Erlebniswert der gewählten Alternative motiviert: [...]." (S. 13)[3] In dieser Gesellschaft dominiert das Hier und Jetzt, das Motiv des »Etwas vom Leben haben wollen«.

Die hier in den Vordergrund gestellte Erlebnisorientierung konkurriert mit dem Handlungsmuster der aufgeschobenen Befriedigung (vgl. S. 14). Das Phänomen des »deferred gratification pattern«, die Fähigkeit, auf unmittelbare Belohnungen zugunsten zukünftiger Gratifikationen zu verzichten, ist unterrepräsentiert. Dem Aufwand muß der Ertrag unmittelbar folgen: eine kurzatmige Gesellschaft. Das Erlebnis muß sich ohne große

---

[3] Wenn im folgenden im Anschluß an direkte oder indirekte Zitate lediglich eine Seitenzahl (S. ...) angegeben wird, wird jeweils auf das Buch von Schulze, Die Erlebnisgesellschaft, Frankfurt am Main 1992, Bezug genommen.

Zeitverzögerung einstellen. Und charakteristisch für die Erlebnisgesellschaft ist, daß dieses Handlungsmotiv dominiert. Zugleich ist diese Erlebnisgesellschaft durch ein erhöhtes Enttäuschungsrisiko gekennzeichnet. Die Gewißheit, daß sich ein bestimmtes Erlebnis einstellt, ist nicht gegeben. Zugleich sei aber jeder „für seine Erlebnisse selbst verantwortlich." (S. 14)

Schulze geht in seinen einleitenden Ausführungen von denselben Ausgangsbedingungen aus, die Ulrich Beck seiner These von der Risikogesellschaft zugrundegelegt hat. Diese Gesellschaft, die viele »Leiden« ertragen muß, ist vor allem von dem Kollektivschicksal betroffen, das Leben und seine Gestaltung selbst in die Hand nehmen zu müssen. Immer weniger wird gesagt, was man tun soll; aber immer häufiger steht man vor Situationen, in denen etwas getan werden muß.

Von Pierre Bourdieu grenzt sich Schulze ausdrücklich ab (vgl. S. 16), obwohl er an manchen Stellen als der deutsche Bourdieu gefeiert wurde. Die Kernfrage ist die nach einer zutreffenden Diagnose der Gesellschaft der Bundesrepublik Deutschland (der alten Bundesländer). „Alles läuft auf die Diagnose einer Gesellschaft hinaus, die man nicht mehr als »geschichtete« Gesellschaft bezeichnen kann." (S. 17) Und folgerichtig wird gefragt: „Gibt es eigentlich noch soziale Großgruppen?" (S. 17) Damit orientiert sich seine Untersuchung an der Individualisierungsdebatte, die teilweise zu einer Überbetonung des Individuellen geführt hat. Eine Extremvariante der Individualisierungsthese, wonach jetzt jeder das tue, wozu er Lust habe, vermittele ein falsches Bild. Es geht ihm nicht um eine Überhöhung des Individuums, auch nicht um eine Verklärung desselben. Aber diese Zielsetzung ist nicht leicht zu erkennen. Ein wesentlicher Grund dafür ist, daß der Begriff »Erlebnisrationalität« zunächst die Vorstellung vermittelt, daß jeder seines Glückes Schmied ist, und das nicht nur in einem oberflächlichen Sinne. Hinzu kommen eine Vielzahl von Paradoxien, die den Leser immer wieder auf Umwege führen, z.B.: „Gibt es so etwas wie massenhaft inszenierte Individualität?" (S. 19)

Für Schulze steht fest, daß in einer Welt, die durch eine Vielzahl von Optionen gekennzeichnet ist, auch die Frage nach den Ligaturen, wie Dahrendorf es bezeichnen würde, nach wie vor und vielleicht mehr als je zuvor im Zentrum soziologischer Überlegungen stehen muß. „Die

Expansion der Handlungsspielräume kann nicht das Ende aller Versuche bedeuten, überhaupt noch über Bedingungen des Handelns nachzudenken, sondern muß der Anfang neuer theoretischer Bemühungen sein. Die Frage nach den sozialen Bedingungen des Handelns bleibt im Erkenntnisprogramm." (S. 20) Er will eine eigene Erklärung anbieten und sieht diesbezüglich nur wenige Anknüpfungspunkte bei den Klassikern der Soziologie, „seien sie alt oder modern." (S. 20) Wie sich, „allen Individualisierungstendenzen zum Trotz, [doch noch] die großen sozialen Gruppen" (S. 23) herausbilden, ist sein Thema.

3.2 Erlebnisrationalität

Ein zentraler Begriff im theoretischen Programm von Schulze lautet: Erlebnisrationalität. Gemeint ist damit die „Funktionalisierung der äußeren Umstände für das Innenleben." (S. 35) Der Begriff der Rationalität bezieht sich in diesem Zusammenhang nicht notwendigerweise nur „auf die Bewältigung 'äußerer' Lebenslagen, sondern auch auf die Herstellung innerer Zustände." (Eckert/Jacob 1994, S. 131) Affekte sind, so Eckert und Jacob, „nicht nur etwas, was man hat, sondern auch etwas, was man sucht". (Eckert/Jacob 1994, S. 131) Erlebnisse werden dadurch zu subjektiven Konstruktionen, Erlebnisangebote sind lediglich Hilfestellungen in diesem Prozeß. Es sei ein wichtiger Unterschied, „ob Erlebnisse ungewollt kommen wie Sternschnuppen oder ob sie Gegenstand der Handlungsplanung sind." (S. 41) Angebote werden zu „situativen Zutaten", und Schulze fügt hinzu: „Das Ziel liegt innen, die mobilisierten Mittel bleiben außen." (S. 43) In dieser Situation ist man als Subjekt gezwungen, eine aktivere Rolle einzunehmen. Diese »Aktivitätsthese« wird - gemessen an dem Stellenwert, der ihr in der Gesamtargumentation zukommt - nicht hinreichend begründet, die Ursachen dieses Aktivitätsschubs werden nicht klar genug verdeutlicht. Die häufig vermittelte Vorstellung einer Mixtur aus Zwangsläufigkeit und Freiheit vermittelt zudem manchmal den Eindruck, daß man sich aktiv dem Zufall oder Schicksal überläßt.

Auch die in der Beweisführung angelegte Ambivalenz führt zu Irritationen. Erlebnisse werden gemacht (vgl. S. 44) und ihre Konstitution erfolgt „fast ausschließlich im Subjekt." (S. 43) Mit dem Begriff Erlebnis wird aber auch ein Vorgang der Verarbeitung beschrieben. Doch dann wird gefragt: „Wer ist der Besitzer des Erlebnisses?" Die Antwort lautet: „Wir können dieses Subjekt nicht finden, da es bereits im Erlebnis selbst steckt." (S. 46) Schon hier bekommt man Zweifel, ob diese Form der Handlungsplanung das Etikett Rationalität verdient.

Zumindest soll damit verneint werden, daß man die Ähnlichkeit subjektiver Empfindungen durch Fremdbestimmung erklären kann. Von einem neuen Grundmuster der Beziehung von Subjekt und Situation wird gesprochen. Es gehe nicht mehr um Beschränkungen und Eingrenzungen durch Beziehungsvorgaben bzw. soziale Herkunft, sondern um die Wahl von Beziehungen bzw. Lebensformen unter Berücksichtigung naheliegender Bedingungen. Und wenn Vorgaben und Vorbilder verblassen, tritt der »Modus des Wählens« stärker in den Vordergrund. Und dieses Wählen entwickelt sich in der Erlebnisgesellschaft, die offenbar kaum noch Traditionen kennt, zu einem auferlegten Handlungszwang. Darin spiegelt sich die Ambivalenz des Begriffs der Individualisierung wider: Freiheit der Wahl und Notwendigkeit des Wählens. Wie hilft sich das Subjekt in dieser Situation? Oder, anders gefragt: Wer hilft ihm dabei? Welche Orientierungen hat es? Wer oder was mindert die Risiken der falschen Wahl?

3.3 Alltagsästhetische Schemata und soziale Milieus

Die Situation, die das Individuum vorfindet, ist durch Überfluß und Überangebot gekennzeichnet. Das ist - um mit Esser (1993, 246 ff.) zu sprechen - die Logik der Situation. Aber was ist die Logik der Selektion, die Schulze zu entdecken glaubt? In einer ausufernden Warenwelt wird es immer wichtiger, daß eine Übersicht über immer größer werdende Objektmengen durch Zeichenklassen (durch etwas, das zusammengehört und Konsistenz vermittelt) gewahrt bleibt (vgl. S. 77). Das diagnostiziert auch die Marketing-Lehre. Es geht um mehr als nur Konsum, das Produkt muß Erlebnisse transportieren und suggerieren. Das ist das Grundanliegen, welches bereits der Begriff der sekundären Verstärkung veranschaulicht hat.

Auch Galbraith hat dieses Überfluß-Phänomen bereits beschrieben (vgl. Galbraith 1959, S. 141 ff.).

Daß man die Übersicht behält, führt Schulze auf die Existenz sogenannter alltagsästhetischer Schemata zurück. Menschen interpretieren ihre Umwelt und versuchen zu entdecken, was die Objekte und Zeichen meinen. Sie streben nach Ordnung und suchen nach dem Ausdruck. Die Aneignung dieser Zeichen kann sich realisieren in dem Kauf eines bestimmten Objekts, in Beurteilungen (z.B. von Literatur und Kunst), aber auch in der Übernahme bestimmter Ausdrucksformen, die erkennen lassen, mit was man sich identifiziert. Zeichen haben eine Bedeutung, sie ermöglichen Klassifikation. In Anlehnung an eine soziologische Unterscheidung könnte man auch von »Zeichen an sich« und »Zeichen für sich« sprechen.

Diese Fähigkeit und Möglichkeit der Klassifikation und Abgrenzung kann aber nicht individuell sein. Sie ist bereits das Ergebnis sozialer Erfahrungen. Vermutungen darüber, wie ein Mensch denkt, wie er fühlt, welcher sozialen Gruppe er zugerechnet werden möchte bzw. angehört, sind das Ergebnis zahlreicher Alltagsbeobachtungen. So liest man: „Wir stehen [...] im Zeitschriftenladen; schon Bekleidungsstil und ungefähres Alter der Personen um uns herum legen bestimmte Vermutungen nahe. Wenn wir dann auch noch sehen, was sie kaufen, etwa die Bildzeitung oder den Spiegel, ist die Informationsbasis bereits ausreichend, um weitgehende Vermutungen anzustellen: über Sprechweise, Urlaubsreisen, Geselligkeitsstil, musikalische Vorlieben oder Möblierung der Wohnung." (S. 104) Gleichwohl stehen diese Außenwirkungen nicht im Zentrum der Untersuchung. Es geht um den dabei erfahrenen Genuß.

Was kennzeichnet die alltagsästhetischen Schemata, die auch als „semantische Superstrukturen" (S. 121) bezeichnet werden? Offensichtlich geht es um einen Aspekt, den Luhmann bereits in seinen Analysen zum Zusammenhang von Gesellschaftsstruktur und Semantik beschrieben hat, wobei im Falle von Schulze die Semantik in besonderer Weise betont wird. Was sind die Programme der neuen Schichten, die es diesen erlauben, die anderen Schichten als Umwelt zu behandeln? (Vgl. Luhmann 1980, S. 72) Es sind diese Schemata, die Zeichen bündeln und Vereinfachungen leisten, indem wenige Grundbedeutungen erkennbar werden, über die sich ein

Kollektiv (bzw. Großgruppe) verständigt. Diese Ambivalenz (Vielfalt und Vereinfachung) entspreche unserem kognitiven Leistungsvermögen (vgl. S. 123). Schulze beschreibt für die Bundesrepublik Deutschland drei dominante alltagsästhetische Schemata (vgl. ausführlich S. 125 ff.):

- Hochkulturschema (typische Zeichen sind z. B. klassische Musik, Theater, anspruchsvolles Ambiente)
- Trivialschema (typische Zeichen sind z. B. Volksmusik, Schlager, Familienquiz, Trivialromane, Boulevard-Presse)
- Spannungsschema (typische Zeichen sind z. B. moderne Musikstile, Kino außerhäusliche Freizeitaktivitäten, mit anderen etwas erleben).

Fast ist man geneigt, von Klischees oder Stereotypen zu sprechen. Im Vergleich zum theoretischen Überbau wird hier die Notwendigkeit von Oberflächenreizen auch in der Nüchternheit der empirischen Indikatoren sichtbar. Aber diese werden als Grundmuster der Orientierung präsentiert. Jedes dieser Schemata weist drei Komponenten auf: Genußweise, Distinktion und Lebensphilosophie. Muster des Genießens können Kontemplation (Hochkulturschema), Gemütlichkeit (Trivialschema) und Action (Spannungsschema) sein. Distinktion steht für die Symbole der Abgrenzung und Distanzierung, Lebensphilosophie für die „normativen Botschaften stilistischer Elemente." (S. 113) Vor allem die Muster des Genießens sind in eine neue Rangordnung zu bringen.

Schulze kommt es im Anschluß an die Identifikation dieser Schemata darauf an, die Kopplung dieser an Lebensformen zu beschreiben. Das erfolgt in seinen Ausführungen über Milieusegmentierungen. Soziale Milieus werden definiert als „Personengruppen, die sich durch gruppenspezifische Existenzformen und erhöhte Binnenkommunikation voneinander abheben." (S. 174) Milieus sind demnach nicht beziehungslos, also mehr als Aggregate. Aber die Koordinaten und die Konstitutionsbedingungen dieser Milieus haben sich verändert: „Immer weniger wird die Entfaltung persönlicher Stile durch die Einkommensverhältnisse limitiert. Nach wie vor vorhandene Einkommensunterschiede haben nicht mehr die Auswirkung, daß sie unterschiedliche Milieuzugehörigkeit durch die maximal erreichbare

Aufwendigkeit der Lebensführung determinieren würden." Sie sind nach seiner Auffassung „für jeden Durchschnittsverdiener finanziell erreichbar." (S. 177) Dies wirft zumindest die Frage auf, ob hier nicht der harte Kern der sozialen Ungleichheit (Ökonomie) zugunsten des weichen Kerns der Ungleichheit (Stile, Vorlieben, Präferenzen) zurücktreten muß. Milieus sind nach Schulze kein Schicksal, ihre Zugehörigkeit wird nicht verordnet. Aus Beziehungsvorgaben (ökonomische Lage, Verwandtschaft) werden Beziehungswahlen. Milieus beruhen auf Selektion, nicht auf Herkunft. „Man kann wählen, mehr noch, man muß wählen, wenn man überhaupt noch irgendwo dazugehören möchte." (S. 177)

Abbildung 2: Soziale Milieus und alltagsästhetische Schemata

	hohe Bildung	mittlere Bildung	niedrige Bildung
alte Milieus: 40 Jahre und älter	**Niveaumilieu:** Nähe zum Hochkulturschema Distanz zu Trivial- und Spannungsschema	**Integrationsmilieu:** Nähe zu Trivial- und Hochkulturschema (überwiegend) Distanz zum Spannungsschema	**Harmoniemilieu:** Nähe zum Trivialschema Distanz zu Spannungs- und Hochkulturschema
junge Milieus: jünger als 40 Jahre	**Selbstverwirklichungsmilieu:** Nähe zu Hochkultur- und Spannungsschema Distanz zum Trivialschema	**Unterhaltungsmilieu:** Nähe zu Trivial- und Spannungsschema Distanz zum Hochkulturschema	

Quelle: Eigene Darstellung in Anlehnung an Schulze 1992, S. 283 ff.

Wichtige Trennungslinien sozialer Milieus sind vor allem das Alter und die Bildung. Es sind Merkmale, „mit denen sich die trennschärfsten Grenzlinien zwischen Erlebnismilieus in der Bundesrepublik Deutschland zeichnen lassen. Beide gehören zur Oberflächenschicht unmittelbarer Wahrnehmbarkeit, aber sie verweisen auf viele unsichtbare Attribute." (S. 188) Diese Milieusegmentierung ist eine moderne Antwort auf den »Individualisierungsirrtum« und das »Ende des Sozialen«. Soziale Milieus werden zu Selektionsgemeinschaften, die über ein gemeinsames, handlungsrelevantes Wissen verfügen. Dieses Wissen konkretisiert sich insbesondere in Stiltypen, die selbst wiederum Ergebnis und Produzent von alltagsästhetischen Schemata sind. Das Milieumodell von Schulze unterscheidet fünf Segmentierungen (siehe Abbildung 2).

Auf eine vertikale Anordnung dieser Milieus wird verzichtet, die sich aber nach Auffassung von Müller durchaus anbietet: „Klassifiziert nach sozialer Lage, ergibt sich eine Rangordnung mit dem Niveaumilieu an der Spitze, gefolgt vom Selbstverwirklichungs- und Integrationsmilieu in der Mitte und Harmonie- und Unterhaltungsmilieu am unteren Ende der Hierarchie." (Müller 1993, S. 779) Statt dessen wird die Distanz als dominante Trennungslinie der Milieus betont. Vor dem Hintergrund einer Hervorhebung des Modus des Wählens (Stichwort: Beziehungwahl) ist das überraschend.

Eine Kernaussage der Analyse lautet, daß insbesondere das alltagssoziologische Gespür für die Einordnung der Menschen, also das Gespür für alte Ungleichheiten und daran gebundene Muster der Lebensführung, abhanden gekommen ist. An die Stelle der Alltagserfahrungen trete zunehmend eine Vermittlungsstelle, die »Erlebnismarkt« genannt wird. Vor allem diesem Markt sei es zu verdanken, daß Milieus wahrgenommen werden.

3.4 Der Erlebnismarkt

Der Erlebnismarkt ist eine Institution, die es der Gesellschaft ermöglicht, sich selbst zu beobachten. Infolge des Wandels von einer außenorientierten zu einer innenorientierten Konsummotivation vollzieht sich nicht nur eine

Relevanzverschiebung im Verhältnis von Distinktion und Genuß, sondern auch eine Verankerung des Handelns im Subjekt, das sich selbst zum Objekt macht. Nach Honneth wird hier ein Gedanke von Simmel wieder aufgegriffen und „systematisch in die Gegenwart hineinverlängert". (Honneth 1994, S. 31) Einem Wegfall oberster Lebensziele (Orientierung an Vorgaben) folgt ein Rückzug aus der Gesellschaft, eine Konzentration auf das psychische Erleben als Wegmarke für individuelles Handeln. Und damit hängen ganz neue Probleme der Identitätsbildung zusammen. Eine „Spirale der Selbstbeobachtung" (Honneth 1994, S. 32) wird in Gang gesetzt, deren Folgen Richard Sennett schon mit der „Tyrannei der Intimität" (Sennett 1983) angesprochen hat. Wo bleibt dann die Erlebnisgemeinschaft, auch wenn man nach denselben Erlebnissen sucht? Darin liegt die Problematik dessen, was der Begriff der Innenorientierung beschreibt.

Diese Erlebnisorientierung prägt auch die Einschätzung von Objekten: Gebrauchswerte nehmen ab, Erlebniswerte nehmen zu: „Das Ziel, etwas zu erleben, ist das Kernstück der gegenwärtigen Rationalität der Erlebnisnachfrage." (S. 425)[4] Wer dabei zuviel erwartet und zielgerichtet vorausplant, wird in besonderer Weise enttäuscht. Denn: „Erlebnisrationalität könnte gerade in der Vermeidung expliziter Erlebnisplanung bestehen, damit der sensible Vorgang des Erlebens nicht durch die Absicht gestört wird, ihn herbeizuführen." (S. 426) In leichter Abwandlung eines Dürrenmatt-Zitats könnte man auch sagen: „Je unplanmäßiger die Menschen vorgehen, desto weniger vermag sie der Zufall zu treffen." Und da prinzipiell alles - Kosmetik, Sport, Kleidung, Urlaub, Frisuren - als Mittel erlebnisorientierten Handelns in Betracht kommt, sind Entscheidungsanomalien vorprogrammiert. Erlebnisorientierung ist demnach eine diffuse Orientierung. Entscheidungen werden zu spontanen emotionalen Akten und nicht zu rationalen Kalkülen (vgl. S. 431).

Somit verbreitet sich ein Typus der Erlebnisnachfrage ohne konkreten Erlebniswunsch (vgl. S. 433). Die erlebnisrationale Strategie orientiert sich infolgedessen nicht an langfristigen Programmen, sondern bevorzugt den Zugriff auf Erlebnisangebote „in kurzer Folge und kontinuierlich." (S. 435)

---

[4] Gleichwohl entspricht diese Feststellung einer Tautologie.

Warum Erlebnisgesellschaft?

Die Anbieter wiederum dürfen deshalb nicht zu komplizierte Programme entwickeln. Diesbezüglich unterscheidet Schulze vier dominante Strategien:

- Schematisierung (= Orientierung an Stiltypen). Der Konsument antwortet mit Variation: „Man kauft neue Kleider, bleibt aber seinem Typ treu." (S. 435)
- Profilierung (= Hervorhebung der Einmaligkeit von Produkten)
- Abwandlung und Suggestion (= Strategien der Vermittlung von Neuheit) (vgl. S. 440 f.). Diese Innovationen haben häufig nur noch symbolischen Charakter: „Immer häufiger stoßen Gebrauchswertsteigerungen in die Sphäre des Unbrauchbaren vor: Erhöhung der Höchstgeschwindigkeit von Autos, Erhöhung der Lautstärke von Boxen, Erhöhung der Genauigkeit von Armbanduhren." (S. 442)

Für den Erlebnismarkt gilt also, daß es der Konsument im Grunde genommen einfach haben möchte. Aber gerade dadurch verlagert sich das Problem auf die Ebene der Angebotsdifferenzierung und verweist zugleich auf eine andere Dimension gesättigter Märkte: Ambivalenz. Wenn Erlebnisse schon etwas schwer Kalkulierbares sind, dann sollten wenigstens die Orientierungsmarken in der von Vielfalt dominierten »Welt der Zeichen« einigermaßen klar erkennbar sein. Deshalb wohl spricht Schulze auch so häufig von Schemata. Der Modus des Wählens darf im Grunde genommen nicht zu kompliziert sein, sonst wird er abgelehnt. Oberflächenreize müssen genügen, um die Korrespondenz mit alltagsästhetischen Schemata erkennen zu können. Das Bedürfnis nach Vereinfachung und Orientierung ist in der Erlebnisgesellschaft dominant. Am Ende resultiert die Entlarvung der Individualisierung in einem Gesellschaftsbild, das man nicht erwartet hätte: in wenigen Milieus, die uns davor bewahren, daß eine „Welt-Massenkultur" (S. 457) entsteht. Läßt man diese weitreichende Prognose einmal außer acht, wird hiermit die neue Gemeinsamkeit jenseits des Individuellen wie folgt beschrieben: „Unter dem Etikett der Individualisierung erobern sich neue Formen der Vergesellschaftung die Sozialwelt." (Schulze 1996, S. 38) Während man also zunächst den Eindruck gewinnt, daß sich mit der Kategorie der Erlebnisrationalität eine neue Wertrationalität entfaltet, in der der religiöse und/oder ethische Wertkern durch eine Selbstverwirklichungs- und Genußdimension ersetzt wird, wird man Zeuge einer eigentümlichen Manipulation, die offensichtlich bereitwillig akzeptiert wird. Schulze spricht von Kollektivsuggestion.

3.5 Zusammenfassung und Kritik

Schulzes Analyse ist nur dann eine zutreffende Beschreibung, wenn wir uns tatsächlich schon in einer Phase der gesellschaftlichen Entwicklung befinden, in der das Knappheitsbewußtsein zugunsten eines an kurzfristigen Gewinnen orientierten Hedonismus zurückgetreten ist. Die Milieus - soweit sie in dieser Form existieren - folgen nicht durchweg einer Erlebnisrationalität. Der Ich-Bezug mag für Teile der jüngeren Generation, und damit für das Selbstverwirklichungs- und das Unterhaltungsmilieu, dominant geworden sein, für die älteren Milieus gilt (und ich glaube auch für einen Großteil der jüngeren) noch die „Vorstellung von einer Welt, mit der man rechnen muß." (Müller 1993, S. 780) Insofern geht es auch um Lebensziele unterschiedlicher Generationen.

In der Erlebnisgesellschaft dominiert Genuß über Distinktion. Distinktion sei etwas, was in den 50er Jahren in der Bundesrepublik noch eine Bedeutung gehabt habe (vgl. S. 544); seither erlebe diese Komponente eine Relevanzminderung. Schon deshalb ist eine Distanzierung von Bourdieu notwendig und verständlich. Man möchte nicht in erster Linie zeigen, wer man ist, sondern dabei sein und Spaß haben. Diese Verschiebung impliziert, daß das Motiv des »Schau mal, was ich hab'«, das auch in dem Begriff des Statussymbols noch fortlebt, nicht mehr entscheidend ist. Deshalb auch die Konzentration auf das Innenleben und die Vernachlässigung der Außenwirkung.

Die Erlebnisorientierung ist zugleich auch eine Antwort auf das »Tempo des Lebens« (Georg Simmel), das angesichts der von Erlebnismärkten und Anbietern forcierten Diskontinuität und Fluktuation von »Erlebnisangeboten« eine subjektiv empfundene Beschleunigung erfährt. Die Gegenstimmen sind schon da und mahnen vor den Gefahren einer Zerfaserung des Lebens und der Erfahrung. Das Leben wird zu einem

Kanal, durch den man hindurchströmt (vgl. S. 548). Empfehlungen wie „Wer weniger macht, erlebt mehr" haben Konjunktur. Oder man zitiert Gegner des Materialismus, etwa den amerikanischen Schriftsteller Henry David Thoreau (1817-1862): „Ein Mensch ist reich in Proportion zu den Dingen, die sein zu lassen er sich leisten kann." (zit. nach Liffers 1995, S. 3) Darauf sind Erlebnismärkte nicht ausgerichtet und davon können sie auch nicht leben. Wenn Schulzes Erlebnisgesellschaft und die darin dominierende Handlungsrationalität - soweit sie diesen Namen überhaupt verdient - Wirklichkeit wird, dann bekommt die „Gesellschaft im Überfluß", die Galbraith schon in den 50er Jahren beschrieben hat, einen neuen Konsumimpuls. Das Ambivalente an dieser Diagnose ist, daß das Innenleben so sehr von Außenlenkung abhängig ist. Insofern ist die Erlebnisgesellschaft dann doch eine Mangelgesellschaft.

Schnierer (1996, S. 80 f.) argumentiert darüber hinaus, daß die Abnahme der subjektiven Relevanz von vertikalen Lagen nicht zu einem Verschwinden der Wettbewerbsgesellschaft geführt hat. Zutreffender ist, daß Wettbewerbsgesellschaften zunehmend nach Möglichkeiten der psychischen und sozialen Entlastung suchen und dies eine Zunahme der Erlebnisorientierung zur Folge haben kann.

Das Paradoxe der heutigen Situation besteht gerade darin, daß wir Knappheit und Überfluß haben. Man sieht, wie die einen vom Schicksal des Arbeitsmarkts getroffen werden und scheinbar unberührt davon ein gigantischer Markt der konsumorientierten Dienstleistungen entsteht. Zugleich stehen wir vor Umstrukturierungen des Arbeitslebens, die ein gegenwärtig schwer vorhersagbares Mixtum von neuen Chancen und Risiken mit sich bringen werden (vgl. hierzu beispielsweise Heuser 1996, S. 49ff.)[5].

---

[5] Für weitere Kritik vgl. Jäckel (im Druck) und Eckert/Jacob 1994.

4. Schlußbemerkung

Der vorliegende Beitrag hat verschiedene Erklärungen für die Zunahme von Erlebnisorientierungen zusammengefaßt und kommentiert. Das Hauptaugenmerk wurde auf die Konstatierung einer Erlebnisgesellschaft gelegt. Während im Bereich des Marketing eine Neubestimmung des Verhältnisses von Produkt- und Kommunikationspolitik diskutiert und praktiziert wird, nimmt die soziologische Betrachtung eine Neubewertung des symbolischen Charakters von Produkten vor. Obwohl in Schulzes Analyse sehr häufig von der Bedeutung der Zeichen für Orientierung und Handeln im Alltag die Rede ist, läßt sich die von ihm behauptete Zunahme der Funktionalisierung äußerer Umstände für das Innenleben (Zunahme von Genußstreben, Abnahme des Verlangens nach Distinktion) nicht mehr ohne weiteres in das einfügen, was Campbell die „consumption as communication"-These genannt hat. Diese besagt: „It has become quite usual for sociologists to suggest that when individuals in contemporary society engage with consumer goods they are principally employing them as 'signs' rather than as 'things', actively manipulating them in such a way as to communicate information about themselves to others." (Campbell 1997, S. 340)

Thorstein Bunde Veblen (1857-1929) war einer der ersten, der im „act of consumption" den Ausdruck ökonomischer Stärke vermutete, also darin ein Mittel sah, das einem anderen Zweck als dem Konsum galt. Aber seine Theorie war nicht nur von einem anti-kapitalistischen Habitus bestimmt, sondern auch von einer Überbetonung des Zweckmäßigen gegenüber allem Schein. Nicht anders ist es im Falle von Bourdieu, der durch die Hervorhebung des Notwendigkeitsgeschmacks der unteren Klassen seine Abneigung gegen Stilisierung zum Ausdruck zu bringen scheint. Die Fokussierung auf Erlebnisse verdeutlicht nunmehr eine neue Zweck-Mittel-Relation, die den expressiven Charakter der Lebensführung scheinbar zurücktreten läßt. Die Mittel liegen außen, die Zwecke innen. Zwei Kernaussagen aus einer weiteren Publikation von Schulze illustrieren diese Veränderung. Bis zur zweiten Hälfte der 60er Jahre galt danach: „Objektive Produkteigenschaften wie Haltbarkeit, technische Perfektion, Preis, soziale Angepaßtheit standen im Vordergrund." (Schulze 1996, S. 39) Heute dagegen gelte: „Das Produkt selbst erscheint vielfach geradezu als Nebensache." (Schulze 1996, S. 39) Es komme vielmehr darauf an, wie es subjektiv wirkt. Und hinsichtlich dieser subjektiven Wirkung bleibt für den Konsumenten dennoch wichtig, daß er das Gefühl von Besonderheit und Individualität empfindet. Vor diesem Hintergrund wächst der Erlebnismarkt, weil er es ermöglicht, Besonderheit von der Stange anzubieten (vgl. Schulze 1996, S. 40).

Der Konsument stünde schlecht da, wenn er diesen „Individualisierungszauber" (Schulze 1996, S. 41) nicht durchschauen würde. Schwer nachvollziehbar ist, warum er dazu nicht schon heute in der Lage sein soll. Die häufigen Hinweise auf den ambivalenten Verbraucher, der sehr unterschiedliche Konsumangebote in Anspruch zu nehmen weiß, deuten auf eine Form der Konsumentensouveränität hin, die sich sehr wohl noch mit situationsspezifischer Zweckrationalität beschreiben läßt. Das Phänomen, das hier für Überraschung und Ernüchterung zugleich sorgt, ist bekannt: „Erst mit der Massengesellschaft und mit dem in ihr entstandenen breiten Mittelstand hat paradoxerweise der Individualismus im großen Stil, aber auch in einer entindividualisierten Form, Einzug gehalten." (Hennen 1990, S. 102)

5. Literatur

Bellebaum, Alfred: Langeweile, Überdruß und Lebenssinn: eine geistesgeschichtliche und kultursoziologische Untersuchung. Opladen 1990.

Campbell, Colin: When the Meaning is not a Message: A Critique of the Consumption as Communication Thesis, in: Nava, Mica et al. (eds.): Buy this Book. Studies in Advertising and Consumption. London, New York 1997, S. 340-351.

Csikszentmihalyi, Mihaly: Das flow-Erlebnis. [Aus d. Amerik.]. Stuttgart 1985.

Eckert, Roland; Jacob Rüdiger: Kultur- oder Freizeitsoziologie? Fragen an Gerhard Schulze, in: Soziologische Revue 17 (1994), S. 131-138.

Ehm, Peter: Events kurbeln Umsätze an, in: werben & verkaufen, Nr. 27/1996, S. 108-111.

Esser, Hartmut: Soziologie. Allgemeine Grundlagen. Frankfurt/Main, New York 1993.

Galbraith, John Kenneth: Gesellschaft im Überfluß. [Aus dem Amerik]. München, Zürich 1959.

Gronemeyer, Marianne: Das Leben als letzte Gelegenheit. Sicherheitsbedürfnisse und Zeitknappheit. Darmstadt 1993.

Haedrich, Günther; Tomczak, Torsten: Erlebnis-Marketing: Angebots-Differenzierung durch Emotionalisierung, in: Thexis, Nr. 1/1988, S. 35-41.

Hartmann, Hans Albrecht; Haubl, Rolf: „Erlebe Dein Leben!" Eine Einführung. In: dies. (Hrsg.): Freizeit in der Erlebnisgesellschaft. Amüsement zwischen Selbstverwirklichung und Kommerz. Opladen 1996, S. 7-18.

Hennen, Manfred: Soziale Motivation und paradoxe Handlungsfolgen. Opladen 1990. (Studien zur Sozialwissenschaft, Band 92).

Heuser, Uwe Jean: Tausend Welten. Die Auflösung der Gesellschaft im digitalen Zeitalter. Berlin 1996.

Hohmann, Christian Alexander: Eventmarketing und die Suche nach Erlebniswelten. Anpassung von Werbung an veränderte soziokulturelle Entwicklungen. Unveröffentlichte Diplomarbeit. Universität Trier 1996.

Honneth, Axel: Desintegration. Bruchstücke einer soziologischen Zeitdiagnose. Frankfurt/Main 1994.

Horny, Tinga: Events aus dem Katalog, in: Die Zeit, Nr. 14, 28. März 1997, S. 66.

Jäckel, Michael: »Bowling alone«. Die Soziologie und der Individualismus, in: Hahn, Alois; Willems, Herbert (Hrsg.): Identität und Moderne. Frankfurt (im Druck).

Klages, Helmut: Wertorientierungen im Wandel. Rückblick, Gegenwartsanalyse, Prognosen. Frankfurt/New York 1984.

Köck, Christoph: Sehnsucht Abenteuer. Auf den Spuren der Erlebnisgesellschaft. Berlin 1990.

Konert, Franz-Josef: Vermittlung emotionaler Erlebniswerte. Eine Marketingstrategie für gesättigte Märkte. Heidelberg, Wien 1986. (Konsum und Verhalten, Band 10).

Liffers, Rolf: Probier's mal mit Gemütlichkeit, in: Mainzer Allgemeine Zeitung, Journal, 2. September 1995, S. 3.

Lorenz, Konrad: Die acht Todsünden der zivilisierten Menschheit. München 1973.

Luger, Kurt: Sehnsucht Abenteuer. Entgrenzungsversuche und Fluchtpunkte der Erlebnisgesellschaft. Wien 1995. (Wiener Vorlesungen im Rathaus, Band 40).

Luhmann, Niklas: Gesellschaftsstruktur und Semantik. Studien zur Wissenssoziologie der modernen Gesellschaft. Band I. Frankfurt/Main 1980.

Müller, Hans-Peter: Rezension von: Gerhard Schulze: Die Erlebnisgesellschaft, in: Kölner Zeitschrift für Soziologie und Sozialpychologie 45 (1993), S. 778-780.

N.N.: Langsamer und weniger statt immer schneller und immer weiter, in: Frankfurter Rundschau, Nr. 239, 14. Oktober 1996, S. 12.

N.N.: „Erotik des Rausches", in: Der Spiegel, Nr. 37/1996, S. 178-190.

N.N.: Auch 1997 stockt die Werbekonjunktur, in: Horizont, Heft 43, 1996, S. 28.

Pankoke, Eckart: Verkehrspolitik als Gesellschaftspolitik. Die Tempo-Gesellschaft zwischen privatem Nutzen und öffentlicher Verantwortung, in: Hennen Manfred; Jäckel, Michael (Hrsg.): Privatheit und soziale Verantwortung. Festschrift zum 60. Geburtstag von Friedrich Landwehrmann. München 1994, S. 33-56.

Pascal, Blaise: Gedanken. [Aus dem Franz.]. [Zuerst 1670]. 2. Auflage. Leipzig 1992.

Plessner, Helmuth: Die Funktion des Sports in der industriellen Gesellschaft, in: Plessner, Helmuth: Gesammelte Schriften X. Schriften zur Soziologie und Sozialphilosophie. Augsburg 1985, S. 147-166.

Saint-Exupéry, Antoine de: Der kleine Prinz. [Aus dem Franz.] [Zuerst 1946]. Düsseldorf 1956.

Schmader, Steven; Jackson, Robert: Special Events: Inside & Out. Champaign (Illinois) 1990.

Schnierer, Thomas: Von der kompetitiven Gesellschaft zur Erlebnisgesellschaft? In: Zeitschrift für Soziologie 25 (1996), S. 71-82.

Schulze, Gerhard: Die Erlebnisgesellschaft. Kultursoziologie der Gegenwart. Frankfurt am Main 1992.

Schulze, Gerhard: Erlebnisse am laufenden Band, in: absatzwirtschaft, Nr. 6/1996, S. 38-41.

Sennett, Richard: Verfall und Ende des öffentlichen Lebens. Die Tyrannei der Intimität [Aus demAmerik.]. Frankfurt/Main 1983.

Silberer, Günter; Jaekel, Michael: Marketingfaktor Stimmungen. Grundlagen, Aktionsinstrumente, Fallbeispiele. Stuttgart 1996.

Weinberg, Peter: Erlebnismarketing. München 1992.

Werbung als moralische Unternehmung[1]

Jo Reichertz

1. Christliches in der Produktwerbung von Großunternehmen

Werbung hat sich (seit es sie als eigenen Geschäftsbereich gibt) stets aus der Zeugkammer des Religiösen bedient. Viele Autoren und Herausgeber von Sammelbänden haben diesen Sachverhalt festgestellt und im Laufe der letzten Jahre ausführlich dokumentiert (z.B. Bühler 1973, Hülsmanns/Reske 1974, Goeden 1974, Tremel 1986 und 1990, Cöster 1990, Albrecht 1993). Vorgetragen wurden diese Feststellungen in der Regel mit dem Ton eines wehmütigen und besorgten Bedauerns ob der Entwertung des Religiösen oder gar mit dem Ton des offenen Abscheus angesichts der Skrupellosigkeit, mit der die Werbung die Insignien des Heiligen und Göttlichen allein des schnöden Mammons wegen entweiht[2].

Allerdings begnügte sich die Werbung bislang damit, und das linderte bislang ein wenig den Schmerz der Werbekritiker, christliche Symbole (wie den Heiligenschein) und aus dem religiösen Bereich stammende ikonographische Topoi (Auferstehung, Paradies-Vorstellung, Abendmahl etc.) allein dazu zu benutzen, die angepriesenen Waren zu überhöhen oder sie in einen übergeordneten Sinnzusammenhang einzugliedern.

Völlig neu dagegen ist, daß in der Werbung für Konsumartikel vermeintlich ernsthaft Werte formuliert und vertreten werden, die Ausdruck christ-

---

[1] Dieser Beitrag ist eine erheblich gekürzte, überarbeitete und ergänzte Fassung von Reichertz 1995.
[2] So urteilte z.B. der Medienkritiker Neil Postman im Hinblick auf die Verwendung des 'Beweinungs-Motivs' (vgl. Reichertz 1994a) durch die Firma Benetton: „Solch eine Reklame verbraucht für ihre schnöden Verkaufszwecke die Symbole einer Kultur. Und die Kultur verarmt dadurch. Eine Kultur braucht geheiligte Symbole, die vor profanem Gebrauch geschützt werden, sonst wird sie hohl und leer." (O.V. 1991, S. 41)

licher Moral sind oder an die Erneuerung eben dieser appellieren³. So schaltete z.B. die Deutsche Bank u.a. in der Frankurter Rundschau eine zweiseitige Anzeige, in welcher der Theologe Hans Küng ausführlich zu Wort kommt und ohne distanzierenden Kommentar der Deutschen Bank die Erlebnisorientierung der heutigen Jugend geißelt und eine neue Hinwendung zum absoluten Sinn-Grund menschlichen Lebens, also zu Gott fordert: „Einen letzten Sinn im Leben gewinnt der Mensch nur, indem er inmitten aller Arbeit, allen Erlebens und aller vorletzten Wirklichkeiten mit guten Gründen, aber ohne strikte Beweise ein also nicht irrationales, sondern durchaus vernünftiges Vertrauen auf eine letztlich verborgene Wirklichkeit setzt: jene allererste-allerletzte, wirklichste, geistige Wirklichkeit, die ihn (wenn er sich ihr tief innerlich öffnet) zu tragen, durchdringen, geleiten vermag, die wir mit dem viel mißbrauchten Namen Gott bezeichnen." (Frankfurter Rundschau vom 15.11.1994)

Shell 'kümmerte sich Anfang 1995 um mehr als um Autos', und wollte in einer großangelegten PR-Aktion „einen Beitrag zu etwas mehr Menschlichkeit, Rücksicht und Hilfe leisten" (Shell 1995a, S. 1). So forderte das Mineralölunternehmen in Anzeigen die deutschen Bürger/innen auf, Kinder nicht mehr zu vernachlässigen, alte Leute nicht weiter in Altenheime abzuschieben und Behinderten die aktive Teilnahme am gesellschaftlichen Leben zu ermöglichen. Sodann mahnte Shell die Autofahrer, sich nicht weiter so rücksichtslos im Verkehr zu benehmen und rief schlußendlich in Erinnerung, daß Abfall nicht etwas ist, „was man wegwirft und vergißt" (Shell 1995b, S. 6)[4].

---

[3] Dieses Phänomen soll im weiteren untersucht werden. Nicht behandelt bzw. nur am Rande wird die sogenannte 'Theologie der Marke' diskutiert. Dieser interessante Ansatz geht davon aus, daß mittels Werbung (und der darin auftauchenden Marken) dem umworbenen Kunden die mach-, weil kaufbare diesseitige Erfüllung all seiner Wünsche in Aussicht gestellt und als Paradies auf Erden inszeniert wird, was nicht nur diese Wünsche bestätigt und festigt, sondern auch die in den diesseitigen Wünschen eingelassenen Sinnentwürfe in bezug auf die eigene Identität und die gesellschaftliche Ordnung (vgl. Domizlaff 1982; Cöster 1990 und 1995).
[4] Zu den Gründen für das Scheitern der Shell-Kampagne siehe Reichertz 1995, S. 486ff.

Benetton sprach in der 1994 weltweit erschienenen Ausgabe des Firmenheftes 'COLOURS' nicht nur ausführlich und ausschließlich über Religion (Heft VIII), sondern lieferte dem eigenen Verständnis nach mit dem Heft allen, die auf der Suche nach Gott sind, „eine Auswahl unter den beliebtesten Religionen" (Benetton P.R. Deutschland 1994). Kurz: Werbung, oder genauer: Unternehmen versuchen in den letzten Jahren nicht mehr allein Waren dem Kunden schmackhaft zu machen, sondern sie verkünden auch vornehmlich in der christlichen Moral begründete Werte und nehmen zugleich für sich in Anspruch, entsprechend dieser Gebote zu handeln.

2. Die Frohe Botschaft der Werbung - am Beispiel von Otto Kern

Die Firma Benetton war in Deutschland das erste Unternehmen, welches die Thematisierung und Nutzung religiöser Topoi und christlicher Normen zum zentralen Bestandteil ihrer Werbestrategie machte (z.B. mit dem Photo vom Sterben des David Kirby - siehe dazu Reichertz 1994a). Ganz explizit kam 1994 die Werbekampagne der Firma Otto Kern (Frühjahr/Sommer 1994 - Photograph: Horst Wackerbarth) in religiösem Gewande daher, weshalb ein unternehmensfreundlicher Beobachter ihr auch bereitwillig das Attribut „die christlichste Werbung aller Zeiten" (Matissek 1993, S. 4) zuschrieb. In dem 42-seitigen Werbeprospekt 'Paradise now' aktualisierten Kern und Wackerbarth auf insgesamt 21 Photographien biblische Themen und Topoi (vgl. zu dieser Werbekampagne: Gottwald 1994; Hartmann 1995; Reichertz 1994b). Allerdings hält man sich bei allen Photos die biblischen Vorlagen auf Distanz. Die abgelichteten Personen sind nämlich durch die betonte Sichtbarmachung der Pose und durch 'verfremdende' Accessoires (z.B. Puppe als Jesuskind) stets als Models (und nicht als Modelle), also als Kinder aus der (Post-) Moderne erkennbar.

Deshalb stehen im übrigen diese Photos nicht in der romantischen, religiös-patriotischen Maltradition der Nazarener des 19. Jahrhunderts, welche oft die christlichen Motive verklärten und überhöhten. Die Photos der Firma Kern sind dagegen völlig anders gestaltet: Zwar wird immer ein direkter Bezug zu den christlichen Darstellungstraditionen hergestellt, doch das 'alte' Thema wird stets in die Jetzt-Zeit transponiert, gebrochen und dadurch auch ein wenig entzaubert.

Ganz im Sinne der emblematischen Tradition sind den Werbephotos (Pictura) der Firma. Kern erklärende Unterschriften (Inscriptio) beigegeben, die alle die (Wieder-)Einhaltung zentraler menschlicher Werte herbeiwünschen. Typische Beispiele hierfür: „Wir wünschen mit Jesus, daß jeder Mensch die Kraft findet, sich für eine gute Sache einzusetzen. Wir wünschen mit Maria, daß der HIV-Virus schnell besiegt wird. Wir wünschen mit Josef, daß niemand mehr aus seiner Heimat fliehen muß."[5] So werben Adam und Eva, Maria und Josef, Esther, Moses, Noah, Jesus und auch Daniel in der Löwengrube nicht nur (fast nebenbei) für Oberbekleidung aus dem Hause Kern, sondern ebenso für die Akzeptierung Andersdenkender und -lebender, für den 'pfleglichen' Umgang mit anderen Menschen, Rassen und der Natur und für vieles andere moralisch und politisch Korrekte.

Vertreter der katholischen Kirche und auch die Deutsche Bischofskonferenz warfen dieser von Otto Kern in Szene gesetzten Vermischung von Kommerz mit Sakralem die 'Verletzung religiöser Gefühle' vor, so z.B. Weihbischof Heinrich Graf von Soden-Fraunhofen: „Das ist Mißbrauch religiöser Inhalte und biblischer Darstellungen" (VIS-A-VIS Dezember 1993, S. 7). Auch der Deutsche Werberat sorgte sich um die 'religiösen Gefühle' der Menschen im Lande und strengte eine Unterlassungsklage an.

Der Unternehmer Kern antwortete öffentlich: In der Presse vertrat er ernsthaft (ohne jeden Unterton) die Ansicht, daß 'die Bibel nicht der Kirche gehöre. Diese müsse sich im übrigen überlegen, ob sie mit ihren veralteten Richtlinien noch die Jugend ansprechen könne' (Rheinpfalz vom 17. 12. 1993). Der Photograph der Kampagne, Horst Wackerbarth, beschreibt sein Tun so: „Die Bibel, das Buch der Bücher, ist nicht nur für praktizierende

---

[5] Die Werbephotographien der Firma. Otto Kern stehen somit nicht nur in der Tradition europäischer Emblematik, sondern auch in der der evangelischen Lehrbilder. Luther hatte nämlich (bei aller Kritik an der gemalten Visualisierung biblischen Geschehens) heftig und nachdrücklich gefordert, auf den Bildern biblische Sentenzen anzubringen, auf daß das gemalte Bild als Illustration des Wortes Gottes erkennbar wird.

Christen in der Amtskirche, sondern auch ein Kulturgut, das allen Menschen gehört. Mir ging es darum, archetypische Bilder, die im kollektiven Bildgedächtnis fest verankert sind, aktualisiert auf unsere Zeit umzusetzen." (Wackerbarth 1994, S. 17) Das Oberlandesgericht Frankfurt lehnte das Begehren des Werberates mit der Begründung ab, die inkriminierte Werbung verletze keine religiösen Gefühle, sondern bringe „in maßvoller, friedfertiger Diktion ein sozialpolitisches, karikatives oder umweltbezogenes Anliegen zum Ausdruck" (SPIEGEL 8/1994, S. 80).

Und der bereits oben zitierte unternehmensfreundliche Beobachter glaubt Gründe für folgende Eloge zu haben: „Otto Kerns neuer Katalog bringt die verstaubte Bibel ins moderne Denken zurück (...). Er erzieht, regt an und mahnt. (...) in einer Dekade neuer Oberflächlichkeit ist dadurch das Verdienst (...) unschätzbar." (Matissek 1993, S. 5) Lehrer von vielen Schulen bestellten den Katalog von Kern für den Religions- oder Kunstunterricht gleich in Klassensatzstärke.

Sieht man nun einmal von diesen interessierten Reaktionen auf die Kampagne der Firma Kern ab und betrachtet nur die Werbephotographien, dann kann man sie m.E. gerade wegen der oben beschriebenen Gleichzeitigkeit von Tradition und Zeitbezug, aber auch wegen der eingebauten Distanz, welche auf Reflexion und Ästhetik zugleich zielt, als ernsthafte Neuinterpretationen biblischer Sujets und der aus ihnen im Laufe der abendländischen Geschichte entstandenen ikonographischen Topoi und Codes einschätzen[6].

---

[6] Ob diese Neuinterpretation allerdings in der Tradition der Aufklärung steht, kann man mit guten (und kulturpessimistischen) Gründen bezweifeln. So kommt Hans Hartmann in seiner Analyse der Kern-Kampagne zu folgendem Ergebnis: „Die neologische Werbekampagne von Otto Kern empfinde ich dagegen weder als religiös-konstruktiv noch als anti-religiös, sondern als *gegenaufklärerisch*. Sie stellt sich nur scheinbar in den Dienst akuter Problemlösungen: tatsächlich *löst* sie Probleme *auf* - in einem (an-)ästhetisierenden spektakulären Showspiel." (Hartmann 1995, S. 27) Hartmann übersieht in seiner Einschätzung m.E., daß genau diese ästhetisierende Neuinterpretaion biblischer Motive eine (typische) *Ausdrucksgestalt* der nachmodernen Gesellschaft ist. Und als solche ist sie erst einmal ernst zu nehmen und zu analysieren. Danach mag dann das Urteil vor dem Weltgericht der Geschichte gesprochen werden.

Mit solchem Tun betritt das Unternehmen Otto Kern bzw. seine Werbeagentur im übrigen kein Neuland. In den zurückliegenden Jahrhunderten sind christliche Bildmotive nämlich immer wieder (mit Recht, wenn auch nicht ohne Anfeindung) vor dem Hintergrund der jeweils anstehenden und für bedeutsam gehaltenen gesellschaftlichen Probleme neu interpretiert worden. Im übrigen haben die christlichen Maler ihrerseits bei der Entwicklung ihrer Darstellungsweise auch auf die ikonographischen Traditionen anderer Kulturen und Religionen zurückgegriffen, so z.B. bei der Darstellung von Christus auf die Tradition der Kaiserdarstellungen und bei der Darstellung von Maria auf typische Muster der 'Mutter Erde'.

Die Fensterbilder und auch die Gemälde mit biblischen Motiven verstanden sich nie allein (und noch nicht einmal hauptsächlich) als die 'dokumentarische Visualisierung' biblischen Geschehens, sondern sie stellten - aus soziologischer Sicht - stets auch einen Beitrag zur jeweils historischen Diskussion über das christliche Weltbild und zentrale Werte dar. Weil diese Bilder nicht nur zeigten oder erzählten, sondern immer auch belehrten, hatten sie die jeweils zeitgemäße frohe Botschaft von der Existenz und dem Willen Gottes, aber auch die jeweiligen Formen gottgefälligen Lebens zu propagieren. Diese Propaganda mit Hilfe von großflächigen Bildern richtete sich vornehmlich an das normale Volk, also an die große Zahl der Schriftunkundigen. Dagegen wendete sich die Instruktion mittels Schrift (an Universitäten und Klöstern) an die wenigen Ausgebildeten. Die damalige Schrift- und Bilderstellung stand fast ausnahmslos im Dienst der Kirche und war in deren Auftrag gefertigt.

Die in den Verkündigungsworten bzw. -schriften und den Kirchengemälden imaginierte Welt war durchgängig zweigeteilt: hier die diesseitige Welt voller Sorgen und Leid, dort die Welt des Glücks im überirdischen Jenseits. Diese Deutung von der Welt und des darin eingelagerten individuellen Lebens versprach dem einzelnen eine leidfreie und glückliche (wenn auch ferne) Zukunft unter der Voraussetzung, daß man Gott gab, was ihm zusteht: Nachfolge (in Maßen), Askese und Opfer - überirdisches (und postmortales) Glück im Tausch gegen Glaubensgehorsam und Spendenbereitschaft[7]. Dabei nahm die offizielle Lehre den einzelnen Menschen mit einer ausgesprochen geschickten Zangenbewegung in den Griff. Einerseits kommunizierte die (katholische) Kirche, sie alleine verfüge über das Wissen, wie Seeligkeit im Jenseits erreichbar sei (wahrlich ein guter USP (Unique Selling Proposition)), andererseits stellte sie bei Nichtaneignung des Glaubens den Ungläubigen langjährige Läuterung im Fegefeuer oder gar ewige Höllenverdammnis in Aussicht. Werbung für den christlichen Glauben operierte also stets mit der Gleichzeitigkeit von grenzenlosem Glücksversprechen und massiver Unheilsdrohung und: Werbung für die christliche Botschaft verstand sich nie als 'Werbung', sondern stets als Mission, als Ausdruck normalen pastoralen Tuns und explizit nie als eigener Handlungsbereich.

Kommerzielle Werbung 'beutete' nicht nur die christliche Botschaft aus, sondern sie stellte ihr (wenn auch implizit) eine andere Frohe Botschaft entgegen. Die herkömmliche und klassische Werbung erzähl(e) nämlich nicht nur (wenn auch sehr viel) von wundersamen Dingen, z.B. wie mit Hilfe von Meister Propper elend aussehende Fliesen sich im Nu in gut riechende Spiegelflächen verwandeln, sondern diese Art der Werbung lehrt auch (und das ist die entscheidende Botschaft) die prinzipielle Erreichbarkeit irdischen Glücks - und die Bedeutungslosigkeit des jenseitigen! Nicht mehr im Jenseits findet sich die Befreiung von Leid und Sorgen, also das Paradies bzw. der Himmel, sondern bereits im Diesseits auf Erden. Erlangen läßt sich dieses Glück, indem man dem Kaiser gibt, was des Kaisers ist: Gehorsam, Nachfolge (in Maßen) und materielle Opfer - auf den Punkt gebracht: irdisches Glück gegen irdische Geld-Gaben. Und die Werbung 'arbeitet' (hierin durchaus mit den christlichen Kirchen vergleichbar) mit der Gleichzeitigkeit von Heilsversprechen und Unheilsdrohung: so kann z.B. die schlaue Hausfrau aufgrund des Einsatzes des

---

[7] Daß religiöse Bilder natürlich auch dazu dienten, materielle Güter, also handfestes Geld einzuwerben, ist unstrittig; sichtbar z.B. bei den Darstellungen der heiligen drei, gabenbringenden Könige. So berichtet z.B. Vasari, daß im Klingelbeutel unter Tizians herzbewegendem Bild des kreuztragenden Christus sich mehr Geld einfand als der Künstler selbst während seines gesamten Lebens verdiente (vgl. Belting 1993, S. 525).

richtigen Waschmittels vom Ehemann den siebten Himmel erleben, während die ungläubige durch Nichtbeachtung Schaden an ihrer Identität nimmt. Aber, und das ist entscheidend: von der Werbung in Aussicht gestelltes Heil und Unheil war durchweg diesseitig. Hic Rhodos, hic salta.

Die klassische Werbung schrieb und schreibt in dieser Interpretation die Gute Botschaft, also das Evangelium weiter bzw. konsequent zu Ende: diese Frohe Botschaft imaginiert nicht mehr die erhoffte Befreiung vom Leid und die Korrektur irdischer Ungerechtigkeit in einem Utopos, also Nicht-Ort des Jenseits, sondern stellt in Aussicht, daß Glück auf Erden machbar und für jeden erreichbar ist (vgl. auch Cöster 1995). Klassische Werbung liefert(e) also angesichts der immer noch erlebbaren Realität des Nicht-Erlöstseins das mit Sehnsucht gewünschte Bild „einer völlig heilen Welt, die von Optimismus, Gesundheit, Fortschritt, Schönheit, Seriosität, Farbigkeit und Eleganz geprägt ist" (Ronte/Bonus 1993, S. 253).

Ein völlig anderes Weltbild malen dagegen die hier interessierenden moralisch daherkommenden Werbekampagnen - sie verweigern sich ausdrücklich (im übrigen wider Erwarten der Kritiker der Bewußtseinsindustrie) der „Affirmation des Bestehenden" und auch den „ästhetischen Erwartungen des Spießbürgers"[8] (vgl. Ehmer 1971, S. 174). In den moralisch eingefärbten Werbekampagnen existiert mittlerweile wieder jede Art von lebensgefährdender Krankheit, der Tod wird nicht verschwiegen, die Umwelt erscheint bedroht, aber auch bedrohlich, Verbrechen werden in großem Umfang begangen und Armut kann jeden treffen. Angesichts dieses Jammertals helfen - so die Botschaft - nur noch Gott bzw. die von ihm gegebenen Werte der christlichen Menschlichkeit und Nächstenliebe.

---

[8] Allein der Deutsche Werberat - so scheint es - verteidigt heute noch vehement die ästhetischen Erwartungen der ‚Spießbürger'. Die neueren Entwicklungen der Werbung widerlegen m.E. deutlich die von vielen sich kritisch verstehenden Sozialwissenschaftlern liebgewonnene Überzeugung Ehmers: „Bleibt zu konstatieren, daß Werbung auch in ihren 'arglosesten' Versionen nicht anders als *affirmativ* fungieren *kann*. Denn sie muß - in der Absicht, Waren zu verkaufen - stets rechnen mit den Identifikationsschwierigkeiten, in die sie den Adressaten allein schon durch die Konfrontation mit neuen *Waren* bringt: sie kann sich Identitätskrisen, die durch Induktion eines neuen *Bewußtseins* ausgelöst würden,

Daß ein privatwirtschaftliches Unternehmen im Zuge ihrer Werbemaßnahmen Mittel für die Verbreitung und Fortschreibung christlicher Normen, Mythen und Topoi zur Verfügung stellt, ob ernst, also ehrlich gemeint oder nicht, ist ebenfalls nicht besonders neu. Man erinnere sich nur an die Fülle von Gemälden, deren Erschaffung nur möglich wurde, weil die Kirche, der Adel und wohlhabende Privatiers Auftragsarbeiten an die Künstler vergaben. Diese Auftragsarbeiten waren im übrigen, um ein altes Mißverständnis zu korrigieren, zu allen Zeiten in konkrete Verwendungs- und Verwertungsabsichten der Auftraggeber eingebunden: sei es, daß die Geldgeber sich selbst (natürlich in idealisierter und überhöhter Gestalt) in dem Bild darstellen und verewigen lassen wollten, sei es, daß sie als 'moralische Unternehmer' (= Kreuzzüge organisierende Reformer - Gusfield 1963) eine gesellschaftliche Norm mit Hilfe des Gemäldes zum Ausdruck bringen und für sie werben wollten.

3. Ökonomischer Gewinn als Triebfeder für eine Unternehmensidentität

Man kann sich mit Recht fragen, weshalb Unternehmen dies alles tun. Unternehmen engagieren sich für christliche Werte nicht unbedingt, weil die Firmenführer ein besonders empfindsames Herz besitzen (was im Einzelfall durchaus zutreffen mag), sondern die Vertretung von Normen und Werten zeitigt via 'vertrauenserweckende Firmenidentität' auch ökonomischen Nutzen. Dies soll der folgende Exkurs plausibilisieren.

Vor etwa drei Jahren konnten die US-amerikanischen Fernsehzuschauer folgenden Werbespot sehen. Ein mit überdimensionierten Reifen ausgestatteter Geländewagen überrollte nacheinander eine Reihe der in Amerika gängigen Personenwagen. Dabei zeigte sich, daß keines der so malträtierten Autodächer der Belastung standhielt: alle knickten ein und hätten die Insassen - um es vorsichtig zu sagen - ernsthaft verletzt. Nur ein

---

nicht leisten. Denn dieses wäre mit Schmerz verbunden, mit Unlustgefühlen, die sich assoziativ mit dem Warenerwerb verbinden würden." (Ehmer 1971, S. 204)

Wagen hielt stand und bewahrte so das Leben von Fahrer und Beifahrer: der Volvo aus Schweden.

Die amerikanischen Autohersteller wollten sich so etwas Geschäftsschädigendes nicht nachsagen lassen, stellten also das Experiment nach und recherchierten bei der verantwortlichen Werbeagentur. Ergebnis dieser Bemühungen: die Werbeagentur hatte für die Filmaufnahmen nicht nur bei den amerikanischen Konkurrenzmodellen Dachverstrebungen aus-, sondern bei Volvo zusätzliche eingebaut. Als dieser Betrug öffentlich bekannt wurde, kündigte die Firma Volvo nicht nur ihren Vertrag mit dieser Werbeagentur, sie übernahm auch die Ermittlungskosten gegen die verantwortlichen Werber. Außerdem entschuldigte sich Volvo in einer großangelegten Medienkampgne für das Verhalten der Werbeagentur und distanzierte sich davon. Ein solches Verhalten entspräche nicht der Firmenidentität - so sagte man.

Doch - so kann man sich fragen - was soll es bedeuten, wenn Firmen immer mehr und auch immer öfter von 'ihrer Identität' sprechen. Gibt es etwas im Handeln eines Unternehmens, das man mit Recht 'Identität' nennen kann, oder ist die Firmenidentität mit dem berühmten weißen Einhorn vergleichbar, das bekanntermaßen nur in Märchen sein Unwesen treibt?

Von Menschen, die stets das tun, was sie sagen, und die von dem, was sie sagen, überzeugt sind, wissen wir, wo sie stehen, welche Identität sie haben. Menschen schreibt man dann eine bestimmte und feste Identität zu, wenn sie anstehende Handlungsprobleme, die Wahlmöglichkeiten offen lassen, in der Weise bearbeiten und 'lösen', in der sie bereits früher Handlungsprobleme 'gelöst' haben. Sind die der Entscheidung zugrundegelegten Überzeugungen und Wertmaßstäbe zudem von der umgebenden Gruppe als 'ethisch' akzeptiert oder hoch bewertet, dann vertraut man diesem Menschen, weshalb man auch gerne mit ihm umgeht und sich in vielfältiger Form mit ihm austauscht: „Vertrauen ist dann die generalisierte Erwartung, daß der andere seine Freiheit, das unheimliche Potential seiner Handlungsmöglichkeiten, im Sinne seiner Persönlichkeit handhaben wird - oder genauer, im Sinne der Persönlichkeit, die er als seine dargestellt und sozial sichtbar gemacht hat." (Luhmann 1973, S. 40)

Werbung als moralische Unternehmung 283

Unternehmen sind nun - wie Geser (1990 und 1991) überzeugend ausgeführt hat - überindividuelle, handelnde Akteure. Lösen sie ihre Handlungsprobleme, die Wahlmöglichkeiten offen lassen, in der oben beschriebenen Weise, dann gilt (mit kleinen Ergänzungen) das oben Gesagte auch für Unternehmen - die das Unternehmen umgebende Gruppe (der Mitarbeiter, Kunden plus Gesellschaft) schreibt ihm eine bestimmte und relativ feste Identität zu. Sind Unternehmensentscheidungen und –handlungen nicht allein als Resultat einer zweckrationalen Zielerreichung ausrechenbar, dann können diese Entscheidungen und Handlungen auch als Ausdruck einer sich auf Werte beziehenden Identität verstanden werden. Das Unternehmen erlangt oder gewinnt in einem solchen Fall zudem Vertrauen.

Liegt nun die Notwendigkeit individueller Identität auf der Hand, so stellt sich jedoch die Frage, was es bringt, wenn Unternehmen sich um eine 'vertrauenerweckende' Identität bemühen. Das Bemühen um eine 'den Kunden auch emotional ansprechende' Firmenidentität ist m.E. ein Reflex bzw. eine angepaßte Reaktion auf die Änderung der Umwelt der Unternehmen, vor allem der Großunternehmen, die weltweit produzieren und auch weltweit vertreiben. Geändert haben sich für diese Unternehmen vor allem (1) der Markt und die Konsumenten, (2) die Mitarbeitermotivation und (3) die Komplexität der Firmen. Hierzu einige kurze Erläuterungen:

Zu (1): Die Anzahl der Produkte und der Dienstleistungen ist durch die Internationalisierung der Märkte und der Produktion enorm angewachsen. Eine wesentliche Begleiterscheinung dieser Entwicklung war die weitgehende Angleichung der Produkte und der Preise. Die vergleichbaren Produkte und Dienstleistungen der unterschiedlichen Firmen sind bis auf wenige Ausnahmen austauschbar geworden. Sie besitzen keinen erkennbaren 'Mehrwert' mehr gegenüber anderen Produkten der vergleichbaren Sparte. Angesichts dieser Situation fragen sich Firmen, 'was man draufpacken kann', damit das Produkt beim Kunden ankommt. Das Angebot von ethischen Werten ist eine (neuerdings verstärkt genutzte) Möglichkeit, den Produkten einen zusätzlichen Wert zu verschaffen.

Zu (2): Mitarbeiter (künftige wie bereits beschäftigte) lassen sich nicht immer allein von der guten Bezahlung beeindrucken - das gilt vornehmlich für leitende Mitarbeiter. Dagegen treten vermehrt Faktoren wie 'Steht die Firma in der Öffentlichkeit gut dar?' Und 'Welche Werte und Ziele vertritt das Unternehmen?' bei der Entscheidung in den Vordergrund, ob man bei einem Unternehmen bleiben will oder nicht und mit welchem Einsatz man und Frau die Arbeit verrichten.

Zu (3): Konzerne stellen schon lange nicht mehr nur ein einziges Produkt her. Zunehmend streuen sie das Risiko durch Produktdiversifikation sehr breit. So produzieren viele Großunternehmen nicht nur Winter- und Geländereifen, sondern auch Kabelmaschinen, Telefonnetze, Fernsehgeräte plus Zubehör, aber sie vertreiben neben dem Fruchtsaft aus natürlichem Anbau auch den extra scharfen Toilettenreiniger, neben der sicheren Antibabypille auch die wertvolle Kindernahrung. Nicht nur die Konsumenten haben Schwierigkeiten, diese Unternehmensaktivitäten auf einen für sie sinnvollen Nenner zu bringen, sondern auch die Mitarbeiter und auch - und das ist von besonderer Wichtigkeit - die Unternehmensleitungen.

Eine klare, überall erkennbare, unverwechselbare und konsistente und am besten: eine nicht kopierbare Identität, mit welcher das Unternehmen gegenüber seinen Mitarbeitern, dem Markt und der Öffentlichkeit auftritt, und die zudem ethisch und ökonomisch konsensfähig ist, lindert die oben beschriebenen Probleme, weil sie Glaubwürdigkeit und Akzeptanz, kurz eine positiv besetzte Orientierung herbeischafft. Erworbene Glaubwürdigkeit und Akzeptanz fördern die Motivation der Mitarbeiter, die Zuverlässigkeit der Zulieferer, die Bonität bei Banken und die Absatzchancen am Markt. Unternehmen mit einer positiv bewerteten Identität besitzen somit einen nicht zu unterschätzenden Marktvorteil.

Gesichert wird die Identität durch feste Prinzipien, Werte, Normen und Verhaltensrichtlinien. Diese richten sich alle auf die Erreichung ökonomisch sinnvoller und - und das ist hier in dem Zusammenhang wichtig - zunehmend ethisch vertretbarer Ziele, wie z.B. Umweltfreundlichkeit, Verständlichkeit, Zweckmäßigkeit, Ehrlichkeit, Solidität, Ästhetik, Sparsamkeit, Langlebigkeit und Verläßlichkeit. Ein Unternehmen muß - entsprechend dieses Marktmechanismus' - zunehmend glaubhaft machen, „daß seine Äußerungen nicht willkürlich, opportunistisch und wechselhaft getan werden, sondern natürlicher Ausdruck einer unwandelbaren Grundhaltung sind." (w&v Nr. 39/28. September 1990, S. 60) Diese Grundsätze gelten selbstverständlich nicht nur für die Produktion und die Kommunikation mit den Mitarbeitern, sondern auch für die Werbung.

Aber die Herausbildung erkennbarer und oft sehr individueller Firmenidentitäten kostet die Firmen nicht nur viel Zeit und Geld, sondern noch erheblich mehr: Unternehmen mit 'Identität' verändern nämlich nicht nur in erheblichen Maße das eigene Selbstverständnis, sondern, und das ist für die Gesellschaftswissenschaften von besonderem Interesse, auch die sie umgebende Gesellschaft. Großunternehmen - und hier folge ich den Überlegungen von Geser (1990, 1991) und Bardmann (1990) - besitzen mittlerweile meist einen sehr großen, auch international spürbaren Wirkungskreis und ein enormes, manchmal auch an den Haushalt kleinerer Staaten heranreichendes Leistungsvermögen (im positiven wie im negativen Sinn). Gaben sie sich früher vor allem als 'juristische' Personen zu erkennen, wollen sie heute aufgrund ihrer Identität gerne als 'natürliche' Personen erscheinen. Deshalb dürfen sie sich auch nicht wundern, wenn die Umwelt dieses 'Erscheinungsbild' ernst nimmt, das Unternehmen also als natürliche Person mit einer bestimmten Identität, einem bestimmten Charakter behandelt.

Entsprechend der beanspruchten Identität und entsprechend ihrer gesamtgesellschaftlichen Bedeutung werden die Unternehmen nämlich immer mehr (von den Kunden, einer medial vermittelten Öffentlichkeit und der Politik) in die 'persönliche' Mitverantwortung gezogen und zu einer ethischen Selbstverpflichtung gedrängt. Unternehmen stellen nämlich nicht nur wärmende und schmückende Pullover und Jeans her, sondern sie organisieren u.a. auch die Müllabfuhr, bauen lebensnotwendige und oft lebensrettende Kommunikationsnetze auf, lassen Tanker mit hochbrisanten Ladungen übers Meer fahren, entwickeln neue Medikamente oder neue Vernichtungsmittel, bieten Sicherungen für fast alle Lebensrisiken an, kurz: Unternehmen produzieren also nicht nur Waren, sondern sie sind an dem Auf- und Ausbau komplexer gesellschaftlicher Binnenstrukturen beteiligt, einige helfen bei der Verwirklichung ethischer und ökologischer Ziele (Erhaltung und Sicherung der Umwelt, der Kommunikation, der Wohlfahrt etc.) und andere unterstützen die Herstellung von Kultur und wieder andere betreiben aktive Gesellschaftspolitik (z.B. adidas mit der Streetball-Aktion). Unternehmen übernehmen also in der Gesellschaft, in der sie und ihre Kunden leben, wichtige Funktionen, und deshalb ist es für die Gesellschaft und die Kunden recht sinnvoll, sich diese Unternehmen sehr genau anzusehen und diese auf ihre Vertrauenswürdigkeit hin abzuprüfen. Shell formulierte konsequenterweise deshalb: „Wir halten Sie auf dem laufenden." und: „Wir möchten überprüfbar sein." (vgl. Shell 1995a, S. 14)

Unternehmen mit einer 'vertrauenerweckenden' Identität stehen deshalb unter öffentlicher Dauerbeobachtung und müssen sich ihre Handlungen und Entscheidungen als stets absichtsvolle und stets zu verantwortende Akte zurechnen lassen (das unterscheidet sie von den einzelnen Individuen). Können natürliche Personen, also Menschen, eigene Fehlentscheidungen mehr oder weniger leicht mit dem Hinweis auf Krankheit, Unachtsamkeit, Pubertät, falsche Ausbildung, fehlendes Wissen oder den besten Willen, also mit anderen Worten: auf die stets störanfällige Natur des Menschen entschul(dig)en, so fehlt den Unternehmen (leider oder zum Glück) diese Möglichkeit.

Dabei stehen Unternehmen - und das verschärft ihre Situation ganz beachtlich - nicht nur unter einer 'intereselosen' Dauerbeobachtung, sondern ihr gesamtes vergangenes, gegenwärtiges und geplantes Handeln wird zunehmend von Personen und Gruppen mit besonderen Interessen (z.B. staatlichen Behörden, Umweltschutzorganiationen, den Medien und natürlich der Konkurrenz) genau beobachtet und seziert. Angriffsflächen bieten dabei vor allem die Unternehmen, welche sich öffentlich zu der Einhaltung besonderer Normen verpflichtet haben. So ist es durchaus denkbar, daß zukünftig Unternehmen Investigatoren beschäftigen, die gezielt bei der Konkurrenz nach Dingen suchen, welche diese in Mißkredit bringen, und natürlich auch den Prozeß organisieren, wie diese Dinge an die Öffentlichkeit kommen.

Für Firmen gilt zudem gerade das nicht, was die Filmindustrie in den 50er Jahren einer ganzen Generation zuschrieb: 'Denn sie wissen nicht, was sie tun'. Für Firmen trifft das genaue Gegenteil zu: sie müssen immer wissen, was sie tun. Die Umwelt rechnet auch aufgrund der Firmenidentität den

Unternehmen ihre Handlungen zunehmend als absichtliche und voll zu verantwortende Akte zu (bei diesen Überlegungen folge ich weitgehend Geser 1990). Firmen können sich dieser Verantwortung nicht entziehen, indem sie darauf verweisen, daß sie zum Zeitpunkt einer bestimmten Handlung körperlich oder psychisch krank waren. Sie müssen stets genau wissen, welche Rechtslage jeweils in welchem Land vorliegt, sie müssen die Folgen ihrer Handlungen bis in die weite Zukunft abschätzen können und haften, wenn dennoch Schäden eintreten (z.B. mußte Exxon für die Beseitigung der Folgen des Tankerunfalls vor der Küste Alaskas bislang 3,4 Milliarden Mark bezahlen). Werden sie von Naturkatastrophen oder Dieben heimgesucht, dann waren halt die Sicherheitsvorkehrungen mangelhaft.

All dies führt fast zwangsläufig zu der Herausbildung von 'übermenschlichen Unternehmenspersönlichkeiten', welche perfekt handeln müssen und nicht versagen dürfen, ganz einfach weil sie eine große gesellschaftliche Verantwortung tragen und sie aus strategischen Gründen auch tragen wollen, und weil sie von vielen (aus unterschiedlichen Motivlagen heraus) genau und argwöhnig beobachtet werden.

Dieser Entwicklungsprozeß, nämlich die Herausbildung von 'perfekten' Unternehmensidentitäten, welche ökonomisch sinnvoll, zugleich aber auch ethisch vertretbar und moralsetzend handeln, ist m.E. unumkehrbar und wird langfristig die Gesellschaft tiefgreifend und strukturell verändern. In sich birgt er hohe Risiken, aber auch große Chancen - und zwar für beide Seiten: für Unternehmen und Gesellschaft. Wer dabei unter dem Strich gewinnen wird, ist zumindest aus meiner Sicht nicht voraussagbar.

4. Unternehmen als Mitkonkurrenten auf dem Markt der Sinnanbieter

Otto Kern und Benetton, aber auch die Deutsche Bank, Shell und viele andere verstehen sich (glaubt man ihren Selbstdarstellungen) zunehmend als 'moralische Unternehmer'. Sie beteiligen sich - egal, ob ernst gemeint (also authentisch) oder aus finanziellem Kalkül - faktisch an einem gesellschaftlichen Diskurs über Normen und Werte. Dabei leugnen sie nicht, auch Eigeninteressen im Auge zu haben, aber - so der Anspruch: nicht nur und nicht 'eigentlich'. Beispielhaft hierfür ist die Presse-Information der Deutschen Shell zu dem Start ihres wertevertretenden Kommunikationskonzepts: „'Wir wollen nicht verschweigen', so Peter Duncan bei der Vorstellung der neuen Kampagne, 'daß wir auch die Absicht haben, uns damit positiv darzustellen und Sympathien zu gewinnen - eine wichtige Voraussetzung für die Erhaltung unserer Wettbewerbsfähigkeit und die Sicherung von Arbeitsplätzen. Das eigentliche Ziel ist jedoch, dieses Vorhaben mit einem sinnvollen Beitrag für das Gemeinwesen zu verknüpfen.' Für den Shell Vorstandsvorsitzenden gibt es daher auch keine Zweifel, 'daß ungeachtet des sozialen Engagements das Unternehmen eine schlagkräftige, effiziente Gesellschaft bleiben und nicht eine wohltätige Organisation werden will." (Shell 1995d, S. 4)

Unternehmen, die derart agieren, wirken mittels externer Unternehmenskommunikation auf die Welt ein, in die ihre Produkte hinausgehen, natürlich auch, um für ihre Produkte eine gute 'Umwelt' zu schaffen. Aber diese Unternehmen artikulieren nicht nur ausdrücklich zentrale kulturelle und moralische Werte und Normen, sondern sie nehmen auch für sich in Anspruch, sich selbst nach diesen zu richten. Als es in Mölln nicht nur verbrannte Häuser, sondern auch Tote gab, setzte, um ein Beispiel zu nennen, ein Großunternehmen (nämlich Opel) unbürokratisch und lange Zeit vor den staatlichen Stellen für Hinweise auf die Täter ein beachtliches Preisgeld aus. Daß man die betroffenen Ausländer ebenfalls unbürokratisch und lange Zeit vor den staatlichen Stellen beim Aufbau ihrer Häuser finanziell unterstützte, war auch nicht selbstverständlich. Benetton unterstützt(e) viele AIDS-Initiativen (auch finanziell) und Otto Kern spendet(e) einen sechsstelligen DM-Betrag für die Verständigung zwischen den Palästinensern und den Juden.

Notwendig ist dieses Unternehmenshandeln vor allem deshalb, weil man sich erst einmal als moralischer Botschafter legitimieren muß - was angesichts des Umstandes, daß Wirtschaftunternehmen vielerorts als kapitalistische Ausbeuter des kleinen Mannes, als Verschmutzer der Umwelt und als skrupellose Profitmaximierer verrufen sind, keine leichte Aufgabe ist. Gerade weil die Unternehmen in diesem Ruf stehen, haben sie einen erhöhten Legitimierungsbedarf. Deshalb steht zu erwarten, daß sie zum einen sich vor der Hintergrundfolie der Bekehrung des Saulus zum Paulus zu Konversionserlebnissen bekennen werden und zum anderen natürlich verstärkt als Vorbild mit der guten Tat vorangehen werden.

Diese Unternehmen bzw. die von ihnen bezahlten Kommunikationsagenturen erbringen also, indem sie (a) sich als moralische Instanz legitimieren, (b) eine bestimmte Welt beschreiben und (c) auch formulieren, wie in dieser Welt gehandelt werden soll, eine ganz spezifische Leistung: sie 'liefern' - so meine Behauptung - Sinn. Überzogen und in bestimmter Hinsicht auch falsch wäre m.E. jedoch die Aussage: „Werbung ist das Primärmedium zur Sinnstiftung in der Welt geworden." (Seeßlen 1987, S. 12) Überzogen deshalb, weil auch weiterhin andere und bedeutsame Institutionen existieren, die Sinnangebote unterbreiten, falsch, weil (im engen Sinne des Wortes) Werbung nicht Sinn stiftet, sondern Werbung in der Gesellschaft vorhandenen (meist gewünschten und auch schon mal ersehnten) Sinn aufgreift, und ihm eine markante und auf Überhöhung, Verklärung und Entrückung zielende (neuerdings auch ästhetische) Ausdrucksgestalt gibt.

Unternehmen liefern via Werbung immer öfter auch Sinnangebote. Das Fernsehen ist ein weiterer, sehr viel machtvollerer Anbieter auf diesem Markt (vgl. Reichertz 1996). Damit treten diese Institutionen (aber auch andere) in Konkurrenz zu den christlichen Kirchen. Auch sie müssen sich zunehmend verstehen als Konkurrenten auf einem mittlerweile offenen Markt. Die Zeiten des Sinn-Monopols der Kirchen scheinen endgültig vorbei zu sein[9].

Was meint in diesem Zusammenhang jedoch 'Sinn'? Mit 'Sinn' soll nun das historisch gewonnene und geronnene Wissen gemeint sein, was die jeweilige (vergangene, gegenwärtige und zukünftige) gesellschaftliche Wirk-

---

[9] Das sehen manche Firmen durchaus genauso - so im März 1995 auch der Vorstandsvorsitzende der Deutschen Shell AG: „Immer mehr Menschen haben das Gefühl, daß mit unserer Gesellschaft - also dem Gemeinwesen - etwas nicht in Ordnung ist und daß der Staat, die Parteien und die Kirchen offenbar nicht in der Lage sind, entscheidende gesellschaftliche Probleme zu lösen. Und sie waren der Meinung, daß große Unternehmen wie die Deutsche Shell nicht nur eine Verpflichtung, sondern auch die Kraft hätten, hieran etwas zu ändern." (Shell 1995c, S. 2)

lichkeit ausmacht, was in ihr wichtig/unwichtig, normal/unnormal und erwünscht bzw. nicht erwünscht ist. Dieses Wissen bedarf einer spezifischen Legitimation, weshalb es innerhalb des normalen Wissensvorrats eine Sonderstellung einnimmt.

Allerdings sollte man bei dem Sinnbegriff drei Verweisungen deutlich voneinander unterscheiden: a. 'Sinn' als subjektiv gemeinter Handlungssinn (Ich gebe, um zu bekommen.), b. 'Sinn' als Ausdruck einer gesellschaftlich etablierten Kultur (Es macht Sinn, erwirtschaftes Kapital neu zu investieren.) und c. 'Sinn' als Ausdruck eines die Kultur begründenden und rechtfertigenden Zusammenhangs (Das Lebensziel des Menschen ist im Jenseits bzw. im Diesseits zu suchen.). Nur der zuletzt genannte Sinnbegriff vermag es, die menschliche Erfahrung von „großen Transzendenzen" (Luckmann 1991, S. 168f.) zu erfassen und zu vermitteln. Ein solcher 'transzendenter Sinn' ist zwar Teil der Kultur einer Gesellschaft, doch ein besonderer: nur er vermag es, die jeweilige Kultur und die aus ihr resultierenden Handlungsoptionen zu begründen. Aus dem Umstand, daß bislang vor allem die Religionen diesen 'transzendenten Sinn' zur Verfügung gestellt haben, folgt nicht, daß dies auch notwendigerweise so sein muß (wie z.B. Berger 1980 und 1994 ausführt), sondern es spricht einiges dafür, daß fast jede Institution in der Lage ist, solchen Sinn bereitzustellen (siehe auch Luckmann 1991).

Dieser 'transzendente Sinn' konstituiert eine Ordnung durch Symbole und ermöglicht damit auch erst eine symbolische Ordnung. Metaphorisch gesprochen: Sinn stellt Wegweiser zur allgemeinen Orientierung im privaten wie im öffentlichen Raum bereit, stabilisiert soziales Handeln und Zusammenleben, ermöglicht deshalb wechselseitige Orientierung und gemeinsame Standards der Lebensführung. Abgelagert ist 'Sinn' in Erzählungen aller Art. Besonders handlungsrelevant wird 'Sinn' dann, wenn er entweder von charismatischen Führern vertreten oder von bestimmten, in der Gesellschaft für bedeutsam eingeschätzten Institutionen (z.B. der Kirche) als 'ausgezeichnet' behandelt oder von einer Gruppe kollektiv verbürgt wird. 'Sinn' ermöglicht es dem Subjekt, sich in der Zeit und in der Gesellschaft 'festzustellen', also sich nicht nur die Fragen zu beantworten: Wer bin ich, woher komme ich, wohin gehe ich? (vgl. hierzu

Oevermann 1995), sondern auch die nicht minder wichtige Frage: Weshalb soll ich das eine tun und das andere lassen?

In den letzten zwei Jahrtausenden half vor allem die christliche Religion und die Institution 'Kirche' bei der Ermittlung des Lebenssinns und der Bewältigung von Grenzübergängen und Transzendenzen (Tod, Hochzeit, Geburt, Sinn des Schmerzes, des Lebens etc.). Mittlerweile sind die Kirchen jedoch bis auf wenige Feiertage fast leer, und christliche Handlungsnormen sind porös geworden. Den Katechismus schlägt kaum einer einmal auf der Suche nach Weisungen auf, die klassischen religiösen Rituale und Symbole erreichen selten die Augen und die Ohren, aber noch seltener die Körper der Menschen. Noah, Moses, Stephanus, Daniel oder Simon Petrus sind Jugendlichen meist unbekannt, geben also auch keine Lebens- und Bewegungsvorbilder mehr ab, erleuchten und belehren mithin nicht (siehe auch Albrecht 1993, S. 108ff). Biblische 'plots' haben angesichts des massenmedialen Angebots viel von ihrer Faszinationskraft eingebüßt und die Choreographie christlicher Messen besitzt für nicht wenige nur noch den Charme des Trachtentanzes. Diese Entwicklung ist (auch) ein Ergebnis einer seit mehreren Jahrhunderten schon andauernden und sich immer noch fortsetzenden Säkularisierung der gesellschaftlichen Kultur.

Es gehört zum soziologischen Allgemeinwissen, daß diese Säkularisierung der Kultur neben der Aufklärung auch die Aufzehrung religiöser 'Gewißheiten' brachte. Die Halbwertzeiten gesellschaftlich etablierter und tradierter Handlungsmöglichkeiten und deren Legitimationen haben sich drastisch verkürzt. Die tradierten, ehemals relativ stabilen und großflächigen Weltdeutungen (und die darin eingelassenen Handlungsrezepte, -optionen und -normen) sind in den modernen westlichen Gesellschaften weitgehend zerbrochen und besitzen - soweit sie noch vorhanden sind - nur für kleine gesellschaftliche Gruppen Verpflichtungs- oder Orientierungscharakter. Der gesellschaftlich bereitgestellte und vorgehaltene, von Institutionen abgesicherte und der Gemeinschaft verbürgte Sinn ist mittlerweile in wesentlichen Teilen 'entheiligt' und 'entobligatisiert'. Gewachsen ist eine kaum mehr zu überschauende Fülle von Optionen, zwischen denen das handelnde Subjekt die Wahl zu treffen hat (vgl. Gross 1994)[10]. „Die Aufzehrung, die Auflösung und Entzauberung der kollektiven und gruppenspezifischen Sinnquellen (...) [führt] dazu, daß nunmehr alle Definitionsleistungen den Individuen selbst zugemutet oder auferlegt werden" (Beck 1993, S. 40). Eine Zumutung, die sowohl für Erwachsene, aber vor allem für Jugendliche schwerwiegende und weitreichende Handlungsprobleme mit sich bringt. Zu dieser 'Risikogesellschaft' mit ihrer „strukturellen Individualisierung und Partialisierung nicht nur der 'Lebenslagen' und 'Lebensstile', sondern auch der Religion" (Soeffner 1994, S. 296) gibt es vorerst keine Alternative - sie ist allen auferlegt und kann nicht abgewählt werden.

Dieser Säkularisierungsprozeß hat nicht nur das Fundament der Religionen und der von ihnen vertretenen Auffassung von einer diesseitigen und einer jenseitigen Welt ausgeschwemmt, sondern er hat das Problem der 'richtigen' Lebensführung erneut und sehr viel entschiedener dem handelnden Subjekt überantwortet. Die klassischen Sozialisationsagenturen vermitteln in den spät- oder nachmodernen Gesellschaften nämlich immer weniger Handlungsnormen, welche fest an Klasse, Schicht, Stand, Alter, Geschlecht etc. gebunden sind und deren legitimierende Verankerung in religiös-transzendentalen Sinnhorizonten verankert ist, sondern die Mitglieder dieser Gesellschaften werden in eine Welt entlassen, in der es schier endlose Wahlmöglichkeiten, aber kaum mehr intersubjektiv geteilte Kriterien für eine Wahl gibt.

Der Mensch muß in dieser Situation innehalten, da er sich dem Zwang ausgesetzt sieht, sich selbst durch eigene Kraft und eigene Entscheidung festzustellen - zu ermitteln, wer er ist und wo er ist, welche Religion für ihn

---

[10] „Die religiösen Wirklichkeiten, jenseitige heilige Kosmen, sind mit der Säkularisierung wie Gletscher abgeschmolzen. Das Schmelzwasser ist in die Täler geströmt und versickert, die Religion wurde unsichtbar und stückchenweise privatisiert." (Gross 1994, S. 379) Vgl. auch die Diagnose von Habermas aus dem Jahr 1971: „In den industriell entwickelten Gesellschaften beobachten wir heute zum ersten Mal den Verlust der, wenn schon nicht mehr kirchlich, so doch immer noch durch verinnerlichte Glaubenstraditionen abgestützten Erlösungshoffnung und Gnadenerwartung als ein *allgemeines* Phänomen." (Habermas 1981, S. 36) Ähnlich ist die Argumentation von Lübbe, wenn er von dem 'Prozeß der abnehmenden Mächtigkeit religiöser Institutionen' (Lübbe 1988) spricht.

Werbung als moralische Unternehmung

Gültigkeit besitzt, welcher Politik er folgt und an welchen Zielen und Normen er sein Leben orientiert. Kurz: er ist gefordert, vor dem Hintergrund eines transzendenten Sinns über den Sinn seines Lebens und die daraus folgenden Lebensformen und -normen selbst zu entscheiden, sich also selbst an bestimmte Handlungsentwürfe zu binden und von anderen loszusagen. Zunehmend vermag es die Kirche immer weniger, zu binden und zu verpflichten, statt dessen obliegt diese Macht immer mehr dem einzelnen.

Allerdings suchen immer mehr nach Halt und Unterstützung bei dieser Selbstbindung. Denn eine solche Bindung an die eigene Entscheidung oder das rationale Argument ist nicht kostenfrei zu haben. So hat der Rationalisierungsschub der Moderne[11] in den 90er Jahren (auch aufgrund der schlechten Erfahrung mit der 'Bindungskraft' von Rationalität) deutlich an Überzeugungskraft verloren. Die diskursive Suche nach guten Gründen hat in der Regel nicht eine Lösung erbracht, sondern vor allem die Erkenntnis, daß es für fast alles viele gute Gründe gibt, aber nur für sehr wenig einen 'besseren' Grund. Gesucht werden deshalb nicht nur Personen, sondern auch Institutionen, die als Institution für das bürgen, was sie vertreten. Der einzelne sucht bei den Institutionen Hilfe bei der Selbstbindung, jedoch keine Unterordnung.

Gesucht werden aber auch wieder neue (und häufig: alte) Werte, Rituale und Mythen, welche nichtdiskursiv, direkt und affektiv Verbindlichkeiten, Hoffnungen, Befürchtungen und auch Ängsten Gestalt(en) geben und damit die unübersichtlich gewordene Lebenspraxis in eine sinnstiftende Transzendenz einordnen. Dieses Phänomen und die oben beschriebene Entwicklung sind nun - so eine Vermutung - Ausdrucksformen eines umfassenden gesellschaftlichen Wandlungsprozesses, der sich zunehmend und in vielen gesellschaftlichen Bereichen beobachten läßt: nämlich des Prozesses der umfassenden Re-Mythisierung der Lebenspraxis. Diese Re-

---

[11] Insbesondere ist der Rationalisierungsschub in den 60er Jahren zu nennen, im Zuge dessen man sich anschickte, menschliche Beziehungen (auch intime) und auch menschliche Grundbefindlichkeiten (Liebe/Haß; Leben/Tod; Bindung/Freiheit; gut/böse) vor allem diskursiv und kognitiv zu bearbeiten und mit Hilfe von Vernunft und Verträgen zu gestalten und abzusichern.

Mythisierung ist ihrerseits Reflex auf eine als riskant und unübersichtlich erlebte Moderne.

Zur Zeit wird gewiß nach (unter)-stützenden Institutionen und nach neuem Sinn gesucht, aber nicht (oder doch nur sehr begrenzt) nach einer Erneuerung der alten Institution Kirche oder des alten Glaubens, sondern nach einer neuen Institution und einer neuen Art von sinnvoller Ordnung. Eine gute Zeit mithin für neue Propheten einer neuen Ordnung und eines neuen Sinns: unter ihnen auch die Medien (vor allem das Fernsehen), die Werbung und die Unternehmer. Die traditionellen Konkurrenten auf dem Markt der Sinnstiftung (Priester, Wissenschaftler/Intellektuelle, Politiker, Pädagogen, Therapeuten) konnten - so die These - bislang die durch die Modernisierungsprozesse entstandene Sinnstiftungslücke nicht überzeugend schließen und haben auch deshalb weiter an Überzeugungskraft verloren. Die klassische Religion mit ihrem Monopol auf zentrale, stabile, verbindliche und fast universelle Normsetzung verschwimmt immer mehr, wird 'unsichtbarer'.

Neue und nicht nur postmoderne Künder sind herangewachsen. Es sprießen Surrogate des Religiösen, aber auch Verwandtes und Gleichwertiges: Das Fernsehen, die Werbung und die Unternehmen waren schon genannt, andere Mitbewerber auf diesem Markt sind vor allem die verschiedenen organisierten Spielarten der auf das persönliche Glück des einzelnen gerichteten Körperkulte (Gesundheit, Fitness, Sex, Schönheit, Geld, Esoterik) und die ebenfalls institutionalisierten Formen der glücksverheißenden Kollektivkulte (Umwelt, Sekten, Musik, Sport). Alle diese neuen Masken (und manchmal auch Zerrbilder) des Religiösen liefern spezifische Angebote, wie die Welt, die anderen, man selbst und natürlich auch der eigene Körper zu sehen und zu behandeln sind, was richtig und was 'des Teufels' ist. Sie formulieren überindividuelle und institutionell auch verbürgte Prinzipien der Lebensführung und der Weltinterpretation, somit artikulieren sie Sinn. Und da dieser Sinn (zumindest dem Anspruch nach) die Kultur der jeweiligen Lebenspraxis strukturiert und auch begründet, ist er auch transzendent. Aber das wichtigste Merkmal all dieser Angebote transzendenten Sinns ist, daß sie im Diesseits gründen und auf das Diesseits gerichtet sind.

Aber nicht nur dieses Merkmal unterscheidet diese Sinnentwürfe von ihren traditionellen Vorgängern. Die neuen Angebote sind darüber hinaus dezentral, flexibel, auf bestimmte Gruppen bezogen und meist nur für kurze Zeit verbindlich. Diese Sinnentwürfe werden dem Verbraucher medial angeboten, auf daß dieser (je nach persönlicher Präferenz) aus ihnen auswähle und sie kurz ‚überziehe'. Sinnentwürfe werden auf diese Weise zunehmend privatisiert, somit auch atomisiert und können von Situation zu Situation variieren. Aufgrund dieser Eigenschaften sind sie - so eine Vermutung - besonders gut den Erfordernissen einer Risikogesellschaft (Beck 1986) angepaßt.

Besonders 'gut' an diesen wenig verbindlichen und flexiblen Normen ist aus der Sicht der Nutzer zudem, daß ihre Einhaltung in der Regel mit wenig Schweiß und Askese verbunden ist und daß es auch keine Institution mehr gibt, welche die Unterordnung unter die Norm überwacht und gegebenenfalls zu Lasten des Nutzers ahndet (keine Strafandrohung, keine Beichte und keine Buße mehr). Die gewählten Werte, Ideale und Sinnorientierungen müssen deshalb auch nicht mehr mit aller Konsequenz gelebt werden, sondern es ist ausreichend, sie für sich passend zu reklamieren und sie - vor allem an der Außenhülle/Oberfläche/Kleidung - zu zeigen (vgl. Reichertz 1994a). Aus dem riesigen Angebot an Sinn von den unterschiedlichsten Anbietern kann der einzelne (passend zu Lebensphase, Zeit und Ort) sich seine Instant-Religion schnell und mühelos mixen, um sie dann entsprechend der Umgebung und dem angestrebten Ziel zu gebrauchen - wenn man so will (und in Anspielung auf eine Formulierung von Thorstein Vebeln: Es findet sich hier ein demonstrativer Ge- und Verbrauch von Religion und Moral)[12].

Die religiös daherkommende Werbung von Großunternehmen mit ihren nicht ernsthaft sanktionierbaren Werten und meist leicht zu erfüllenden

---

[12] Trotz der scheinbaren 'Oberflächlichkeit' ist diese Instant-Religion (was die Funktion betrifft) mit der 'Zivilreligion' verwandt. „Die Funktion der Zivilreligion zielt einerseits auf die Bearbeitung von den im Leben des Individuums anfallenden Restkontingenzen (von keiner Therapie bearbeitbare Verluste, das eigene oder nahe Sterben, Unglücksfälle). Der Mensch bleibt auch nach der Aufklärung trostbedürftig." (Siller 1994, S. 123)

Handlungsaufforderungen sind Ergebnis und Teil dieser Entwicklung der subjektzentrierten Re-Mythisierung von Lebenspraxis und erbringen in einer solchen Situation ein beachtliches Sinnangebot (egal, für wie wertvoll oder nützlich man solche Handlungsorientierungen hält). Vielleicht wird sie wegen ihrer guten 'Passung' zur riskanten Welt und ihrer Pluralität von Werten und Sinnbezügen auf die oben beschriebenen Leistungen für die klassischen Religionen (in dieser Hinsicht) schon bald eine ernsthafte Konkurrenz darstellen - aber das steht auf einem anderen Blatt.

Statt der klassischen Sinnanbieter und Sinnstifter liefern also zunehmend private Großunternehmen via audiovisuelle Medien Sinn, Ikonen, Mythen und Verhaltensrichtlinien an. Die Nutzung religiöser Motive in der neueren Werbung und die Formulierung christlich fundierter Handlungsnormen sind zwei Ausdrucksformen der oben beschriebenen Entwicklung. Und die heftigen Attacken der Kirchenvertreter gegen solche 'ethische Werbung' lassen sich dann verstehen als Teil eines Konkurrenzkampfes unter 'moralischen Unternehmern' um das Wert- und Normsetzungsmonopol.

Viele Unternehmen erhoffen sich wirtschaftlichen Erfolg aus dem Umstand, daß sie eine Ausfallbürgschaft übernehmen. Sie tun das mittels Werbung, was die Kirche, die Wissenschaft und auch die Politik einmal taten, jedoch aus unterschiedlichen Gründen zunehmend weniger überzeugend vermögen: die Vertretung und Legitimierung gesellschaftlicher Normen. Auf den ersten Blick ist nicht zu sehen, daß allein die kommerzielle Absicht der Unternehmen deren Handeln automatisch diskreditiert und daß objektive Handlungsfolgen unberücksichtigt bleiben sollen. Eine solche Einschätzung ist m.E. mehr Ausdruck einer bigotten Gesinnungs-, denn einer rationalen Verantwortungsethik. Ob es den Unternehmen allerdings gelingen wird, ihre Legitimität, den von ihnen angebotenen Sinn und die von ihnen propagierten Werte auch am Markt, also in der Lebenspraxis, durchzusetzen, muß abgewartet werden.

5. Literatur

Albrecht, H.: Die Religion der Massenmedien. Berlin 1993.
Bardmann, Th.: Unternehmenskultur. Ein postmodernes Organisationskonzept? In: Soziale Welt (1990), Nr. 4, S. 424-440.
Beck, U.: Risikogesellschaft. Auf dem Wege in eine andere Moderne. Frankfurt a.M. 1986.
Belting, H.: Bild und Kult. München 1993.
Benetton - P.R. Deutschland: Colours - Das Magazin über den Rest der Welt widmet seine Ausgabe Nr. 8 der Religion. München 1994.
Berger, P.: Der Zwang zur Häresie. Frankfurt a.M. 1980.
Berger, P.: Sehnsucht nach Sinn. Frankfurt a.M. 1994.
Bühler, K.W.: Der Warenhimmel auf Erden. Wuppertal 1973.
Cöster, O.: Ad'Age. Der Himmel auf Erden. Hamburg 1990.
Cöster, O.: Werbung - Frohe Botschaft. In: Thomas Klie (Hrsg.): ... der Werbung glauben. Mythenmarketing im Zeitalter der Ästhetisierung. Loccum 1995, S. 14-25.
Domizlaff, H.: Die Gewinnung öffentlichen Vertrauens. Hamburg 1982.
Ehmer, H.K. (Hrsg.): Visuelle Kommunikation. Beiträge zur Kritik der Bewußtseinsindustrie. Köln 1971.
Geser, H.: Organisationen als soziale Akteure. In: Zeitschrift für Soziologie (1990), Nr. 6, S. 401-417.
Geser, H.: Interorganisationelle Normkulturen. In: M. Haller/H.J. Hoffmann-Nowotny/W. Zapf (Hrsg.): Kultur und Gesellschaft. Frankfurt a.M. 1991, S. 211-223.
Goeden, R.: Ein wahrer Warenhimmel. In: Materialien der Ev. Zentralstelle für Weltanschauungsfragen (1974), Nr. 37, S. 146-152.
Gottwald, E.: Jesus, die Jeans und das Gottesreich. In: Der Evangelische Erzieher (1994), Nr. 5, S. 423-432.
Gross, P.: Die Multioptionsgesellschaft. Frankfurt a.M. 1994.
Gusfield, J.: Symbolic Crusade. Chicago 1963.
Haberer, J.: Von der Kirchenbank zum Fernsehsessel. In: C. Eurich/I. de Haen (Hrsg.): Hören und Sehen. Stuttgart 1991, S. 119-134.
Habermas, J.: Philosophisch-politische Profile. Frankfurt a.M. 1981.
Hartmann, H.A.: „Paradise now"? Kultur- und tiefenhermeneutische Analyse einer Werbebroschüre von Otto Kern. Unveröffentl. Mskr. Augsburg 1995.
Hülsmanns, D./F. Reske: Aller Lüste Anfang. Reinbek bei Hamburg 1973.
Luckmann, Th.: Die unsichtbare Religion. Frankfurt a.M. 1991.
Lübbe, H.: Religion nach der Aufklärung. Graz 1986.

Luhmann, N.: Vertrauen. Ein Mechanismus der Reduktion sozialer Komplexität. Stuttgart 1973.
Matissek, Daniel: Wenn Pfarrer zuviel 'Bild' lesen. In: T 5 - Das Journal. Dezember 1993. S. 4-7.
Oevermann, U.: Ein Modell der Struktur von Religiosität. In: M. Wohlrab-Sahr (Hrsg.): Biographie und Religion. Frankfurt a.M. 1995, S. 27 - 102.
O. V.: Darf man mit diesem Photo für Pullover werben? In: SZ-Magazin vom 09. 10. 1991. S. 39-47.
Reichertz, Jo: Selbstgefälliges zum Anziehen. Benetton äußert sich zu Zeichen der Zeit. In: Schröer, Norbert (Hrsg.): Interpretative Sozialforschung. Opladen 1994a, S. 253-280.
Reichertz, Jo: Religiöse (Vor-)Bilder in der Werbung. In: medien praktisch (1994b), Nr. 2, S. 18-23.
Reichertz, Jo: „Wir kümmern uns um mehr als Autos". Werbung als moralische Unternehmung. In: Soziale Welt (1995), Nr. 4, S. 469-490.
Reichertz, Jo: Trauung, Trost und Wunder. Formen des Religiösen im Fernsehen. In: medien praktisch (1996), Nr. 4, S. 4 - 11.
Ronte, D./H. Bonus: Werbung. In: E. Kantzenbach/B. Molitor/O. Mayer (Hrsg.) Hamburger Jahrbuch für Wirtschafts- und Gesellschaftspolitik. Tübingen 1993. S. 243-259.
Seeßlen, G.: Die Werbung sagt immer die Wahrheit. In: medien concret (1987), Nr. 1, S. 12-19.
Shell: Wir wollen etwas ändern. Hamburg 1995a.
Shell: Rede von K.P. Johanssen, Leiter der Unternehmenskommmunikation der Deutschen Shell AG am 1. März 1995. Hamburg 1995b.
Shell: Rede von Peter Duncan, Vorstandvorsitzender der Deutschen Shell AG am 1. März 1995. Hamburg 1995c.
Shell: Presse-Information der Deutschen Shell AG vom 1. März 1995. Hamburg 1995d.
Siller, H. P.: Bildschirmreligiosität - Thesen aus theologischer Sicht. In: Bieger, E./Fischer, W./Jacobi, R./Kottlorz, P. (Hrsg.): zeitgeistlich. Religion und Fernsehen in den neunziger Jahren. Köln 1994, S. 121-127.
Soeffner, H.-G.: Das 'Ebenbild' in der Bilderwelt - Religiosität und die Religionen. In: W.M. Sprondel (Hrsg.) Die Objektivität der Ordnungen und ihre kommunikative Konstruktion. Frankfurt a.M. 1994, S. 291-317.
Tremel, H. (Hrsg.): Das Paradies im Angebot. Frankfurt a.M. 1986.

Wackerbarth, H.: Schock und Schöpfung. Zur Werbung von Benetton und Otto Kern. Unveröffentl. Mskr. Düsseldorf 1994.

Autorenverzeichnis

Ralph Anweiler, Jg. 1969, Diplom-Kaufmann, Studium der Wirtschaftswissenschaften an den Universitäten Antwerpen, Heidelberg und Trier, arbeitet als freiberuflicher Kommunikationsberater in Hamburg.

Birgit Cicchelli-Rößler, Jg. 1971, studiert Romanistik, Soziologie und Psychologie an der Universität Trier, studentische Mitarbeiterin im Forschungspraktikum „Magische Kulte: Techno".

Harald Erbeldinger, Jg. 1969, Diplom-Kaufmann, Studium der Betriebswirtschaftslehre an der Universität Trier, arbeitet als Teamleiter im Marketing-Bereich.

Dr. Udo Göttlich, Jg. 1961, Wissenschaftlicher Mitarbeiter am Rhein-Ruhr-Institut für Sozialforschung und Politikberatung an der Gerhard-Mercator-Universität-Gesamthochschule Duisburg, stellvertretender Projektleiter im DFG-Projekt „Daily Soaps und Kult-Marketing". Arbeitsschwerpunkte u.a.: Mediensoziologie, Kultursoziologie.

Marco Höhn, Jg. 1971, studiert Soziologie und Medienkommunikation an der Universität Trier, studentischer Mitarbeiter im Forschungspraktikum „Magische Kulte: Techno".

Dr. Michael Jäckel, Jg. 1959, Professor für Soziologie an der Universität Trier. Arbeitsschwerpunkte u.a.: Mediensoziologie, Konsumsoziologie.

Martin Jurga, M.A., Jg. 1964, Wissenschaftlicher Mitarbeiter im DFG-Projekt „Die Theatralität des Alltagslebens und ihre mediale (Re-) Inszenierung in der Werbung" an der Universität Trier. Arbeitsschwerpunkte u.a.: Kommunikationsforschung, Werbeforschung, Textlinguistik.

Christoph Kochhan, Jg. 1968, Diplom-Kaufmann, Wissenschaftlicher Mitarbeiter im Fach Soziologie an der Universität Trier. Arbeitsschwerpunkte u.a.: Werbekommunikation, Konsumsoziologie.

Dr. Roland Mangold, Jg. 1953, Privatdozent, Hochschuldozent für Kommunikations-, Medien- und Organisationspsychologie an der Universität Saarbrücken. Arbeitsschwerpunkte u.a.: Kognitions- und Gedächtnispsychologie, Medienpsychologie.

Dr. Axel Mattenklott, Jg. 1942, Professor für Psychologie an der Johannes Gutenberg-Universität Mainz. Arbeitsschwerpunkte u.a.: Konsumentenpsychologie, Medienwirkungsforschung.

Dr. Klaus Neumann-Braun, Jg. 1952, Professor für Familien-, Jugend- und Kommunikationssoziologie an der Johann Wolfgang Goethe-Universität in Frankfurt/Main. Arbeitsschwerpunkte u.a.: Sozialisationsforschung, Medienforschung, interpretative Methoden der Sozialforschung.

Jörg-Uwe Nieland, Jg. 1965, Diplom-Soz.-Wiss., Wissenschaftlicher Mitarbeiter am Rhein-Ruhr-Institut für Sozialforschung und Politikberatung an der Gerhard-Mercator-Universität-Gesamthochschule Duisburg, Mitarbeiter im DFG-Projekt „Daily Soaps und Kult-Marketing". Arbeitsschwerpunkte u.a.: Politische Kommunikation, empirische Medienwissenschaft.

Dr. Jo Reichertz, Jg. 1949, Professor für Kommunikationswissenschaft an der Universität-Gesamthochschule Essen. Arbeitsschwerpunkte u.a.: Religionssoziologie, Werbung, qualitative Text- und Bildhermeneutik.

Frank Schmitz, Jg. 1968, studiert Germanistik und Politikwissenschaft an der Universität Trier, studentischer Mitarbeiter im Forschungspraktikum „Magische Kulte: Techno".

Autorenverzeichnis

Dr. Caja Thimm, Jg. 1958, Sprachwissenschaftlerin am Psychologischen Institut der Ruprecht-Karls-Universität Heidelberg. Arbeitsschwerpunkte u.a.: Medienkommunikation, Kommunikation in Unternehmen, Sprache im Alter.

Dr. Waldemar Vogelgesang, Jg. 1952, Wissenschaftlicher Angestellter im Fach Soziologie an der Universität Trier. Arbeitsschwerpunkte u.a.: Jugend- und Mediensoziologie, Kultur- und Stilforschung.

Dr. Herbert Willems, Jg. 1956, Privatdozent, z.Zt. Vertretung einer Professur für Soziologie an der Universität-Gesamthochschule Kassel. Arbeitsschwerpunkte u.a.: Soziologie der Werbung, Kultursoziologie.

Medien und Werbung

Siegfried J. Schmidt / Brigitte Spieß (Hrsg.)
WERBUNG, MEDIEN UND KULTUR

Westdeutscher Verlag

Siegfried J. Schmidt / Brigitte Spieß (Hrsg.)
Werbung, Medien und Kultur
1995. 210 S. Kart. DM 49,–
ISBN 3-531-12719-5
Die Werbeästhetik mit ihrem Kult der schönen Oberfläche ist für viele zum Prototypen postmoderner Ästhetik avanciert. In den 80er Jahren hat Werbung sich stark ausdifferenziert und nahezu alle Bereiche der Gesellschaft als werbefähige Aktionsfelder entdeckt. Damit greift Werbung ein in die Planung, Selbstdarstellung und Finanzierung verschiedener gesellschaftlicher Bereiche. Erfolgreiche Werbetreibende gelten heute als Kommunikationsspezialisten in einer sich zunehmend verändernden Medienlandschaft.

Siegfried J. Schmidt / Brigitte Spieß
Die Geburt der schönen Bilder
Fernsehwerbung aus der Sicht der Kreativen
1994. 168 S. Kart. DM 38,–
ISBN 3-531-12567-2
Abweichend von der bisherigen Forschung haben sich die Autoren zum Ziel gesetzt, nicht primär Produktanalysen und Wirkungsweisen der Fernsehwerbung, sondern die Macher selbst, ihre Vorstellungen, Motivationen, Denk- und Vorgehensweisen bei der Kreation von Werbekampagnen zum Gegenstand ihrer Untersuchung zu machen. Das Buch wird damit auch zu einem Spiegel der ökonomischen, gesellschaftlichen und ästhetischen Entwicklung der deutschen Fernsehwerbung, insbesondere der 80er Jahre, und bettet diese in einen internationalen Vergleich ein.

Ulrike Röttger (Hrsg.)
PR-Kampagnen
Über die Inszenierung von Öffentlichkeit
1997. 318 S. mit 25 Abb. Kart. DM 52,–
ISBN 3-531-12950-3
Welche Folgen die zunehmende Moralisierung und Professionalisierung von PR-Kampagnen für die öffentliche Diskussion, für VerbraucherInnen, JournalistInnen und die Public Relations hat, wird in diesem Band aus theoretischer und praktischer Perspektive beleuchtet.

Stand der Preise: Dezember 1997.
Änderungen vorbehalten.

WESTDEUTSCHER VERLAG
Abraham-Lincoln-Str. 46 · 65189 Wiesbaden
Fax (06 11) 78 78 - 400